Jefferson Del Rios

Crítica Teatral

Jefferson Del Rios

Crítica Teatral
Vol. II

imprensaoficial

São Paulo, 2010

**GOVERNO DO ESTADO
DE SÃO PAULO**

Governador Alberto Goldman

imprensaoficial **Imprensa Oficial do Estado de São Paulo**

Diretor-presidente Hubert Alquéres

Coleção Aplauso

Coordenador Geral Rubens Ewald Filho

No Passado Está a História do Futuro

A Imprensa Oficial muito tem contribuído com a sociedade no papel que lhe cabe: a democratização de conhecimento por meio da leitura.

A Coleção Aplauso, lançada em 2004, é um exemplo bem-sucedido desse intento. Os temas nela abordados, como biografias de atores, diretores e dramaturgos, são garantia de que um fragmento da memória cultural do país será preservado. Por meio de conversas informais com jornalistas, a história dos artistas é transcrita em primeira pessoa, o que confere grande fluidez ao texto, conquistando mais e mais leitores.

Assim, muitas dessas figuras que tiveram importância fundamental para as artes cênicas brasileiras têm sido resgatadas do esquecimento. Mesmo o nome daqueles que já partiram são frequentemente evocados pela voz de seus companheiros de palco ou de seus biógrafos. Ou seja, nessas histórias que se cruzam, verdadeiros mitos são redescobertos e imortalizados.

E não só o público tem reconhecido a importância e a qualidade da Aplauso. Em 2008, a Coleção foi laureada com o mais importante prêmio da área editorial do Brasil: o Jabuti. Concedido pela Câmara Brasileira do Livro (CBL), a edição especial sobre Raul Cortez ganhou na categoria biografia.

Mas o que começou modestamente tomou vulto e novos temas passaram a integrar a Coleção ao longo desses anos. Hoje, a Aplauso inclui inúmeros outros temas correlatos como a história das pioneiras TVs brasileiras, companhias de dança, roteiros de filmes, peças de teatro e uma parte dedicada à música, com biografias de compositores, cantores, maestros, etc.

Para o final deste ano de 2010, está previsto o lançamento de 80 títulos, que se juntarão aos 220 já lançados até aqui. Destes, a maioria foi disponibilizada em acervo digital que pode ser acessado pela internet gratuitamente. Sem dúvida, essa ação constitui grande passo para difusão da nossa cultura entre estudantes, pesquisadores e leitores simplesmente interessados nas histórias.

Com tudo isso, a Coleção Aplauso passa a fazer parte ela própria de uma história na qual personagens ficcionais se misturam à daqueles que os criaram, e que por sua vez compõe algumas páginas de outra muito maior: a história do Brasil.

Boa leitura.

Alberto Goldman
Governador do Estado de São Paulo

Coleção Aplauso

O que lembro, tenho.
Guimarães Rosa

A *Coleção Aplauso*, concebida pela Imprensa Oficial, visa resgatar a memória da cultura nacional, biografando atores, atrizes e diretores que compõem a cena brasileira nas áreas de cinema, teatro e televisão. Foram selecionados escritores com largo currículo em jornalismo cultural para esse trabalho em que a história cênica e audiovisual brasileiras vem sendo reconstituída de maneira singular. Em entrevistas e encontros sucessivos estreita-se o contato entre biógrafos e biografados. Arquivos de documentos e imagens são pesquisados, e o universo que se reconstitui a partir do cotidiano e do fazer dessas personalidades permite reconstruir sua trajetória.

A decisão sobre o depoimento de cada um na primeira pessoa mantém o aspecto de tradição oral dos relatos, tornando o texto coloquial, como se o biografado falasse diretamente ao leitor.

Um aspecto importante da *Coleção* é que os resultados obtidos ultrapassam simples registros biográficos, revelando ao leitor facetas que também caracterizam o artista e seu ofício. Biógrafo e biografado se colocaram em reflexões que se estenderam sobre a formação intelectual e ideológica do artista, contextualizada na história brasileira.

São inúmeros os artistas a apontar o importante papel que tiveram os livros e a leitura em sua vida, deixando transparecer a firmeza do pensamento crítico ou denunciando preconceitos seculares que atrasaram e continuam atrasando nosso país. Muitos mostraram a importância para a sua formação terem atuado tanto no teatro quanto no cinema e na televisão, adquirindo, linguagens diferenciadas – analisando-as com suas particularidades.

Muitos títulos exploram o universo íntimo e psicológico do artista, revelando as circunstâncias que o conduziram à arte, como se abrigasse em si mesmo desde sempre, a complexidade dos personagens.

São livros que, além de atrair o grande público, interessarão igualmente aos estudiosos das artes cênicas, pois na *Coleção Aplauso* foi discutido o processo de criação que concerne ao teatro, ao cinema e à televisão. Foram abordadas a construção dos personagens, a análise, a história, a importância e a atualidade de alguns deles. Também foram examinados o relacionamento dos artistas com seus pares e diretores, os processos e as possibilidades de correção de erros no exercício do teatro e do cinema, a diferença entre esses veículos e a expressão de suas linguagens.

Se algum fator específico conduziu ao sucesso da *Coleção Aplauso* – e merece ser destacado –, é o interesse do leitor brasileiro em conhecer o percurso cultural de seu país.

À Imprensa Oficial e sua equipe coube reunir um bom time de jornalistas, organizar com eficácia a pesquisa documental e iconográfica e contar com a disposição e o empenho dos artistas, diretores, dramaturgos e roteiristas. Com a *Coleção* em curso, configurada e com identidade consolidada, constatamos que os sortilégios que envolvem palco, cenas, coxias, sets de filmagem, textos, imagens e palavras conjugados, e todos esses seres especiais – que neste universo transitam, transmutam e vivem – também nos tomaram e sensibilizaram.

É esse material cultural e de reflexão que pode ser agora compartilhado com os leitores de todo o Brasil.

Hubert Alquéres
Diretor-presidente
Imprensa Oficial do Estado de São Paulo

Introdução

Seleção de críticas publicadas nos jornais *Folha de S. Paulo*, *O Estado de S. Paulo*, *Valor Econômico* e *DCI*, revistas *IstoÉ* e *Bravo!*. As críticas deste volume compreendem o período entre meados dos anos 1980 e 2009, sendo apresentadas em ordem alfabética por períodos, com a manutenção dos dados de serviço, quando disponíveis. As lacunas de tempo correspondem a períodos de viagens de estudo ou trabalho (França e Portugal) ou afastamento temporário da atividade.

Fazem parte deste volume as críticas de:

Anos 1980
Patética
Pato com Laranja
Pegue e não Pague
O Percevejo
O Preço
Quadrante
Quase 84
525 Linhas
Rasga Coração
Uma Relação tão Delicada
A Senhorita de Tacna
A Serpente
Serpente Rara

Solness, o Construtor
Tambores na Noite
Theatro Musical Brazileiro
Toalhas Quentes
39
O Último Encontro

Anos 1990
Ato de Natal
Auto da Paixão
Brutal
As Bruxas
Calígula
O Céu Tem Que Esperar
Cloaca
Comunicação a uma Academia / Epifanias
A Confissão de Leontina
Confissões Tem Originalidade e Talento
Corações Desesperados
Dois Perdidos numa Noite Suja
Duvidae
Escola de Bufões
Essas Mulheres
O Fantástico Reparador de Feridas
The Flash and Crash Days
Gilda
Gloriosa
Greta Garbo, Quem Diria, Acabou no Irajá
Grupo Sobrevento

A Guerra Santa
Ham-Let
Happy Hour
Hilda Hilst
Ifigônia
I Love
Kelbilim, o Cão da Divindade
La Música e a Música Segunda
Les Demoiselles e Mansões Celestes
Liz
A Lua que me Instrua
Maria Stuart
Medeamaterial
Mediano
A Mosca Azul
A Noite Mais Fria do Ano
Pantaleão e as Visitadoras
A Partilha
Pedreira das Almas
Pigmaleoa
Procura-se um Tenor
Rancor
Rimbaud
Romeu e Julieta
Sardanapalo
Senhorita Júlia
Ser tão, Sertão
Shirley Valentine
Sob as Ordens de Mamãe

Solo Mio
Trono de Sangue (Macbeth)
A Última Gravação
Variações em Branco / Subtração de Ofélia
Vem Buscar-me que ainda Sou Teu
Vem, Senta aqui ao Meu Lado
Vereda da Salvação
Vestido de Noiva
A Vida como Ela É
A Vida é Sonho
Zoo

Anos 2000
Almoço na Casa do Sr. Ludwig
O Amante de Lady Chatterley
Ânsia
Bis / O Bilhete
Blade Runner nos Becos da Cidade
A Cabra ou Quem É Sylvia?
Cadela de Vison
Café com Queijo / Interior
Calígula
O Céu Cinco Minutos antes da Tempestade
Cidadania
Cordélia Brasil
Um Dia, no Verão
Divinas Palavras
O Eclipse
Executivos
A Graça da Vida

Hamlet
O Homem Inesperado
Homem sem Rumo
A Hora em que não Sabíamos nada uns dos Outros
Imperador e Galileu
A Importância de Ser Fiel
A Javanesa
Lenya
Longa Jornada de um Dia Noite Adentro
Loucos por Amor
O Manifesto
A Megera Domada
Memória do Mundo
Ménage
Meu Abajur de Injeção
Meu Destino é Pecar / Ninguém se Livra de Seus Fantasmas
Mire e Veja
No Retrovisor
A Noite dos Palhaços Mudos
Ovelhas que Voam Se Perdem no Céu
A Paixão Segundo G. H.
A Pane
A Peça sobre o Bebê
Os Possessos
A Prova
O Público
Rainha(s) – Duas Atrizes em Busca de um Coração
No Retrovisor

Rosa de Vidro
Salmo 91
Sedução Mefistofélica
Senhora dos Afogados
Os Sertões – A Terra
Sete Minutos / À Putanesca
Tarsila
Variações Enigmáticas
Vestir o Pai

Críticas

Anos 1980

Patética:
Quando o Circo Tem o Tamanho da Nossa Dor

7 de maio de 1980

Ao escrever *Patética*, seu autor, João Ribeiro Chaves Neto, criou um circo em fase de extinção, que, na última sessão, representa a verdadeira história de um homem chamado Glauco Horowitz. Portanto, senhoras e senhores, distinto público, vamos dar início à função.

Como os caros espectadores logo perceberão, o circo imaginário do dramaturgo naturalmente não existe. E Glauco Horowitz, na realidade, é/foi Vladimir Herzog. A peça se propõe a narrar, exatamente, a vida e a morte do jornalista. Creio ser desnecessário detalhar os fatos que, infelizmente, o tornaram uma pessoa conhecida em todo o país. Ou ainda esclarecer porque existe notável diferença entre a versão oficial da sua morte no DOI-Codi e a opinião da maioria da Nação. A crítica teatral não precisa, no caso, reavivar lembranças para reiterar, o que já é indignação unânime e busca constante de justiça. Resta o dever de constatar a transposição da tragédia de Vlado em termos artísticos eficientes. João Ribeiro Chaves Neto faz denúncia sem perder a noção de que sua matéria-prima é histórico-jornalística, sociopolítica, mas o meio de expressão utilizado é a ficção, o espetáculo. Não temam, portanto, senhoras e senhores: *Patética* é dura mas psicologicamente suportável; e mais: permite-se terminar com palavras de esperança. Tocante e serena esperança; ou calma e férrea determinação: o estabelecimento das culpas. É preciso ver o espetáculo para que cada um sinta sua parte de responsabilidade e envolvimento no sacrifício de Vlado. Pressinta o quanto lhe diz respeito, mesmo que a distância (será?), o terror repressivo que destruiu um homem pacífico e indefeso.

Dileta e excelsa assistência: o circo chama-se Albuquerque e os artistas que o integram trazem nomes vistosos como convém ao reino que vai do palco ao picadeiro. Venham: lá encontrarão figuras mágicas só encontráveis no elástico mundo de lona e serragem. Venham conhecer suas graças e proezas: Nada foi esquecido. Tem palhaço e drama: desta vez não se trata de um clássico, lacrimoso como *O Céu Uniu Dois Corações*. É dia de *Patética*, peregrinação verídica de uma família iugoslava/judaica, desde a fuga dos nazistas na Europa até a morte do filho em São Paulo. A morte de Glauco Horowitz ou Vladimir Herzog.

O circo Albuquerque mora em todos os corações, mas o seu espetáculo acontece no Auditório Augusta por força da arte de um grupo de atores e atrizes guiados com mãos de mestre pelo diretor Celso Nunes. Guardem seus nomes e rostos, são dignos de admiração: Ewerton de Castro, Lilian Lemmertz, Antônio Petrin, Regina Braga, Vicente Tutuilmondo e o palhaço Cebolinha. Fazem a peça com firmeza e dignidade, como com firmeza e dignidade Celso Nunes dirigiu, há dez anos, *O Interrogatório*, de Peter Weiss. Tema: nazismo. Dez anos depois o diretor volta a ter em mãos uma história não muito diferente. É possível uma crítica isenta? Não. A obra e sua representação são contundentes demais, imprescindíveis demais para que se tenha a tranquila possibilidade de discutir detalhes. No máximo se pode pedir maior contenção (menos gestos e mais tensão) em alguns diálogos (por exemplo: entre Regina Braga e Tutuilmondo). O que importa desta vez são os bons momentos de interpretação, a límpida emoção de Ewerton, um olhar de Petrin (o pai de Glauco/Vlado contemplando o novo país ainda na amurada do navio); a simplicidade e malícia de Regina Braga como a anônima atriz de circo concedendo uma entrevista à TV; a maravilhosa humanidade do desempenho de Lilian Lemmertz. Ela encarna a dor da peça e de todos nós. Importa a expressividade da cenografia de Flávio Império: uma cortina vermelha caindo sobre um fundo verde- -amarelo e tudo está dito. Importa, enfim, que *Patética* resgata a memória de Vladimir Herzog e a grandeza do teatro.

Talvez esta não seja – tecnicamente – uma crítica. É difícil falar do amigo morto em tais circunstân- cias. Espera-se que valha como testemunho e recomendação: *Patética* está em cena e justifica-se porque é preciso lembrar.

Pato com Laranja:
Pato com Casamento e o Humor das Laranjas

18 de março de 1980

Um bom, simpático e elegante ator brasileiro em comunhão com a fidelíssima plateia: Paulo Autran. Uma encantadora Eva Wilma de volta ao palco. Um autor inglês sem a menor impor- tância, mas que sabe construir engenhosamente sua trama: William Home. É, por fim, a volta sentimental ao Brasil do diretor italiano que abrilhantou as sempre lembradas noites do TBC: Adolfo Celi. Pronto: isto é *Pato com Laranja*.

O enredo não podia ser mais *british*, mais Holand Park: uma fina senhora comunica ao fino senhor seu marido que o tédio conjugal atingiu limites insuportáveis, até mesmo para a paciência de uma inglesa, que, em decorrência, providenciou alguém que lhe ofereça os estímulos dos arroubos amorosos. O que se passa em seguida é torneio de florete sentimental: cutiladas e espetadinhas maldosas de parte a parte diante do amante, que acaba se fazendo presente, e da desfrutável secretária do marido posto de lado. Ah: para arrematar, contamos com indignada presença da governanta encarregada de preparar o pato com laranja.

Uma peça tranquila como os verdes prados ingleses. Ninguém sofre muito, apesar dos conflitos de amor. Não esperem, em absoluto, fisionomias transtornadas como quadros de Francis Bacon. Não. Tudo se resolve com *sense of* humor. Afinal, estamos na pérfida Albion.

Um espetáculo para levar adiante uma peça comercial inglesa, digna de Alec Guinnes em temporada de verão, não poderia ser encenado assim sem maiores cuidados. E capricho realmente é o que não faltou no trabalho de Adolfo Celi. As cenas deslizam impecáveis em um ambiente construído com o deliberado propósito de deslumbrar o público. Homens e mulheres não resistem à tentação de, a cada nova entrada, ostentarem mais uma criação do costureiro Guilherme Guimarães. Foi mesmo uma pena que não tenham trazido para São Paulo aquele espantoso vaso de porcelana que adornou a temporada carioca.

Aviso aos navegantes: *Pato com Laranja* tem ainda Karin Rodrigues, muito bonita e de penteado novo. Ela faz uma ótima secretária, especialmente feminina num conjunto inspirado na fantasia de Pierrot. Paulo Autran está visivelmente feliz. Ele deve se divertir imensamente em extrair tudo e algo mais de um papel feito como uma luva para seu tipo físico e estilo de representar. Paulo permanece impávido até o fim, acumpliciado com os espectadores, caloroso e firme como um campeão de golfe na intensa companhia de Eva Wilma. Suas tacadas bem-distribuídas deixam margem de jogo para todos os parceiros, como, por exemplo, Márcio de Luca, responsável pelo desastrado amante.

Pato com Laranja representa, no Brasil, o esplendor do teatro burguês. O tipo do espetáculo que atende às expectativas e à ideologia de uma faixa do público que sempre existiu e, agora, se ampliou após os resultados da concentração de renda. Toda a concepção da história, moralista, conservadora e inegavelmente chauvinista (o marido indiferente, infiel, etc., etc. acaba provando que está certo, além de ser boníssimo) gratifica essas pessoas. Os novos ricos, a classe média local e – claro, como não – o velho São Paulo se encontrarão satisfeitos nas artimanhas inventadas por Willian Home e executadas com competência artesanal por Adolfo Celi, que trabalhou pensando provavelmente em todos borghesi romani. Temos, enfim (ou novamente), o espetáculo para a elite dominante (e agregados). Se o Terceiro Mundo se manifesta a dois passos do Teatro Brigadeiro através de uma quadrilha de cambistas de ingressos e agressivos guardadores de carros, isto já é outra história. O teatro brasileiro acompanha a divisão desta terra em dois países e não se vai falar em marmita na hora de pato com laranja.

Pegue e não Pague:
O Risonho e Quente Espetáculo das Ruas

1981

Coerente com toda uma linha estética e política que sempre defendeu para o teatro, Gianfrancesco Guarnieri volta ao palco para interpretar e dirigir *Pegue e Não Pague*, texto do Italiano Dario Fo, que, por sua vez, também representa na Europa o que há de melhor em termos de teatro engajado, no sentido amplíssimo do termo. O registro vale porque Guarnieri faz parte do grupo de artistas brasileiros que retoma o trabalho no ponto em que conhecidas e recentes dificuldades político-institucionais embargaram projetos artísticos que tinham como objetivo a discussão do homem na sociedade.

Pegue e Não Pague, sendo, portanto, teatro de luta, traz, entretanto, uma boa novidade: é um espetáculo extremamente divertido, dentro da melhor tradição do teatro popular Italiano, maneira farsesca, circense e poética de encarar o cotidiano. Ninguém vai ao teatro para receber uma carga esmagadora de fatos e ideias difíceis, sofridos e, às vezes, depressivos. Ao contrário, o riso largo, a gargalhada total, dominam sem que a essência sociopolítica da obra esteja ausente um só instante.

Dario Fo – ator, autor, diretor, animador cultural e militante político – delineia em *Pegue e Não Pague* (*Não Se Paga, Não Se Paga*, no original) o amplo painel das contradições agudas que afligem a sociedade italiana (e onde não são difíceis as semelhanças com o Brasil): a atuação do Partido Comunista em busca de um "compromisso histórico" com forças sociais representativas da Itália ainda que conservadoras, o esquerdismo de determinados segmentos da população, a religiosidade onipresente e manifestações espontaneístas de revolta popular. Em *Pegue e Não Pague* a ação tem início com um grupo de mulheres retirando o que necessitam do supermercado, mas pagando exclusivamente o preço que consideram justo. Ignorando remarcações, especulação, etc. Diante da resistência da loja, elas acabam levando tudo embora sem pagar nada. Uma delas é casada com um severo comunista que mantém alguns princípios éticos, espécie de moralismo burguês dentro da militância de esquerda. Seriedade de princípios nascida da mais pura moderação política. Para o veterano comunista as ações espontâneas revelam apenas anarquismo, provocação e novos pretextos para a repressão oficial. A mulher (e mais uma amiga), sabendo da posição do marido, tenta esconder a mercadoria roubada. Tem início, então, o *imbróglio*, monumental confusão envolvendo vizinhos, policiais (um deles mais à esquerda do que o comunista), casos de falsa gravidez, gente morta e caixão de defunto dentro de armário. Pandemônio onde se misturam finalmente os dois famosos Marx: Karl e Groucho. Certamente haverá polêmica. Dario Fo situa-se à esquerda do Partido Comunista Italiano que ironiza abertamente. A posição do operário comunista é do reformista completo, de uma paciência negociadora que incomoda os que não creem em compromissos históricos e na moderação dos chamados partidos eurocomunistas. Dario Fo tenta deixar o comunista vagamente ridículo ainda que, ao final, providencie uma apaziguadora cena de confraternização e esperança com sabor levemente melodramático.

Os possíveis defeitos apontados fazem, curiosamente, a peça simpática. Ela reflete o choque de opiniões e no convívio nem sempre fácil da ideologia com os apelos da realidade imediata. Para o público brasileiro, acostumado a ver comédia tratando de temas escapistas, preconceituosos, ensopados da estreita mentalidade pequeno-burguesa, o espetáculo atual é um raro prazer. Em cena está o teatro sonhado por poetas e revolucionários: combativo, risonho e incorporado à sensibilidade popular.

Pegue e Não Pague não pode ser imaginado sem um ótimo elenco, o que felizmente acontece. A começar pela maravilhosa comicidade de um Gianfrancesco Guarnieri, na plenitude do talento como intérprete e da sua inventividade enquanto encenador. A direção explora o enredo nas mínimas nuances e o distribui equilibradamente pelo espaço cênico, deixando o elenco com liberdade para criar. Guarnieri tem o raro dom de estabelecer inevitável e definitiva cumplicidade com a plateia, o que lhe permite uma infinidade de variações dentro do papel, como o músico capaz de grandes solos sem comprometer o conjunto. Intervenção que tem contraponto exato numa surpreendente Regina Viana, ausente há anos de São Paulo, que retoma segura como atriz de personalidade calorosa. A ela devemos a bela humanidade da mulher do povo, da Itália ou de qualquer lugar do mundo. O trio final desta equipe de primeira é formado pelo sempre agressivamente irônico Renato Borghi e pela dupla Bete Mendes e Hérson Capri, ambos sinceros em papéis de menor profundidade.

O espetáculo tem uma atraente ambientação latina dada pelos cenários e figurinos de Irênio Maia. Criação visual que tanto pode sugerir Nápoles como o antigo Bexiga. Logo, não há como não gostar.

O Percevejo:
Deboche e Irreverência para Brecht Achar Graça

26 de agosto de 1983

Bem, de vez em quando é preciso inventar o teatro. Ou, quem sabe, insultá-lo para que volte a ser, justamente, teatro. É um pouco disso tudo que faz o espetáculo *O Percevejo*, polêmica encenação do grupo Klop. O diretor Luís Antônio Martinez Corrêa diz que a intenção maior é homenagear o poeta russo (aliás, georgiano) Maiacóvski, autor do texto. E uma homenagem à altura da insolência que parece ter sido a postura marcante desse poeta extraordinário e de curta existência. Klop apronta uma zorra no palco até que a música e a voz de Caetano Veloso desçam sobre tudo, deixando nas pessoas uma sensação emocionada de poesia. *O Percevejo* é obra de endereço político certo (escrita entre 1928/1929), quando o ainda jovem estado emergido da Revolução de 1917, começava a sentir os sintomas incômodos de determinadas contradições sociais, políticas e ideológicas apesar da aparente nivelação socialista. O operário Prissip-kin, saturado das privações da guerra civil que se seguiu à tomada do poder pelos bolcheviques, resolve ignorar sua classe e subir na vida casando-se com uma jovem de condição social e econômica acima da sua. Faz a união de conveniência após abandonar a namorada e deixar-se levar por um ambiente de vulgares afetações burguesas. O casamento é grotesco e acaba na morte de todos. Cinquenta anos mais tarde - em 1979 - o operário será descoberto, durante uma escavação dentro de um bloco de gelo, intacto, e, então, ressuscitado para um mundo que não entende e que também o vê como uma anomalia. Com esse entrecho, o qual Maiakóvski definiu como *uma comédia fantástica*, é possível fazer muitas prospecções, inúmeras alusões e até mesmo, e principalmente, um punhado de divagações, algumas delas extremamente confusas. Klop e Luís Antônio resolveram, além da homenagem ao poeta, transar o *barato* da brincadeira teatral. Ninguém interpreta, afora Cacá Rosset, sempre um ator ainda que debochando; não há uma direção muito visível, Luís Antônio, numa ânsia estranha de ser jovem irreverente, repete-se dez anos depois de seu *Casamento do Pequeno Burguês* em cenas de pastelão e orgias, o que, infelizmente, o envelhece momentaneamente como criador. A orgia cênica é quase tola na pretensão de assustar o público, permitindo frases soltas e pouco inteligentes como *tudo pelo teatro nacional* e *viva Cacilda Becker*. Fica um núcleo de espetáculo totalmente bocejante. Mas o diretor tem por outro lado inquietações e posturas novas: mistura várias linguagens e artes (há longas sequências de projeção cinematográfica). E disso tudo resultam uns tantos equívocos, umas provocações pueris, mas, por sorte, o espetáculo termina por voar, ter fantasia, mexer com as pessoas, provocar curiosidade, teatro, às vezes, é isso, Maiakóvski acharia graça. Ele que suicidou-se cedo, desencantado. Prevendo que o sonho de Outubro seria liquidado por Stálin. Que, como ele, também veio da Geórgia.

O Preço:
Sonhos Traídos, em O Preço

7 de abril de 1989

Um corte transversal no cerne do capitalismo americano, nos instantes de crise e crueldade, e uma prospecção psicológica, de forte densidade poética. Talvez seja essa a melhor maneira de se entender o teatro de Arthur Miller, que, embora tenha sua parte mais rica produzida entre as décadas de 1940 e 1960, ou seja, hoje com uma considerável idade, não perde o impacto. Desde 1949, com *A Morte do Caixeiro Viajante*, até 1968, com *O Preço*, Miller ocupa o quase solitário papel de fazer em cena a dissecação do lado sombrio do *american way of life*, da mesma maneira que Sinclair Lewis, John dos Passos e John Steinbeck o fizeram no romance. Miller, que, na realidade, é um compassivo reformista e não o comunista que a idiotia macartista viu nele, pega fundo na alma do espectador, porque tem um texto conciso e, com duas ou três cenas, consegue expor o drama humano com pungência. Como na pintura de Edward Hooper, ele trabalha com os espaços desertos das metrópoles norte-americanas; só que Miller mostra, além da paisagem hostil da cidade, o vazio existencial de gente que pensou estar segura na vida ao crer que a América é justa e sempre haverá um *new-deal* rooseveltiano para insuflar esperanças. Arthur Miller fala justamente de esperanças traídas. Tudo isso está em *O Preço*, em que dois irmãos se defrontam ao vender os últimos móveis e objetos da casa dos pais, falecidos. Um deles venceu na vida, é o precursor daquele tipo que seria um dia chamado de *yuppie*; o outro escorregou pela trilha do fracasso é não passa de um policial sem graduação. Por que um deles achou o caminho do sucesso, e o outro não, é a matéria-prima dramática da peça. A conversa dos irmãos – o empobrecido acompanhado pela mulher também frustrada – tem um crescendo de agressividade e ressentimento revelador do preço de uma vitória ou de uma derrota no coração do capitalismo. Como contraponto irônico ou tristemente cético, o dramaturgo introduz na ação um judeu octogenário, comprador dos móveis, que observa a humanidade com a sabedoria desencantada de quem conhece todos os desastres.

A obra vale pela universalidade de questões que desafiam os tempos e os horizontes, mas não deixa de ser impressionante o paralelismo que se pode estabelecer entre os personagens de Miller e uma vasta parcela da classe média brasileira. O velho judeu Salomon tem uma frase extraordinária que vale por toda uma sociologia sobre São Paulo: *A principal coisa hoje em dia é comprar. Antigamente, quando uma pessoa se sentia infeliz, não sabia o que fazer de si mesma, ia para a igreja, iniciava uma revolução, qualquer coisa. Hoje você se sente infeliz? Vá fazer compras. Se fechassem as lojas neste país por seis meses, ia haver massacre.*

Com uma dramaturgia assim, não foi difícil a Bibi Ferreira erguer um espetáculo benm-feito numa produção que respeita o público até na qualidade informativa do programa da peça (hoje em dia, um exagero narcisista na maioria dos teatros, com frases tolas e fotos do elenco). A direção assumiu, do início ao fim, os cânones do realismo teatral, não pretendendo nenhum experimentalismo. A montagem, dentro dessa premissa, é de grande competência, principalmente pela força do elenco. Paulo Gracindo – hoje lendário pela composição de Salomon – repete a façanha 20 anos após a primeira encenação (com ele, Jardel Filho, Leonardo Vilar e Maria Fernanda). É o ator sábio no ofício, que surpreende por se conter quando o impulso à super-representação é visível.

O espetáculo deve também, e muito, do seu apelo dramático aos empenhos emocionados de Eva Wilma, Carlos Zara e Rogério Fróes. É neles que flui a maior torrente emotiva de *O Preço*. Descontados eventuais derrames teatralescos momentâneos, Zara e Fróes se enfrentam com paixão e fúria, enquanto Eva incorpora a impotência feminina, clássica em tais circunstâncias familiares e sociais; teatro, enfim, com alma, sobre ilusões e fracassos.

Quadrante:
Emoção e Requinte

15 de janeiro de 1989

Logo no início de *Quadrante* – espetáculo solo com poemas, crônicas, um conto e uma cena de peça teatral –, Paulo Autran faz, com toda naturalidade, breve referência a Onestaldo de Pennafort, de quem diz um poema. Pennafort, tradutor de Shakespeare, discreto poeta modernista, morreu no ano passado e não mereceu da imprensa nada além do que algumas linhas distraídas. Falar dele hoje é como mencionar um romance de Cornélio Pena. São coisas que o cotidiano gerido pela cultura de massa não registra ou já relegou ao anonimato. E, no entanto, Paulo Autran fala de Onestaldo Pennafort como, também, do ridicularizado Olavo Bilac. Ao fazê--lo, o ator oferece à plateia uma demonstração de requinte, ignora os modismos para reinstalar um tempo cultural que não se deixa prender pela velocidade do tempo comercial, aquele do *best seller*. Em seguida, o ator concede a todos uma demonstração de competência profissional-técnica envolta em interiorizada emoção. O som da voz, a clareza da dicção, a noção de ritmo, o modo de estabelecer empatia com o espectador, o porte em cena, tudo distingue o grande ator da algaravia e da desarticulação verbal de muitos espetáculos que afugentam as pessoas. Há um momento particularmente belo em *Quadrante* quando Paulo Autran, declarando a idade, refaz do seu ângulo mais emocional a conhecidíssima *Meus Oito Anos*, de Casimiro de Abreu. Sem uma única concessão à dramaticidade fácil, ele transforma a poesia em depoimento com a solenidade de Pedro Nava revendo o passado.

A escolha dos textos segue critério extremamente pessoal e tem-se pena de não se ter um pouco mais de Carlos Drummond ou de Manuel Bandeira, citados com frequência por Paulo nos comentários entre uma interpretação e outra. Por que não Jandira, de Murilo Mendes, ou algo de Augusto Frederico Schmidt? E por que uma inevitável comparação com Carlos Augusto Carvalho, que representa há um ano *Meu Tio, o Iuaretê*, com o acabamento de obra-prima? A tranquilidade quase nostálgica que Paulo Autran, aparenta no palco faz pensar em algum trecho de Tennessee Williams. O espetáculo homenageia poetas portugueses como Antônio Gedeão, o autor de *Máquina de Fogo* e *Movimento Perpétuo*. Um dia, quem sabe, Paulo incluirá no repertório João Apolinário, que foi crítico teatral durante seu exílio brasileiro, teve uma penosa desavença com o ator e, de volta a Portugal, deixou, entre outros, um livro comovente, *O Poeta Descalço*, antes de morrer, no ano passado.

Enfim, um legítimo Paulo Autran, com 66 anos de maturidade e dando-se ao luxo de ser antigo ou moderno, mas sempre brilhante.

Quase 84:
O Brasil do Poeta Fauzi Arap

28 de setembro de 1983

Fauzi Arap tem um boné e um sentimento especial do mundo. Ele fica no seu canto observando o tempo, as coisas e as pessoas que viveu, viu e sentiu. Em seguida, escreve, testemunha: e esta é a sua obra poética e teatral. Volta agora para reencontrar um tempo dilacerante de opções, um tempo brasileiro pós-64 e pós-milagre econômico. O centro de tudo é a televisão e as inteligências que a ela se renderam. Ou não. Sua peça conta, basicamente, a torturante divisão de artistas da mesma geração que, por razões diversas, mergulharam em direções opostas depois de viverem anos de sonhos num pequeno teatro de arena (e aqui Fauzi parece estar mesmo mencionando o ex-Teatro de Arena, marco importante na vida teatral brasileira), uma parte foi ao fundo das oportunidades gloriosas e financeiramente recompensadoras da TV, ainda que ideológica, moral e existencialmente discutíveis; a outra, deixou-se ficar de lado, vivendo no ritmo de suas especialíssimas e irredentas sensibilidades.

O Brasil do golpe golpeou cabeças, corações e mentes. Fauzi mexe com isto. Quem traiu, quem não traiu, quem percebeu ou deixou de perceber o momento? Isolar-se ou pagar para ver? E tudo com um enredo dramático, sentimental, amoroso, tudo nas vésperas de 1984.

O resultado é um texto de impacto (o que, sinceramente, não percebi numa primeira leitura), impacto retransmitido para o palco na montagem de Márcio Aurélio, que fixa diante dos olhos do público os dramas dos homens de ação e arte que desistiram antecipadamente de lidar com o lixo da corrupção e os outros que foram lá conferir, cada um sabendo do preço que pagaria pela sua atitude.

Márcio fez um espetáculo simples, ainda inseguro nas marcações e na homogeneização do elenco, mas claro e afetuoso no conjunto. *Quase 84* é uma criação artística um pouquinho velha na sua formulação, um pouquinho maniqueísta, com bons e maus separados demais. Um painel brasileiro verdadeiro e comovente (segundo o crítico e a mulher que chorou discretamente ao seu lado). É preciso conferir/discutir Fauzi.

No palco (má cenografia, figurinos confusos, é bom rever isto), um Seme Lufti tranquilo, segunda alma do autor; Ênio Gonçalves espontâneo, emotivo; Claudia Alencar, bonita e inteligente na descrição patética da atriz anônima, carente e desnorteada; Walderez de Barros, autoridade na voz, talento, dificuldade na expressão gestual/ corporal da personagem; Dulce Muniz, forte e tranquila na sua verdade. Rodrigo Matheus, amedrontado por enquanto. Paulo Pompeia segurando bem um papel modesto e decisivo. Eles compõem o quadro humano, correto, dramático, do poeta Fauzi. De chorar 64/84.

525 Linhas:
As Emoções em Velocidade Eletrônica

1º de outubro de 1989

A beleza imperfeita de *525 Linhas* trata de emoções de sempre em velocidade eletrônica. Um triângulo amoroso na era da videointenção e videoilusão, rimando com memória mataborrão. A obra de Marcelo Rubens Paiva não pretende ser vanguarda, mas traz algo de novo ao lançar um olhar comovido sobre um universo tão frio na sua escaldante agitação: publicidade, comunicação de massa (os 525 traços de luz que formam uma imagem televisiva). E, no meio de tudo, a fantasia reiventada de forma tecnologicamente ultrassofisticada no palco antigo do teatro.

A montagem faz a aproximação perigosa entre imagens projetadas e a presença viva de intérpretes. Quase sempre a força hipnótica do vídeo derruba a ação em cena. Desta vez, não. Mesmo com um elenco extremamente desigual (daí a beleza imperfeita), na intensidade dramática e com sérias deficiências técnicas (voz principalmente), o espetáculo é quente. A mistura de veículos e linguagem funciona como estimulador da empatia do púbilco e jogo das duas possibilidades simultâneas.

Enredo simples: casal em crise, mulher que deixa a casa e se torna modelo. A vivência dessa outra imagem, a confusão, as fantasias criadas em pessoas desarmadas face à sedução de apelos irresistíveis (a provável maioria). A aventura dessa mulher na fugacidade da fama via propaganda é traduzida pelo o olhar-esperto-eletrônico de Marcelo e seus grandes parceiros de viagem, o diretor Ricardo Karman e o artista multimídia Otávio Danasi, que traz para o palco experimentações com imagens (ou seres-imagens) contracenando com intérpretes ao vivo.

Nas linhas de *525 Linhas*, o trio percorre os caminhos de Umberto Eco e, talvez, Edgar Morin, entre outros, nos estudos dos fascínios e fetiches das informações massivas que se projetam e se negam cada vez mais em escala mundial. O autor expõe uma situação, sem fazer exatamente uma proclamação, contra a era das imagens e notícias sincopadas e diluídas; Marcelo Rubens Paiva parece observar de perto, vacuidade das forças hipnóticas dos tempos modernos: televisão, publicidade, etc. É um jogo ou até uma discussão (o projeto teve a simpatia e o apoio de publicitários e fabricantes de instrumentos eletrônicos e de roupas). Um paradoxo provocante. Como é um paradoxo gratificante um ator espontâneo, tradicional, popular, como o excelente Francisco Carvalho no meio de *closes* e sons requintados. Também é bom notar que Marcelo Rubens Paiva, ao se referir a tempos e fatos cruéis, não esconde um jeito romântico de encarar a vida.

Rasga Coração:
Beleza e Emoção na Obra-prima de Viana

21 de outubro de 1980

Enfim, *Rasga Coração*. A importância histórica do texto – talvez a mais consistente contribuição à dramaturgia política do Brasil – e os lastimáveis atos que o envolveram (proibição pela censura, morte prematura do autor), colocam a obra numa perspectiva especial embora não intocável - para o público e a crítica. Numa palavra: é impossível deixar de ver o testamento político, artístico e humano de Oduvaldo Viana Filho (1936/74).

Tem-se enfatizado o aspecto ideológico da peça, efetivamente o eixo que movimenta os conflitos mais absorventes, mesmo quando se manifestam juntamente ao choque de gerações. Vianinha mergulha em 40 anos de vida pública do Brasil, reapresentando ficcionalmente detalhes vitais: Revolução de 30, integralismo, atuação do Partido Comunista, Estado Novo e a presença de Vargas. Simultânea e/ou paralelamente, a ação transporta-se com frequência para 1972 ao focalizar um velho militante comunista e sua família: a mulher queixosa, o filho manifestando o inconformismo de parte de sua geração por gestos e atitudes que negam os valores e convicções do pai.

Mas Oduvaldo Viana Filho não insiste exclusivamente no tom ideológico. Preocupou-se, apaixonadamente, em captar o ângulo humano das relações que inventou: a poesia e o patético do cotidiano, a saudade. *Rasga Coração* é, também, uma delicada história de amor e amizade entre as pessoas. O caráter parcialmente evocativo do enredo (com descrições do Rio antigo) proporcionam momentos de envolvente poesia. Convivem, no tempo e na memória, referências ao *camarada Stalin* e a valsa *Fascinação*, cantada na Rádio Cajuti, citadíssima em depoimentos de cantores da velha guarda. O tom cambiante de ideias e sentimentos confere a *Rasga Coração* interesse para todas as plateias: Oduvaldo Viana Filho, ao se propor o registro de tantas emoções e dados verídicos, construiu um drama formalmente sofisticado de evidente competência artesanal, pouco comum na dramaturga brasileira posterior a Nelson Rodrigues, onde predomina a linearidade convencional. Utilizou o sistema de ação fragmentada, diálogos simultâneos, uma parte no presente e outra no passado, o tempo avançando e recuando. A disposição das personagens em planos diferentes dentro do palco e pequenos efeitos de luz organizam esta trajetória – coletiva e individual –, repleta de incidentes. O autor movimenta mais de uma dezena de figuras sem perder o controle sobre elas. O que se poderia discutir na obra é a visão do dramaturgo ao mostrar o homem de ideias libertárias dentro de um círculo pessoal excessivamente medíocre. Ao fazê-lo, Vianinha pretendeu homenagear *o lutador anônimo*, que crê em Marx sem poder se afastar do cotidiano da repartição pública, do dinheiro trocado para o ônibus e das contas da feira. O objetivo é generoso e racionalmente compreensível, mas a personagem acaba bem pouco invejável, vagamente professoral a militância política, algo quase triste uma vez passada a mocidade.

Na realidade, o imponderável da literatura apanhou Vianinha de surpresa (ele não viveu para saber como ficaria a peça representada). As criaturas escaparam ao criador, como é comum. Máximo Gorki, ao escrever *Pequenos Burgueses*, incluiu um comunista operário que deveria ressaltar o novo, o futuro, etc. Mas só nos lembramos carinhosamente do bêbado irreverente e niilista que não luta por nada. Em *Rasga Coração*, o herói, ou anti-herói digno, é o militante Manguari Pistolão e, mesmo assim, divide as atenções com o marcante Lorde Bundinha, seu amigo boêmio, tuberculoso e viciado em morfina, a negação total do engajamento político.

Rasga Coração merecia uma encenação perfeita, elenco homogêneo, vozes claras, articulações limpas. Não é o que acontece. O diretor José Renato, possivelmente às voltas com a multiplicidade das cenas a orquestrar, não aprofundou o trabalho de ator e deixou passar oportunidades de soluções engenhosas para determinadas sequências. Ficou no trivial aparatoso. O que permite a infiltração da monotonia ao meio da representação, quando se torna gritante a pouca experiência de uns e a voz precária de outros. Felizmente, o espetáculo sobe nos minutos finais – principalmente graças a Raul Cortez, Sônia

Guedes e João José Pompeo – e as melhores qualidades da montagem se impõem.

Rasga Coração é bonito e emocionante porque traz em cada diálogo as angústias e esperanças de três gerações. Oduvaldo Viana Filho tenta ser isento e consegue parcialmente, embora conceda, ao fim, sua solidariedade mais íntima ao alquebrado e rotineiro comunista classe média. O que faz imaginar a provável persistência do autor – se a morte não o levasse – numa espécie de teatro que hoje tem sua eficiência discutida (realismo de cunho ideológico, pragmatismo de esquerda que nem todos avalizam mais, assuntos delicados como se vê. E o autor está morto). Desta vez, contudo, desta implacável última vez, prevalece o Vianinha poeta, e o resultado é uma obra-prima.

Uma Relação tão Delicada: Delicadeza e Emoção em um Belo Álbum

22 de outubro de 1989

O diretor William Pereira fez de *Uma Relação tão Delicada*, de Loleh Bellon, um ótimo espetáculo com o talento de Irene Ravache e Regina Braga. *Uma Relação tão Delicada* trata exatamente de uma relação muito delicada entre mãe e filha ao longo de uma vida; é a história de duas mulheres sentindo o tempo passar. Com um tema frequentemente repetido e sempre inesgotável, a francesa Loleh Bellon vai mexer com as emoções profundas dos espectadores. Não adianta subestimar a questão, tentar banalizar o problema. Ele bate fundo, e o público se retira silencioso e comovido.

Afetos totais e ao mesmo tempo ambivalentes, como no casamento e na ligação entre pais e filhos, são uma porta aberta para o infinito dramático. No cinema, por exemplo, Ingmar Bergman fez *Sonata de Outono* e *Fanny e Alexandre* lidando com assunto no ponto mais extremamente cruel das opressões e acertos de contas implacáveis. Loleh Bellon é mais doce. Não quer provar nada, além do já sabido, mas que é bom relembrar: os papéis um dia se inverteram e os pais se tornam filhos! E mais: como uma mulher lida com os ciclos da vida. Com a perda do poder de sedução, da beleza, da mocidade, enfim, a autora teve a originalidade de pedir que mãe e filha sejam atrizes da mesma idade, para que fique claro o caráter de investigação interior dos personagens. O jogo não realista é, portanto, um dado fundamental da peça, que, por sua vez, exige intérpretes de alta qualidade. O belo espetáculo de William Pereira, um diretor que irrompe brilhante na cena paulista, tem duas esplêndidas atrizes, duas grandes mulheres plenas de delicadeza e emoção no instante exato de suas carreiras (e, quem sabe?, de suas vidas) para o denso mergulho no tempo e na memória. O diretor projetou uma encenação que desliza discretamente como um álbum de família em tom sépia, deixando campo livre para o talento de Irene Ravache e Regina Braga – Irene, representando a maturidade para a velhice; e Regina com a excelente preparação corporal que recebeu de Vivien Buckup – realizam maravilhas dramáticas com pequenos gestos em certo andar, olhares de impaciência, sentimentos comuns, mas difíceis de transportar para o palco: medo, solidão e, principalmente, culpa. Nenhum instante do espetáculo é grandiloquente ou deliberadamente impactante. Ele se impõe no conjunto, independentemente de alguns empecilhos. Não há, por exemplo, um papel masculino bem-delineado, apenas um esboço, o que deixa Roberto Arduin numa situação difícil.

Uma Relação tão Delicada é, assim, o teatro do cotidiano prosaico e inelutável. A dramatização sutil do que nos cerca e, às vezes, nos escapa. Serve como lembrança ou advertência carinhosa. Sem melodrama, mas sem temer as lágrimas.

A Senhorita de Tacna:
Grandeza da Senhorita de Tacna

O espetáculo *A Senhorita de Tacna*, de Mário Vargas Llosa, desenvolve-se em um espaço onde os recursos cenográficos são mínimos. Uma mesa e meia dúzia de cadeiras ocupam estrategicamente o tablado. Quando a representação tem início, os personagens entram em cena de uma só vez. Surgem dos fundos do teatro, falando todos ao mesmo tempo, enquanto caminham entre os espectadores. A iluminação da sala é de uma cor oscilante entre róseo e sépia, deixando o pequeno agrupamento humano numa espécie de penumbra. Vultos contrastantes com a luz baça do aposento.

Isto tudo não dura mais do que dois minutos. O suficiente para que o espetáculo imponha um dos elementos básicos do fenômeno teatral: a poesia. *A Senhorita de Tacna* é um dos mais bonitos acontecimentos teatrais do Rio de Janeiro. Texto extremamente bem-construído (bela tradução de Millôr Fernandes), que proporcionou ao diretor Sérgio Britto seu melhor instante de criação nos últimos anos. Por fim, um elenco sem falhas, onde brilha o talento de Teresa Raquel. O tema de Llosa comporta diversas interpretações, embora sendo aparentemente simples tentativa de ilusão poética. A senhorita em questão está muito velha, encostada em casas de parentes, dizendo coisas pela metade, mas geralmente reveladoras do passado familiar. Quem vai tirá-la da memória (porque a ação não passa de uma grande lembrança) é o seu parente escritor, disposto a transformar tantas evocações familiares numa história romântica. Ocorre que o plano é alterado pela força incontrolável dos fatos. O tema é mais do que um caso de amor. Trata-se de saga familiar que pode ser vista como alusão à própria América Latina.

Elvira, a senhorita de Tacna, ao rememorar as figuras dos bisavós, revela ainda uma cidade (Tacna, Peru) e um estilo de vida cheio de requintes. Esta gente compõe a elite dominante, senhores de terras e de altos negócios. Cotidiano de luxo visível nos cristais e objetos importados. Mas o tempo corrói a grandeza e a grande estirpe decai, da aristocracia para a realidade medíocre da classe média em apertos.

Elvira – que fora moça bela e disputada – recusou-se a casar com um militar chileno ao descobrir-lhe a amante. Há aqui dois movimentos delicados. Peru e Chile mantiveram durante anos grave litígio de fronteiras. Tacna foi ocupada pelos chilenos de 1883 a 1929. Ao noivar com um oficial do Exército adversário, a jovem cometeu audácia só possível nos amores grandiosos. Pois apostou e perdeu; e desde então escolheu a lenta solidão de solteira. Testemunhando a crônica familiar, do fastígio ao fim da raça.

Belisário, seu descendente, deixou a advocacia para ser escritor (talvez fracassado, Llosa, sutilmente, não esclarece). Quer escrever sobre a derrota cotidiana no fim de uma sólida família. Sérgio Britto argumenta, entretanto, e com razão, que, *se quisermos ser mais abrangentes, Belisário fala de uma vida num continente que não nasceu, que não teve ainda oportunidade de viver. Essa decadência e esta morte são dois valores importados, aqueles que vieram de fora e têm sufocado o verdadeiro respirar desta América Latina. Sempre é uma imagem mais positiva: quem não nasceu, pode nascer um dia.*

O espetáculo é sustentado por artistas de primeira linha. Teresa Raquel, com a precisão do gesto de tirar ou pôr o véu, faz simultaneamente a senhorita viçosa e casadoura e a anciã nos limites da senilidade. Em segundos, a atriz vai de um polo ao outro com emocionante grandeza dramática. Ela tem, por outro lado, a convincente companhia de Luís de Lima, Regina Rodrigues, Marcos Waimberg, Ana Lúcia Torre, Tamara Taxman, Pedro Veras, Dema Marques e Sérgio Britto (substituindo Walmor Chagas no papel de Belisário).

A maior homenagem que se presta à direção de Sérgio Britto é a de constatar que está à altura da obra, mas com plena autonomia teatral. A montagem – em cartaz no Teatro de Arena – consegue exatamente transmitir a sensação pretendida por Vargas Llosa: *Sempre pensei que o ideal seria que a encenação de* A Senhorita de Tacna *reproduzisse este processo ambíguo, vago, de uma extraordinária liberdade, maravilhoso, que acompanha a leitura de uma história.*

A Serpente:
A Soberba Mesmice de uma Múmia Talentosa

18 de abril de 1980

Nelson Rodrigues adora apresentar-se como *uma múmia com todos os achaques das múmias.* Claro está que o dramaturgo perpetra suas frases de efeito na vaidosa expectativa de um coro de desmentidos. Porque, além da múmia que realmente é, Nelson Rodrigues é o pavão dourado do teatro brasileiro. Incuravelmente reacionário e mais incuravelmente cioso de suas glórias. Continua à direita do *Reader's Digest* e observando politicamente o mundo com olhos de Foster Dulles, enquanto desfruta a certeza da durabilidade de sua singularíssima obra dramática. Não podemos fazer nada: ele é mesmo bom e o seu caso não é o único na literatura: Celine era racista e pró-nazismo; Pirandello teve um curto entusiasmo pelo fascismo italiano e até hoje se discute a dúbia posição de Ezra Pound durante a última grande guerra. Alguém vai renegá-los enquanto escritores?

Os entusiastas do teatro de Nelson Rodrigues podem se deleitar com sua última criação, contundente peça em um ato: *A Serpente*, impecavelmente encenada no Rio de Janeiro. Todas as qualidades, todos os defeitos, os delírios, as repetições, o pendor folhetinesco invencível de Nelson Rodrigues estão cintilando na história das duas irmãs e seus respectivos maridos devorados de paixão, ciúme e ódio. Tudo tão imutável, tão antigo e tão Nelson Rodrigues.

História simples e explosiva: uma das irmãs é abandonada pelo marido após breve casamento sem sexo. A outra irmã, feliz no amor, tem um rasgo generoso e impensado de audácia: empresta o seu homem à desventurada que ficou só. Cede-o por uma noite, apenas uma única vez de fantasia e consolo. Depois – é o combinado –, ninguém tocaria mais no assunto. E aqui entra a imaginação obsessiva e a grande poesia de Nelson Rodrigues. O ciúme e a dúvida minarão doravante as relações familiares, impossível uma noite sem uma segunda, e uma segunda sem uma paixão. Irmã contra irmã, um homem explodindo os desejos e os recalques. Uma inesperada cena final de reencontro e fraterna fidelidade ao sangue.

Nelson Rodrigues repete-se pela milionésima vez, mas continua com a mesma capacidade de síntese dramática, de envolver a plateia numa história que se basta em seu próprio desenvolvimento psicológico, sem nenhum referencial socioeconômico. Não se sabe em que cidade e em que condições a trama se desenvolve. O autor ignora as origens e as posições dos personagens no quadro social (o que fazem, como e do que vivem). Alienado? Talentoso.

A Serpente deve muito ao diretor Marcos Flaksman. O encenador conseguiu transpor para a cena as nuances poéticas do texto, materializá-las em um espetáculo onde as cores e espaços colaboram para o clima passional da representação se expandir. Flaksman, um bem-sucedido cenógrafo que parece ter aprendido os segredos da arte de dirigir, constrói em menos de duas horas uma das melhores encenações de Nelson Rodrigues dos últimos anos. Para tanto, teve o cuidado e a sorte de trabalhar um elenco afinadíssimo: Cláudio Marzo, Carlos Gregório, Yuruah, Sura Berditchvsky e - principalmente - Xuxa Lopes, atriz/mulher emotiva e sedutora. Para complementar a direção extremamente feliz, John Neschling, um verdadeiro criador musical no teatro, introduz na ação agoniantes e profundos acordes de uma peça para violoncelo (o violoncelista permanece quase dentro do palco, comentando ou ligando musicalmente os acontecimentos). Discutiu-se inutilmente se *A Serpente* significa um avanço ou um recuo na obra de Nelson Rodrigues. É claro que o dramaturgo não apresenta novidades. O seu universo moral, poético, existencial, está absolutamente cristalizado (*sou uma múmia*). Ele vai escrever sempre assim porque é isso mesmo que pretende. Ou então será obrigado a trocar a temática habitual pela experiência de uma obra política. Seria interessante ver Nelson Rodrigues colocando em diálogos dramáticos os reiterados e desleais ataques que fez pela imprensa a pessoas e movimentos de esquerda, setores da igreja e ao próprio teatro (tentou várias vezes ridicularizar Maria Fernanda pelo fato de a atriz ter dito que *teatro é opção*. Nelson vislumbrou na frase alguma intenção política). A soberba múmia poderia, enfim, escrever *O Bispo Vermelho*, título que imaginou para uma peça dedicada a D. Helder Câmara. Mas, enquanto se limitar a ser o Nelson Rodrigues entre as quatro paredes de certos desvarios humanos, continuará a escrever belas peças como *A Serpente*.

Serpente Rara:
Canção e Drama na Voz de Cida Moreira

29 de outubro de 1981

A notável Cida Moreira (ela prefere se dizer *muito louca*) está de volta. Depois de espalhar por meio Brasil os encantos de *Summertime*, espetáculo anterior, tira a fantasia de Janis Joplin (que, diga-se, somente Cida tem o direito de usar; e ataca de *Serpente Rara*, apresentação dramático-musical que abala as paredes do discreto/simpático teatrinho Lira Paulistana.

Cida Moreira é atriz que canta. Ou cantora que interpreta. Ou *one-woman-show* com muito piano e pouco texto. Ou a rainha das luzes e dos tecidos ondulantes. Esta mulher, que tem a fúria e o talento da estrela e que canta deliciosamente, não atingiu por enquanto o grande público via disco/tv. Mas tem uma plateia fidelíssima que se amplia a cada temporada. Num país repleto de cantoras e cantorinhas onde a qualidade musical nem sempre sensibiliza a indústria do disco, Cida Moreira vai abrindo caminho de modo mais lento, mas que, salvo absurda injustiça, a levará ao reconhecimento amplo.

Sua apresentação tem semelhanças com o fenômeno teatral. A começar pela maneira como a cantora estabelece o clima emocional e vagamente misterioso assim que sai da penumbra e senta-se ao piano. Nota-se desde o início estreita ligação entre o poder de impacto da atriz-cantora e a sua adequada colocação no palco pelas mãos de um diretor (José Possi Neto) que explora bem a magia do espaço cênico e os segredos do temperamento da artista. *Serpente Rara* navega a favor da corrente, deixando Cida à vontade: uma voz potente, mas capaz de delicadas modulações, sutilezas e filigranas dramáticas,

O resultado tem inegável ângulo teatral. Basta vê-la para imaginar que ali está a possível excelente intérprete de certas peças de Brecht (como *A Ópera dos 3 Vinténs*). As pessoas não se emocionam apenas porque as músicas são boas e bem cantadas. Algo mais acontece no pequeno território iluminado da serpente-moreira.

E ela decidiu cantar obras de compositores novos, alguns já estabelecidos, como Renato Teixeira e Eduardo Dusek, outros ainda na estrada, como Tato Fischer, e, por fim, alguns inéditos. Para dar contraste na safra-novidade, avança, subitamente, com um ou outro sucesso monumental (*Geni*, de Chico Buarque, e um punhado de músicas norte-americanas). É uma bela e envolvente figura humana esta Cidona Moreirona. Dramática e clownesca. Fellini e Elton John e carnaval e Lapa e Bexiga. Sabe cantar, a serpente. Acompanhada de músicos de primeira. Louquíssima e irresistível.

Solness, o Construtor:
Uma Sólida Catedral de Estilo e Técnica

17 de setembro de 1988

Embora tenha sido um burguês de vastas suíças e olhar compenetrado, Henrik Ibsen, com um espírito compulsivamente insubmisso, foi, na literatura, algo parecido com o pensador revolucionário que desejou arrombar as portas do céu. Depois de enfrentar, em muitas peças, estruturas sociais e extratificações de comportamento de ordem psicoculturais, esse gênio poético norueguês (1828/1906) se dedicou em *Solness, o Construtor*, a registrar a própria luta do homem com Deus, o que nos remete à Bíblia e à mitologia grega. A grandeza da obra justifica plenamente a definição que lhe deram: *Uma catedral, com tiradas sombrias, místicas, que ressoam como os acordes de um órgão*.

O que encanta em Ibsen, desde a primeira frase, é a contemporaneidade do texto ou, melhor, a atemporalidade. Solness é o protótipo da ganância absoluta. Construtor imobiliário bem-sucedido, visto com inveja e temor, encastela-se na fortuna e no renome sem dar oportunidade a ninguém. Com a vida familiar reduzida ao rancor frígido da mulher, apavorado pela lembrança dos filhos mortos, impedindo a ascensão do jovem assistente, Solness é a encarnação viva e trágica disto que se aponta como a solidão do poder.

Uma leitura imediatista do enredo levaria a paralelismos com o universo dos tecnocratas capitalistas (ou a um Stalin ou um Ceausescu). Mas é pouco: Ibsen antecipa-se a Freud e acompanha os teólogos nas cogitações sobre a imortalidade, o medo da morte, a fascinação vampiresca do velho pelo novo. Solness, preso na ambiguidade, existencial, encontrará o anjo vingador na figura de uma jovem sensual. A peça, mosaico de sugestões simbolistas, chega aos espectadores com a integridade poética preservada, graças à tradução de Edla van Steen, que jogou no trabalho a sua boa voz interior de escritora. Sobre uma base tão sólida, Eduardo Tolentino levanta uma encenação sóbria do ponto de vista formal, como se continuasse a se afinar pacientemente no ofício antes de audácias (como a de Antunes Filho em *Peer Gynt*). Há todo um segundo ato perigosamente asséptico, mas a realização se impõe pela solidez do trabalho de Tolentino com os atores. São impecáveis os solos de João José Pompeo, Karin Rodrigues e Abrão Farc (sua melhor atuação nos últimos tempos). Denise Weinberg – a jovem e desagregadora paixão outonal de Solness – tem uma presença cênica composta de charme e um certo mistério. É um trunfo a ser consolidado com maior profundidade por quem precisa dominar as pausas e subentendidos. Para a vastidão dramática de Ibsen, o espetáculo oferecera plenitude de Paulo Autran. Existe nele uma irresistível combinação de técnica e pulsação viva do momento. Paulo Autran sempre surpreende com uma repentina interiorização expressa no olhar pungente ou no silêncio carregado de tensão ou dor. Ao contrário de Solness, o poder do seu talento é generoso e comovente. E, assim, se faz uma noite de teatro com o que Ibsen mesmo chamaria de aristocracia do espírito.

Tambores na Noite:
O Primeiro Grande Espetáculo do Ano

13 de janeiro de 1981

No dia seguinte à estreia de *Tambores na Noite*, em Munique (29 de setembro de 1922), o crítico Herbert Ihering escrevia: *Em uma noite Bertolt Brecht, um poeta de 24 anos, mudou a face da poesia alemã. Com Bertolt Brecht, é um tom novo, uma nova melodia,uma nova maneira de ver que surge.* Quase 60 anos depois, a obra vai novamente a cena em São Paulo, com a mesma força poética e dramática que encantou a Alemanha e conferiu ao autor um novato semidesconhecido, o *Prêmio Kleinst*, mesmo sendo apenas um exercício teatral em comparação às grandes obras da maturidade de Brecht, *Tambores na Noite* contém apelo emocional e contundências políticas, apesar de não ser um texto claro quanto aos fatos históricos que expõe (o que o próprio Brecht admitiu posteriormente), esta história de burgueses, lúmpens e revolucionários traz nas dobras de cada cena um certo mistério que facilita ao bom encenador acender a magia da representação.

Tambores focaliza uma noite de inverno em Berlim, em 1918, fins da 1ª Guerra Mundial. A situação social, econômica e militar é caótica. Enquanto levas de soldados derrotados voltam em farrapos para casa, a situação interna alemã caminha para violentos confrontos entre a burguesia e as massas deserdadas. Rosa Luxemburgo e outros revolucionários lideram o movimento espartaquista (há um ano Lênin tomara o poder na Rússia). Nesta noite inquieta celebra-se o noivado de uma jovem de família de negociantes, interesses financeiros rodando entre brindes e valsas. A moça esperou inutilmente quatro anos pelo namorado que partira para a guerra; pressionada pela família está em vias de se casar com outro, pequeno industrial estabilizado. Mas o amor antigo retorna repentinamente.

Com uma situação aparentemente folhetinesca, Brecht constrói a peça em dois planos alternados: a vida, amores e interesses das elites alemãs e a revolta espartaquista nas ruas gélidas. O contraponto entre os que sofrem o conflito bélico e os que deles se beneficiam é colocado de jeito simples e cortante. O restante gira em torno das opções do soldado reaparecido em relação ao seu destino pessoal/doméstico (a noiva, etc.) e aos reclamos do momento político (a revolta espartaquista).

Tambores na Noite tem uma qualidade básica: é obra de tese (ou ideias) e um tema bem desenvolvido, com lances dramáticos envolventes. O espetáculo paulista criado pelo diretor Mário Masetti, com o grupo *Bando da lua vermelha*, contém ambos os elementos na medida exata, e expostos com inventividade.

Masetti parte do humor naturalmente cáustico de Brecht, da insolência que tem raízes no expressionismo alemão, mas segue a linha da comédia brasileira, do jeito irreverente/malicioso do intérprete nacional. O recurso evita que a peça fique excessivamente datada e dependente do estilo alemão-brechtiano. Brilhante invenção cênica que mantém, entretanto, estrita fidelidade ao autor. Masetti e companheiros conseguem assim unir polêmica e diversão.

Existem só dois problemas não resolvidos. O primeiro: a direção não encontrou o meio de conferir às presenças femininas o mesmo impacto das personagens masculinas, principalmente o soldado e o pai da noiva. Embora sejam boas atrizes, permanecem numa participação discreta. Parte da culpa cabe ao autor, que assim as construiu: mas a direção poderia corrigir o ponto fraco com alguns achados pessoais. O segundo problema: a forma difusa como a revolta espartaquista aparece. Para o público alemão da época tudo estava evidentemente claro, hoje, porém, é necessário um artigo explicativo no programa do espetáculo situando Rosa Luxemburgo, os espartaquistas, a derrota dos rebeldes, o assassinato da revolucionária marxista e a consolidação dos social-democratas no poder com o regime de Ebert. O que se passa nas ruas de Berlim é mencionado em conversas entrecortadas de várias personagens ou visto de maneira mais direta pelo soldado que toma posição contrária aos espartaquistas, Brecht admitiu a falha: *Eu não consegui mostrar a revolução de outra maneira a não ser pelos olhos de Kragler* (o soldado).

Tambores na Noite é espetáculo de cores e movimentos vibrantes, ritmos precisos em tom de caricaturas. Todo o elenco está ajustado aos papéis (apesar das ressalvas). Como polos da trama, a dupla masculina – Cláudio Mamberti e Cacá Rosset – está perfeita, ambos têm o temperamento físico e gestos adequados aos fortíssimos tipos humanos criados por Brecht. Mas até as pequenas intervenções (entre elas a de Masetti estreando à vontade e convincente) são eficientes. O quinteto feminino garante momentos de sensualidade, poesia e deboche. São mulheres bonitas e atrizes vigorosas: Dulce Muniz, Edith Siqueira, Júlia Pascale, Alzira Andrade, Cecília Camargo. Fariam mais se solicitadas.

Um trabalho de primeira: direção, elenco, cenários, figurinos, iluminação, música, estreado no Natal passado, encerrou esperançosamente a temporada e já é o primeiro grande espetáculo de 1981.

Theatro Musical Brazileiro:
O Encanto do Theatro Musical Brazileiro

23 de setembro de 1988

Desde *A Capital Federal*, de Artur de Azevedo, encenação de Flávio Rangel, em 1973, São Paulo não via um musical tão benfeito. A somatória de elementos essenciais para que o gênero atinja seu esplendor está exata: coreografia, cenários e figurinos, músicas e um elenco capaz de dançar, cantar e representar. Poderia dizer-se que falta o texto, caso fosse a montagem de uma comédia, mas não é. Trata-se de uma antologia musical que reúne o que de melhor se produziu no País entre 1914 e 1945 para espetáculos do chamado teatro ligeiro (operetas, o burlesco e as revistas musicais trazidas ao Brasil pelos portugueses). Nesse período entre as duas guerras, e geralmente na paisagem de um Rio de Janeiro já destruído, artistas como Lamartine Babo, Ary Barroso, o lendário Sinhô, Luiz Peixoto, Custódio Mesquita, Vicente Celestino, a nata da boemia romântica e da malandragem inofensiva, construíram um mundo ilusório e inesquecível, que a montagem atual resgata com toda beleza. Este trabalho sensível e meticuloso reuniu uma parceria surpreendente: Luiz Antônio Martinez Corrêa, que parecia destinado a um teatro provocativo e agressivo, e um inesperado e talentoso pianista inglês, Marshall Netherland, que o acaso trouxe para o Rio e para o palco. Eles reuniram quase tudo o que se criou nessa área, o que resultou em dois espetáculos: o primeiro compreendia o período 1860/1910 e este que, agora, felizmente, chega à temporada paulista. O espectador é apanhado de surpresa por músicas que não ouvia desde a infância ou adolescência (no meu caso, foi a melodramática Serra da Mantiqueira). O elenco – direção de Luiz Antônio – consegue passar o original com um toque afetuoso de ironia. O espetáculo, com essa atitude, conquista as plateias de qualquer idade. São mais de 30 quadros, sem falhas, em que o humor simples e as músicas se completam com ritmo vivo. O elenco reúne atrizes bonitas, engraçadas, que cantam bem. É delas o privilégio dos grandes momentos, apesar da linha de interpretações masculinas irrepreensível (da qual faz parte Marshall, ao piano). Este *Theatro Musical* é, enfim, um reencontro emotivo, uma convergência artística e um ato sutil de resistência e persistência da memória musical popular.

Toalhas Quentes:
Toalhas Quentes Dentro do Boeing

9 de dezembro de 1983

Bem, aqui está um trabalho de profissionais. Gente do ramo, uma comédia divertida dentro dos seus padrões ideológicos e morais. Você vai ao teatro para rir de esquemas conjugais baseados no adultério mascarado de seriedade. Vidas burguesas exemplares. Marc Camoletti é especialista em assuntos sexo-sentimentais-clandestinos. Arma confusões engenhosas que fazem o seu público perder o fôlego. Já foi assim quando ele explodiu nos palcos do mundo com *Boeing-Boeing*, que de tanto se manter em cartaz, ser remontado, readaptado e filmado, por amadores e profissionais, deve ter se transformado em *DC-3, DC-3*. Mas ainda funciona, parece. Desta vez temos dois amigos, um deles amante da mulher do outro. O traído, por sua vez, tem a sua amante que aparece subitamente; e há uma empregada que confunde o resto das coisas ao passar igualmente por amante de algum dos homens. Estabelecida a confusão, o resto são sustos, alfinetadas entre as mulheres, dissimulações. Engraçado.

O interessante em *Toalhas Quentes* é observar que, em comédias de aventuras extraconjugais, o melhor sempre está no primeiro ato. Imagino um tipo de espetáculo que terminasse justamente no meio. O resto ficaria por conta da nossa imaginação. Porque depois o autor sempre desanda a dar uma saída para os desvios de cada um, salvar a pele dos devedores, encontrar um castigo irônico para o mais pilantra e, então, fica um tanto tedioso porque são personagens que não se leva a sério. O problema é que a plateia que mais consome o produto é basicamente conservadora e necessita de solução para o enredo, possíveis espelhos de suas vidas. O bom de *Toalhas Quentes* é a segurança da direção de Maurice Vaneau. Ele sabe conduzir com ritmo e elegância um espetáculo que não tem quebras nem perda da vivacidade.

Graças a Vaneau e ao elenco adequado, a comédia segue adiante. Jonas Mello passeia tranquilo no papel, brincando com o trabalho. John Herbert faz bem o conquistador malandro, com ares inocentes. É um ator comunicativo. A linha feminina porta-se com graça e desenvoltura. Arlete Montenegro também navega à vontade, extraindo efeitos de pequenas situações. Ivete Bonfá, no papel complicado de ligar dois grupos, tem momentos inspirados. Zélia Martins faz charme, passa uma imagem correta e faz rir. Tudo voa gostoso. Como num Boeing.

39:
Drama e Amor no Show de uma Estrela Madura

30 de setembro de 1981

Um bonito musical: *39*. Escrito por Gretchen Cryer (o que significa Broadway): mas talvez seja mais correto atribuir integralmente o espetáculo brasileiro a Flávio Rangel. Porque ele consegue superar a quase fatal dificuldade em se fazer musical no País e constroi um espetáculo elegante, divertido e visualmente envolvente. O diretor criou uma bela iluminação, conseguiu o melhor rendimento do conjunto musical *Cai na Real* e teve a habilidade de encontrar duas ótimas atrizes/cantoras para o suporte músico-dramático da protagonista Clarisse Abujamra.

A criatividade da direção supera velhos entraves ao se fazer este gênero de encenação. Ocupou o espaço cênico com um número relativamente pequeno de intérpretes, estabeleceu o clima de fantasia e ajudou o elenco a se entrosar dentro de um equilíbrio de apoio mútuo. O resultado é divertimento com a história da cantora que ao completar 39 anos decide repensar a vida e mostrar durante o novo *show* as vivências marcantes pelas quais passou. O produtor opõe-se à experiência, um risco comercial já que o público poderá rejeitar a sinceridade da imagem real da artista. O confronto dos pontos de vista divergentes entre pessoas que se conhecem e se estimam de longa data faz o centro do enredo. O que não é tudo: a peça incorpora na trama os detalhes da vida particular da cantora, já divorciada, e da crise conjugal extremada que afeta o produtor. À medida que a ação se desenvolve temos, então: a preparação de um musical e atritos entre dois personagens que acabam provocando a terceira discussão sobre o relacionamento homem-mulher, expectativa e frustrações do relacionamento a dois. Esta última parte na verdade está longe de alçar voo além da psicologia de algibeira ao gosto do *Reader's Digest*. É a velha fórmula cinematográfica/teatral norte-americana de passar pela superfície das coisas dentro do princípio comercial do divertimento leve. Pode ser. E, assim, a cantora vai até o fim na disposição de assumir publicamente, sob os refletores, os inevitáveis 39 anos.

A dupla central está aos cuidados entusiásticos de Clarisse Abujamra e Francarlos Reis. A ela deve-se prestar homenagem pela audácia em correr o risco do papel acima de sua tarimba profissional e domínio vocal. Parece que a atriz optou por saltar etapas, entrando definitivamente na área dos grandes papéis em qualquer estilo. Aposta perigosa, pois a prática manda o artista ir se afinando aos poucos até o ponto exato. Uma vez, porém, que o jogo está feito, constata-se que ela tem garra e charme pessoal para cobrir o que lhe falta em termos de voz e da luminosidade especial das estrelas do musical (de Liza Minnelli a Marília Pêra). Clarisse vai à luta e atinge o objetivo, no que é grandemente ajudada por Regina Machado e Dadá Cirino, ambas jovens exuberantes, sensuais e cantoras dotadas. Francarlos Reis, dentro de um processo de amadurecimento crescente como intérprete, domina facilmente o papel. Talvez falte uma certa dose de humor ao meio da representação, apenas o suficiente para quebrar a linearidade na repetição do nervosismo. Francarlos tem autoridade cênica, o que facilita eventuais variações para colorir a atuação. *39* tem o acréscimo da iluminação poética, cenários e figurinos (Eleonora Drummond) de uma simplicidade que vai do bom humor ao requinte, coreografia despojada e alegre de Lúcia Aratanha e, arrematando tudo, a conhecida competência de Paulo Herculano na direção musical. Flávio Rangel preside a festa. Acho que todos vão gostar.

O Último Encontro:
Van Steen, Ricos Detalhes de Sentimentos

13 de junho de 1989

Bastaram 40 páginas de conciso dramatismo para, de saída, a romancista Edla van Steen oferecer uma contribuição valiosa ao teatro brasileiro: o enriquecimento dos componentes subjetivos dos personagens. *O Último Encontro* tem convergências e semelhanças com vertentes da literatura realista e psicológica norte-americana, europeia e parte do romance brasileiro, mas é um exemplar um tanto raro na dramaturgia nacional (Jorge Andrade e Nelson Rodrigues à parte), por expor, com riqueza de detalhes, sentimentos, fantasias, desejos recônditos, abstrações, enfim, da sua pequena humanidade em conflito.

O texto é enxuto, a ação deliberadamente contida e o confronto, restrito a um longo diálogo entre dois irmãos. A estrutura da peça e o mecanismo que a movimenta contribuem para que a força da memória predomine no enredo. A autora utiliza o recurso da ação simultânea e do entrelaçamento entre presente e passado, para apresentar uma série de outros personagens num jogo de infância e velhice, vivos e mortos, real e imaginário, compondo assim um quadro doméstico e social, na época, com dramas íntimos precisos.

Com forte personalidade literária própria, Edla van Steen traz ao palco as preocupações já manifestadas em romance e no conto, que a colocam na linhagem de Cyro dos Anjos, Cornélio Penna, Clarice Lispector e, talvez principalmente, Lúcio Cardoso. *O Último Encontro* é a compassiva sonata do lento desmoronar de uma família de origem alemã em Santa Catarina. A esse painel, aparentemente destinado somente à melancolia, Edla van Steen incorpora uma incandescente carga de incesto, adultério e homossexualismo. Desejos reprimidos, amores impossíveis, traições intramuros, mágoas e crimes surgem na penumbra de uma austera condição burguesa de província. Os personagens difusos ou quase fantasmagóricos de um passado recente circulam em torno do casal de irmãos em clima bergmaniano. Edla não parece estar preocupada em revelações ou comprovantes de fundo sociológico. Ela trabalha no território da poesia com os irmãos reunidos em uma casa prestes a ser liquidada com o fim de inventário, que, juntos, derrubam as fronteiras do tempo. Um mundo de meios-tons, dissonâncias emocionais, inesperados traços de ódio ou paixão: o compacto universo passional e germânico da autora recebeu um tratamento cênico fiel às suas intenções. Silney Siqueira é um diretor delicado, ao tratar de temas evocativos. O espetáculo, no entanto, ressente-se ainda das limitações físicas do palco. A cenografia não transmite ideia de antiguidade ao casarão em que se transcorre a ação. A montagem ganharia também mais força com uma iluminação mais marcante na definição da passagem do tempo. Não há necessidade de os mortos serem fantasmagóricos, mas a sua aparição debaixo da luz chapada do tempo presente dificulta que se sinta um toque de magia e mistério no palco.

Há um emocionante combate de temperamentos entre Edith Siqueira e Kito Junqueira como centralizadores catalisadores da história. Edith tem o tipo sedutor, com um toque de tristeza que o papel exige. Kito Junqueira passa o seu temperamento nervoso e a ideia de agressividade contida. O que não se ajusta ao perfil do personagem magoado é a exteriorização simplificadora desse ressentimento (imitar gestos femininos, pisar nos móveis, etc.). Kito Junqueira talvez fosse mais longe, com um comportamento gestual elaborado, diferente do típico desajustado que o cinema norte-americano consagrou na postura e vestuário. O elenco complementar tem um quarteto marcante com Liana Duval, Homero Kossak, Petê Marchetti e Octávio Mendes. *O Último Encontro*, enfim, é uma cena aberta, embora sujeita a acertos, que desvenda e oferece algo de novo ao teatro paulista.

Anos 1990

Ato de Natal:
Excesso de Episódios Prejudica *Ato de Natal*

24 de dezembro de 1993

A peça de Naum Alves de Souza encenada no Teatro do Sesi parece escrita às pressas.

No coração tumultuado da Avenida Paulista, o dramaturgo e diretor Naum Alves de Souza tentou criar para o Teatro Popular do Sesi um espetáculo de Natal distante da reprodução mecânica de um ritual. Sua intenção é não ver a data apenas como uma coisa de simbologia cristã, *mas como uma reflexão de seu significado em relação ao mundo de hoje*. O último cacoete que se pode apontar em Naum é o engajamento no protesto político explícito. Sua extensa, premiada e aplaudida obra teatral não indica este caminho. Ele está envolvido com sonho e poesia. O trabalho atual pode ser discutível, mas é o espelho do que vai pelas ruas. Teatro não mobiliza as massas contra o poder político ou econômico. O poder insensível ao drama social é que mobiliza as massas para a revolta. Nesta história toda, Naum aparece como o poeta que recusa a mentira no dia fundamental do cristianismo.

O problema de *Ato de Natal* é de natureza artística. Ao contar o nascimento de Jesus do ponto de vista de um grupo de desempregados e mendigos, não está longe do fato original. Cristo é filho de um carpinteiro e sua maternidade foi um estábulo. O texto teatral, no entanto, cria um excesso de episódios, alguns supérfluos, outros confusos. Ao tentar opor o dono do dinheiro aos desvalidos, criou caricaturas: esfarrapados poéticos e um pequeno comerciante vilão. O clima de farsa parte do maniqueísmo, mas, ainda assim, não ajuda a construir um enredo consistente. Tudo parece escrito às pressas. A sequência final, um tanto sobre o apocalíptico, com uma figura estranha e ameaçadora, não acrescenta nada ao tema e atravanca a ação. O recado poderia ser dado em menos tempo e com maior realce dos intérpretes. Nas sequências de canto, nas tiradas histriônicas que despontam ocasionalmente (Walter Breda, Zécarlos Andrade e Genésio de Barros), *Ato de Natal* consegue superar a paródia acanhada de *Ópera dos Três Vinténs*, de Brecht e tem momentos de encantamento simples. Deixa uma impressão final positiva e revela o esforço de renovação do Teatro Experimental do Sesi.

Auto da Paixão:
Auto **Volta à Era Medieval com Acento Pagão de Cordel**

17 de julho de 1993

O projeto armorial brasileiro de Ariano Suassuna, que propõe um olhar erudito sobre o imaginário popular, já se realizou literariamente no grande romance *A Pedra do Reino*. A tradução cênica da mesma visão de mundo surge agora, ainda nos primeiros passos, no teatro de Romero de Andrade Lima, sobrinho de Ariano. Escultor, cenógrafo e figurinista, ele havia revelado suas formas e cores em espetáculos de Gabriel Villela, onde as tonalidades da pintura medieval e renascentista se transfiguravam nos frangalhos circenses das festas de rua, herdeiras exuberantes dos autos religiosos e da própria Commedia dell'Arte. Desta vez o que era arte plástica ganhou movimento quando, ao expor uma coleção de esculturas ligada ao tema bíblico da paixão, Romero concebeu uma volta ao auto medieval, mas com musicalidade leiga e o acento pagão do cordel. O público segue os passos da paixão como sempre se fez, ou se fazia, nas procissões da Semana Santa. Doze atrizes e o próprio Romero como narrador apresentam este teatro necessariamente arcaico ao preservar entre paredes, ou em espaços especiais, o que já foi espontâneo, popular e sem dono. Há um clima de delicadeza quando as pastoras – todas com trajes diáfanos (mais uma prova de talento da figurinista Luciana Buarque) se misturam aos espectadores levando candelabros e impondo simbologias a objetos inesperados (um coro, por exemplo, representa a fertilidade dos patriarcas do Velho Testamento). Em certos momentos, o clima se perde por falta de elaboração vocal de algumas intérpretes e, principalmente, de Romero, que tem figura marcante mas uma fala tímida e sem nuances. A coesão do elenco se manifesta no aspecto gestual e na musicalidade dos muitos sons que produz com instrumentos e vozes. Uma atriz pronta, Lígia Veiga, dá o tom ao espetáculo, que é um auto e a invenção de um teatro na perspectiva do mundo mítico de Suassuna.

Brutal:
O Perigo Que Ameaça as Vidas Vazias

30 de outubro de 2009

O autor e diretor Mário Bortolotto alerta em *Brutal* para a violência da alienação.
Em *Brutal*, o dramaturgo Mário Bortolotto define sua dramaturgia na frase *pessoas vazias podem ser muito perigosas*. Embora faça um

teatro existencial, ele, à sua maneira, chega, assim, a temas sociais. Se, de um lado, lança no palco personagens desajustados e com algum viés autodestrutivo, mas basicamente inofensivos, por outro introduz gente que explora psiques indefesas e , em casos extremo, espalha a morte. São os curandeiros de subseitas evangélicas, os executantes de *magias* sangrentas e a ralé neonazista. Eles sempre dão as caras. Um dia, em São Paulo, no espancamento e morte de um homossexual por *skinheads*; no outro dia, no ritual *satanista* com vítima fatal (recentemente, no sul do país). O fenômeno é mundial, e com as mesmas características: são psicopatas manipulando quem está vazio. Por este caminho, Mário Bortolotto faz um discurso ideológico relevante dentro de uma trama de impacto.

Quando o texto/espetáculo tem início, os envolvidos em um crime já estão presos e respondem ao interrogatório policial (voz, em *off*, de Paulo Cesar Peréio). Á medida que se explicam, desvendam carências de afeto, falta de rumo na vida, imensa alienação, enfim. Daí surge o embrutecimento. Cinco mocinhas cooptadas por um *guru* que prega a transcendência pelo sexo promíscuo e o racismo assassino. O que impressiona é a mediocridade delas, seu desconhecimento de regras morais elementares. A desumanidade, o nada de mentes embotadas. A vigilância interna dos integrantes da *seita* é exercida pela amante predileta do líder e um guarda costas selvagem. É tudo bastante pesado.

Como Bortolotto aborda com frequência o submundo, é possível se imaginar outro retrato naturalista da marginalidade. Não é. A peça converge para indagações bem claras, colocadas no texto. O próprio Bortolotto acrescenta pessoalmente aonde quer chegar: *Todo o processo de violência que a peça acaba por desencadear provém do fato de estarmos lidando com personagens de personalidade extremamente frágil. Se existissem pessoas com personalidade própria e com destino, toda violência poderia ter sido evitada. O que eu quero que a plateia pergunte é: Por que essas garotas estão seguindo esse cara? O que ele tem de especial?*

O espetáculo poderá receber o rótulo simplificador de *alternativo* quando, na verdade, é uma produção cuidadosa bancada por parte do elenco, e que espera pauta em outros teatros. Uma significativa prova do seu alcance se deu na recente Mostra de Artes Cênicas de Ourinhos quando uma plateia jovem o assistiu em absoluto silêncio, seguido de aplauso. Trabalho com poucos recursos, mas sem abrir mão de cuidadoso acabamento, sobretudo da iluminação e trilha sonora, *Brutal* tem sua força ampliada por um elenco primoroso. A dupla masculina tem seus extremos na violência. A primeira, dissimulada do pregador encarnado por Laerte Mello (em atuação um pouco ausente. O perfil do delinqüente pressupõe mais sordidez e tensão); e a outra, aberta e abjeta, do capanga criado de forma inquietante por Walter Figueiredo. O universo feminino em desagregação irrompe com exemplar força dramática nas composições de cinco atrizes jovens, bonitas e talentosas: Maria Manoella, Luciana Caruso, Érica Puga, Carolina Manica, Helena Cerello. Da psicopatologia direta à rebeldia confusa ou reações de pânico, a coesão delas é um dos méritos da direção de Bortolotto, não por encenar sua obra, mas por saber afinar cada intervenção. O espetáculo é todo feito de pausas, olhares eloquentes e a calculada semiobscuridade que traduz um lado sombrio de seres banais e assustadores. Anarquista de certa forma, insolente e corajoso, o dramaturgo surpreende uma vez mais pelo olhar atento e a capacidade de captar rápido onde a vida está feia e sangrando. Se Brecht escreveu que é infeliz o povo que precisa de heróis (frase sonora, mas discutível) é certo que há perigo quando proliferam messias, exorcistas, milícias e justiceiros. Alguma coisa sem controle que o espetáculo estampa. Algo brutal que o artista quer mudar.

As Bruxas:
Folhetim Cheio de Clichês

13 de novembro de 1993

A peça de Santiago Moncada em cartaz na Sala São Luiz exibe preconceitos indiretos.

Quando, nos anos 1960, Mary McCarthy escreveu *O Grupo* – romance centrado em oito moças de Vassar, sofisticado colégio dos Estados Unidos, produziu refinada ficção e o retrato do período que vai de Roosevelt a Eisenhower –, não esperava o sucesso do filme baseado no livro e com uma novata chamada Candice Bergen. Também não imaginou que estava lançando a síndrome *Peggy Sue* de historinhas de turma. Algo parecido aconteceu com Edward Albee, em 1962, com *Quem Tem Medo de Virgínia Woolf*, peça amarga sobre um desastre conjugal no coração da América. Nascia uma obra-prima e o apavorante surto de pecinhas com pileques & ressentimentos.

As Bruxas, de Santiago Moncada, em cartaz na Sala São Luiz, com as atrizes Ester Góes, Jussara Freire, Ariclê Perez, Marly Marley e Imara Reis, está nesta linha subliterária que pega carona em temas consagrados. Como não tem compromissos ideológicos e estéticos abertos, como McCarthy e Albee, o autor pode se dar ao luxo do folhetim com clichês e preconceitos. É uma besteira sentimental plena de queixas, ironias e uma vaga crítica à família e/ou escola religiosa. Cinco mulheres se reencontram 25 anos depois de formadas. Constatam, como na frase de De Gaulle sobre a velhice, que o sonho da juventude é um naufrágio. Sobram suspeitas e certos rancores: adultério com o mari-do da outra, uma paixão homossexual, homens lamentáveis. Moncada não vacila em atirar até uma carta anônima na ação. A ex-moça que se prostitui é caricata e simpática, a homossexual odiosa. Seres de exceção, segurança na plateia. É curioso imaginar por que o maestro Gianni Ratto realizou a montagem. Deve ter sido a ideia cética de que o gosto pelo melodrama é vasto e dispensa senso crítico. E o prazer de dirigir e iluminar com maestria um sólido elenco feminino. Elas acreditam nos papéis, conferindo a eles uma densidade que, na realidade, não têm. O fundo reacionário e conformista do enredo é diluído em parte no espetáculo benfeito. Não são bruxas, mas boas atrizes.

Calígula:
Aparato Visual Sufoca Montagem de *Calígula*

8 de dezembro de 1991

Edson Celulari é a atração de um espetáculo teatral aparatoso em que a obra de Albert Camus é quase pretexto para efeitos visuais.

Quando Albert Camus morreu, aos 47 anos, ao espatifar o carro numa estrada molhada nos arredores de Paris, a morte teve, enfim, o encontro com o escritor e ex-professor de filosofia que muito escrevera exatamente sobre os paradoxos entre a vida e a morte, numa sequência de indagações e vivências metafísicas de personagens situadas no limite do cegante, implacável sol mediterrâneo (Camus nasceu na Argélia) e das sombras das dúvidas e da doença concreta (o escritor esteve muito doente numa fase de sua vida). O grande novelista e dramaturgo ainda não totalmente completo, o cético, irônico, inveterado fumador de Gauloises, na manhã de inverno de 4 de janeiro de 1960, viu-se de frente não com a morte literária das indagações dramático-existencialistas, mas a real. Ficou a lenda de um talento precoce, livros imperecíveis e uma peça chamada *Calígula* que já não se sabe mais se é importante por ser de Camus ou por ter dado origem à glória de Gérard Philipe, um mito do teatro e do cinema.

Calígula é teatro falado e quase estático, teatro de ideias marteladas dentro do asfixiante gosto discursivo francês pelas palavras, mesmo que elas sufoquem a ação, a emoção e a própria vida. O ensandecido e/ou gênio-louco imperador que aterrorizou Roma por quatro anos é o instrumento de Camus para pensar, aprofundar, indagar ou lançar sugestões poéticas sobre a relação entre o absurdo e a morte ou entre a ânsia do absoluto e a vida (ou a morte). Grandioso mas com a fímbria do bocejo que ronda sempre o teatro da França.

Mas nada disso talvez tenha importância real. O que o diretor Djalma Limongi Batista parece pretender é um pouco do enredo e bastante do seu impacto visual sobre a plateia. Toda a encenação parece um filme em fase de montagem. Há um excesso de cortes de luz, cenas que se apagam para ressurgir transformadas em outro ângulo, feixes de luzes cruzando o palco escuro. Projeções gigantes de vídeos. Só não há um projeto cênico uniforme. A literatura de Camus (traduzida com limpidez e sonoridade por Maria Lúcia Pereira) não tem um elenco vocalmente afinado para dizê-lo (com exceção de Edson Celulari, Luís Guilherme e Lineu Dias). Os cenários e figurinos são excessiva e visivelmente aparatosos (não houve preparo dos atores para usar roupas, adereços e principalmente sandálias ou coturnos, etc.). As roupas militares fazem pensar em um inesperado Capitão Marvel no lugar errado. Resta a vibração emocional de Edson Celulari, que, às vezes, impressiona, mas ainda não é profunda e amadurecida. Ele tem clarões de intérprete e um belo diálogo com Lineu Dias. São, porém, iluminações repentinas. O resto são involuntárias associações com a política atual e o *frisson* que a nudez irrelevante de Celulari provoca na ala *gay*. Camus ficaria boquiaberto.

O Céu Tem Que Esperar: Paulo Autran, Cada Vez Melhor, Leva ao Riso e ao Choro

9 de setembro de 1992

Em dia de festa não se deveria reparar que, no lugar de Chateau Laffitte, serviu-se um honesto vinho da casa. Paulo Autran ingressa nos 70 anos trocando Pirandello pelo quase anônimo Paul Osborn. Faz para todos nós, seus admiradores, aquilo que o diretor do espetáculo, Cécil Thiré, define corretamente como *uma fábula, engenhosidade, emoções folhetinescas, absurdos, mas uma constante relação com o real e com os signos que nos levam ao riso e ao choro*. É bonito. *O Céu Tem Que Esperar* é a história de um avô que, na paixão pelo neto, consegue adiar a própria morte. Não se pode resistir, para que resistir, ou melhor: alguém está pensando em resistir? Paul Osborn, que apesar da semelhança do sobrenome, não é, e talvez nunca tenha desejado ser John Osborne, de *Geração em Revolta* (que, aliás, apareceu bem depois no teatro), quer, apenas, ser emotivo, aberta e ladinamente emotivo ao adaptar uma novela de Lawrence Walkin, doce e deliciosamente atemporal. Uma história de família, de fantasias, e um laivo de apreensão diante do tempo que passa. O tempo e a morte com um sorriso de ironia de permeio. Uma tia megera, uma avó chorosa, um garoto danado de esperto, vizinhos e uma mocinha ingênua. Um enredo americano à la Thorton Wilder (*Nossa Cidade*) com um gostinho de *bourbon* e *Sul Profundo*. Como essa fábula contemporânea contém evidentes lances inverossímeis e folhetinescos, não se sabe se foi por descuido ou bem-humorada escolha que a direção carregou nos clichês interpretativos. A tia oportunista e beata é a própria apoplexia da chatice maldosa; a avó é o retrato estridente da tristeza, etc. Em compensação, as personagens mais distantes do núcleo familiar (o advogado e os médicos) são comicamente vilões, figuras expressionistas perdidas em uma história em quadrinhos. Thiré parece brincar com tudo ou, ao contrário, tentar estabelecer um mínimo de ordem em um folhetim. Mas, a coisa anda, um ritmo se estabelece e o papel central, a figura mágica do avô, tem força para arrebentar convenções e racionalidades. Não se pediu coerência à *Da Vida Nada Se Leva*, de Frank Capra com Lionel Barrymore. Paulo Autran, cada vez melhor, tem o poder comunicativo de toda família Barrymore e, aqui, é a reedição adorável de Lionel.

A montagem tem requintes de iluminação, música e cenografia, um impecável elenco de apoio, mas está centrada, inevitavelmente, na relação avô/neto. Dois desinibidos e experientes atores mirins se revezam no desempenho do neto. Amável guerrinha de talentos em torno de Paulo Autran, o querido e setentão grão-senhor dos palcos brasileiros.

Cloaca:
Solos Contundentes pela Noite adentro

A excepcionalmente bela, e um tanto misteriosa, Amsterdã não é, necessariamente, o cenário de *Cloaca*, mas seu local provável quando vemos homens despejando verdades e mentiras ao se reunirem na casa de um deles. Algo no encontro insinua o Bairro das Lanternas Vermelhas, distrito de prostituição da cidade, com mulheres expostas nas vitrines, protegida do frio das ruas úmidas, impassíveis como peixes em um aquário. É uma sensação estranha vê-las, imóveis e olhar neutro, semelhantes a figuras de museu de cera. E se, subitamente, começassem a contar seus segredos? A dramaturga Maria Goos fez algo parecido: colocou quatro amigos em um apartamento que, aos poucos, vai se transformando em uma daquelas jaulas de vidro dos canais holandeses, onde solidão e derrota afloram entre golpes de ironias e dissimulação. Há o advogado já internado por drogas, o político arrivista, um terceiro, artista amador que cometeu deslize sério na função pública; e, finalmente, um profissional de teatro, o mais realizado mesmo que à custa de cinismo de fundo desesperado. Nesta longa jornada noite adentro vai aparecer ainda uma enigmática prostituta russa, tão à deriva no mundo quanto os bem postos cidadãos.

É sabido que os homens são especialistas em bravatas de superfície, mas só abrem a alma quando profundamente feridos em suas certezas. Pois esta simpática autora de 53 anos, olhos azulíssimos, fala por eles, e se impôs com esta peça que o Grupo Tapa escolheu para registrar seus 30 anos de atividades. Não é uma tese feminista, mas demonstração do poder de observação feminino a serviço de uma literatura dramática contundente. Desde os bonitos e estranhos filmes *O Homem da Linha* e *O Ilusionista,* de Jos

Stelling, e dos romances de Cees Nootebom não tínhamos muitas notícias das artes holandesas. *Cloaca* retoma o espaço dos encontros-balanço de vida que fizeram o sucesso de *Os Rapazes da Banda*, de Mart Crowley (1970) e *A Noite dos Campeões*, de Jason Miller (1976).

É bom dizer que a peça é forte não por ser europeia-holandesa. Ela nem é exatamente original. Conquista por trabalhar com inteligência compassiva um tema recorrente com o detalhe simpaticamente provocador de ser uma mulher a flagrar, com acuidade, uma confraria masculina que se anuncia por bordão e/ ou grito de guerra: *cloaca*. A partir desta gracinha, sobrarão apenas ruínas dos sonhos perdidos. A amizade do quarteto está danificada pelo tempo e as diferenças dos caminhos seguidos. Somente fatos acabrunhantes ou perigosos podem reuni-los em breve momento de defesa grupal. Na crise, as mascaram se derretem, mostrando as covardias ou omissões particulares. A participação de uma moça de programa seria apenas um anexo coerente ao cotidiano de Amsterdã não fosse ela russa. A nacionalidade, porém, e o fato de continuar a se expressar no seu idioma, politiza, embora só superficialmente, um entrecho de fundo psicológico. Não se capta na montagem paulista a real intenção da autora (pode ser uma simulação irônica), mas há certa alusão às imigrações clandestinas e máfias russas. A Europa próspera consome gente das periferias, o que inclui brasileiras.

É peça para interpretações consistentes, uma das marcas do amadurecido Tapa e do estilo sóbrio e sempre bem acabado de direção de Eduardo Tolentino de Araújo. Nem todos se impõem do começo ao fim, mas, também, jamais se deixa cair o fluxo emocional da representação. O espetáculo segue em um crescendo de revelações entre o patético ao realmente grave: derrotas amorosas, dúvidas sexuais, relações de conveniência e o cansaço de tudo. Brian Penido Ross (o diretor teatral) tem em mãos o papel inquietante, ou que ele assim o faz graças ao grande talento. É um ator de climas tensos e subtendidos brilhantes. No campo oposto, Dalton Vigh impõe virulência - às vezes cômica - ao viciado sempre no limite do descontrole. Em meio a eles, André Garolli (o político) e Tony Giusti (o funcionário publico) com solos intensos que amarram a trama geral. Duas jovens e atrizes, Vanessa Dock e Camila Czerkes, se revezam no papel da visitante russa. Fazem habilmente a combinação de desempenho sincero com ostentação de beleza física. Introduzem, assim, um laivo de mistério nestas pessoas socialmente protegidas que, igual às prostitutas de Amsterdam, acenderam a luz vermelha nas portas de suas vidas.

Comunicação a uma Academia e Epifanias: Moacyr Góes Encena Emoção

27 de março de 1993

Com *Comunicação a uma Academia*, de Kafka, e *Epifanias*, de Strindberg, apresentadas em Curitiba, o diretor Moacyr realiza um belo projeto teatral. O pêndulo do diretor Moacyr Góes oscilou em Curitiba entre a extrema economia de gestos e efeitos em *Comunicação a Uma Academia* (estreia prevista em São Paulo para o dia 9 de abril no Teatro Itália), de Kafka, com Italo Rossi, e a explosão emotiva de *Epifanias* (estreia dia 1º, também no Itália), espetáculo extraído da peça *O Sonho*, de August Strindberg. Justamente por saber trabalhar com extremos, o encenador mostrou ter um prumo estético, uma visão clara da sua arte.

Em *Comunicação*, texto árido e triste, um Italo Rossi despojado de qualquer derramamentos interpretativos encarna um macaco que, mediante um processo de adaptação forçada, se transforma em um homem ou em algo parecido com isso. Kafka faz do pequeno conto um retrato nada compassivo da condição humana. As considerações do homem/macaco sobre os seus semelhantes, tanto da selva quanto da civilização, permitem indagações penosas sobre o caminho da humanidade ao longo dos milênios. Mas Kafka é um espelho de muitas faces e nada é definitivo. Fica-se com algumas ideias e algum desconforto. A montagem de Moacyr Góes desloca a ação para uma sala-jaula de madeira banhada por uma misteriosa luz azulada e nela o intérprete, com pequenos jogos de mão e um modo desajeitado de andar, faz o ex-macaco que se dirige ao público da Academia que, por sua vez, pode ser uma prisão-hospício. Um grande momento de Ítalo Rossi que, por um caminho difícil, emociona o público.

Epifanias, ao contrário, é a exaltação do jogo cênico. O diretor transita de momentos que se inspiram em obras-primas da pintura a outros que são recuperações sofisticadas da arte popular e do romanceiro nordestino. A peça de Strindberg refere-se a deuses nórdicos observando o sofrimento dos mortais. O clima do original é o dos sonhos pesados e desvarios, mas Moacyr Góes vai por outro caminho. Ele sonha em forma de teatro colorido e do que o palco pode ter de instantes sagrados, razão do seu título, *Epifanias*, ou a manifestação do Divino.

Com uma série de defeitos, entre eles o elenco pouco trabalhado e com uma certa falta de vigor verbal, mesmo assim *Epifanias* é uma criação banhada de calor humano que vai ao coração das pessoas, o que faz de Moacyr Góes um mágico afetuoso do palco. Ele não está no centro das polêmicas que envolvem outros diretores. Ele é calmo e – quem sabe – o melhor.

A Confissão de Leontina:
Interpretação Comovida do Texto de Lygia

27 de setembro de 1993

A prosa de Lygia Fagundes Telles chega ao teatro de forma inesperada em *A Confissão de Leontina*. Um ator representa Leontina, mulher submetida a aprovações materiais e afetivas. O texto, extraído do livro *A Estrutura da Bolha de Sabão*, é um conto em que a personagem faz o retrospecto de sua vida desde a infância. A obra de Lygia é rica nestes retratos humanos em que, ao lado da descrição psicológica detalhada, há sensibilidade no registro dos usos, costumes e falas do meio interiorano e rural. O contato privilegiado e desde muito cedo com as velhas fazendas paulistas fez dela a solidária observadora dos servos da terra e da casa grande, mundo em que a mistura de hábitos faz o patrão assumir alguns comportamentos do empregado. Crendices caseiras e suavidade opressora que já renderam vasta sociologia, só que vistas desta vez pelo olhar da literatura.

A brutalidade da pobreza pegou Leontina desde criança. Orfandade, fome, responsabilidades, um quadro social que não muda. É na reconstituição do território verbal da personagem que Lygia Fagundes Telles posiciona-se a seu favor. Compaixão pela linguagem.

A história resultou em espetáculo de grande força a partir de uma ideia perigosa que, facilmente, poderia levar ao maneirismo do travesti. Olair Coan faz Leontina, atuando na tradição teatral, que da Grécia ao Japão passando pelo teatro elisabetano, atribui papéis femininos aos homens. O desempenho de Olair é apaixonado, além de se sustentar na precisão dos gestos e da reconstituição do sotaque caipira paulista. Em determinados momentos, ele quebra a representação de Leontina e reassume voz e postura masculinas, o que provoca um efeito crítico distanciador. Não há margem para facilidades graciosas. A montagem, dirigida por Oswaldo Boaretto Jr., evidencia pesquisa corporal e de interpretação. Ator e diretor, que passaram por espetáculos de Antunes Filho, demonstram o lado rigoroso do ofício artístico. Boaretto cuidou tanto da interpretação que a concepção geral do trabalho tem problemas de marcações repetitivas, cenografia e iluminação precárias. Mas o que conta ao final é o tom das palavras de Lygia e a ação comovida de Olair Coan como intérprete.

Confissões Tem Originalidade e Talento

15 de agosto de 1993

Uma das coisas boas de *Confissões* é o humor inteligente. Ainda vai se estudar por que o Rio produz um teatro sobre juventude mais bem-resolvido, na forma e conteúdo, do que São Paulo. O pessoal do grupo Asdrúbal Trouxe o Trombone já se dissolveu em carreiras individuais, mas a lembrança de *Trate-me Leão* ficou. Estas atrizes são irmãs mais novas do Asdrúbal numa outra vertente que privilegia, obviamente, as questões femininas conferindo a elas um toque de poesia. A autora Maria Mariana repõe em termos calorosos a questão dos desencontros entre gerações. Existe um mundo de problemas entre os filhos e os pais, mas ela não se esquiva de admitir que existe a paixão também. Seu texto foge de neomasoquismo de uma classe média cultivada, e com pruridos ideológicos que, com medo de parecer repressora, instaurou um totalitarismo juvenil que a sociedade de massa agravou. Mariana passa ao largo desta estreiteza e vai brincar com as crises da idade, de bobagenzinhas deliciosas sobre o primeiro beijo aos chamados fatos da vida numa época de experiências rápidas e pesadas, o que hoje inclui sexo, aborto e droga a partir dos 13 anos. A autora assume os desejos e práticas da sua geração e, quando o assunto é sem resposta, sai pela tangente da comédia. A peça não tem mesmo como responder sobre aborto na fase em que as personagens se encontram.

Confissões tem a originalidade de mostrar uma relação de pai descasado e filha, o que, no fundo, é um relacionamento homem-mulher sem evitar nem mesmo o ciúme. Há uma alternância de atrito e cumplicidade, rebeldia e admiração que supera os clichês melodramáticos de mães e filhas (se é para ver guerra de mulheres neste contexto, então vamos ler Margaret Atwood). Mariana consegue um razoável equilíbrio entre o descritivo ou anedótico e os instantes emotivos. Há precocidade e sofisticação nas suas ideias mesmo expostas em linguagem juvenil literariamente descompromissada.

Domingos Oliveira encenou calorosamente a peça da filha (derivada do livro de grande sucesso). Reuniu quatro atrizes atraentes e vitais que se reconhecem completamente nas personagens. A própria Mariana está em cena. São donas do belo espetáculo sobre amor, família, estudos e, surpresa, o tempo e a morte. A juventude foi o tema de Domingos ao escrever para o teatro *Somos Todos do Jardim da Infância*. Sua obra (e sua vida) se desdobra agora na visão de Mariana. Não é um final feliz. É começo.

Corações Desesperados:
Ary Fontoura é a Grande Vítima de *Corações*

14 de julho de 1991

Foi mera coincidência, mas não deixa de ser incômoda a presença, na mesma temporada, de *Seis Personagens à Procura de Um Autor*, de Luigi

Pirandello, e *Corações Desesperados*, de Flávio de Souza, com Ary Fontoura. Qualquer comparação seria desesperadora para o texto nacional. Ary Fontoura parece estar na peça errada, logo ele que fez muito bem, no Rio, *Assim É Se Lhe Parece*, do autor italiano.

Pirandello, com o teatro *dello specchio* (teatro do espelho) e com a técnica da representação dentro da representação, criou enredos em forma de labirintos, mas os solucionava com maestria. Flávio de Souza inventou um quebra-cabeças montado em um beco sem saída. Ao querer brincar com coisas como *As Mãos de Eurídice,* de Pedro Bloch, e *O Ébrio,* de Gilda de Abreu e Vicente Celestino, acabou se perdendo. O autor, que soube jogar com as aparências e o humor quase negro em *Fica Comigo Esta Noite,* agora enovelou demais as pistas falsas, as citações e todo o estoque de brincadeiras *kitsch* que são a sua marca registrada. O que deveria fluir como uma simpática e irônica imitação pirandeliana, acaba confuso. É incompreensível que um excelente e experimentado ator como Ary Fontoura tenha se envolvido em um projeto que pouco ou nada lhe acrescenta além do prazer de certo virtuosismo e do acerto de contas com o avesso da vida artística.

É evidente que o público comparece em homenagem a ele. Seus momentos iniciais provocam curiosidade e riso. Tudo está sempre bem com o ator Ary Fontoura. Pena que não tenha levado a sério uma fala profética do seu próprio papel. Algo como *sai de mim, personagem mal-acabado*.

Dois Perdidos Numa Noite Suja: A Noite Continua Inquietante

9 de maio de 1992

A remontagem de *Dois Perdidos numa Noite Suja*, de Plínio Marcos, sob a direção de Emílio Di Biasi, confirma a força dramática e transformadora da peça de 1967.
Plínio Marcos, com habitual contundência, disse, várias vezes, que se tornaria um clássico da dramarturgia não por suas qualidades, mas porque o cruel e desesperançado cotidiano brasileiro que expõe no que escreve não se altera ou, se algo muda, é para pior. A remontarem de *Dois Perdidos numa Noite Suja*, 25 anos depois da estreia no antigo Teatro de Arena, serve para mostrar que, felizmente, Plínio exagerou. O texto resistiu não apenas por ser a *reportagem de um tempo mau*, mas porque tem a força transfomadora de um poeta do teatro. Se os tempos realmente pioraram nas últimas décadas, pior para todos nós, mas não é a isso que se devem

creditar os méritos da peça. O indignado Plínio Marcos de *Dois Perdidos* faz lembrar o caso de Edward Albee (hoje com 64 anos) que, numa madrugada, escrevendo sem parar produziu, numa cozinha de apartamento nova-iorquino, *A História do Zoológico*, um dos mais impressionantes retratos da solidão humana no coração da riqueza capitalista.

Dois Perdidos se reduz ao convívio forçado de homens que vivem de subemprego como carregadores diaristas no Mercado Municipal. Um deles é interiorano e tem esperança de se arrumar na vida; o segundo sabe que perdeu a parada e canaliza a derrota para uma espécie de sadismo provocador. Quer sangue e morte. A disputa por um par de calçados desencadeia a explosão final. Na versão original, se falava em sapatos; agora já é um simples tênis, objeto de roubos e crimes envolvendo crianças nos dias correntes. A pequena diferença criada pelo diretor Emílio Di Biasi e pelo autor indica que os dois perdidos desceram mais na escala social. Antes o drama se desenrolava numa pensão de segunda; agora é na lama de um terreno baldio ou debaixo de uma ponte. Um rinque, um esgoto, o inferno. O espetáculo de Emilio Di Biasi é consistente na concepção geral, no clima e no ritmo das interpretações. Marco Ricca tem um cinismo agressivo na linha de Nelson Xavier, mas com um tom alucinado mais forte; Petrônio Gontijo tem energia dramática, mas terá de lutar a sério com a voz. Às vezes é incompreensível.

Sociologia e crise brasileira à parte, é bom constatar que Plínio Marcos não é o escritor de fatos e momentos delimitados. Ele criou um teatro original e abriu caminho para toda uma geração de autores. O seu assunto base é a ausência de compaixão, o colapso da solidariedade, o ser humano na sua expressão mais brutal. Plínio, um espiritualista confesso, mostra o homem como um animal perigoso. Está na companhia de Samuel Beckett, Jean Genet e Nelson Rodrigues. É contraditório, mas é justamente no paradoxo que se instala a poesia e – quem sabe – alguma esperança.

Duvidae:
Duvidae Reúne Paixão, Beleza e Solenidade

18 de julho de 1992

Duvidae trata do processo que a Inquisição moveu contra uma adolescente portuguesa acusada de bruxaria. Seria mais uma história dos horrores do Santo Ofício não tivesse a autora e diretora Luciana Chauí a sorte de encontrar um contraponto amoroso para o caso. Arcânjela do Sacramento e o seu padre confessor se apaixonam num encontro de desvario e culpa. A partir desse enredo que faz lembrar Abelardo e Heloísa, a narrativa tem uma estrutura dramática central envolvente para, em seguida, mostrar o contexto histórico e social do episódio. Enquanto se inflama um amor impossível, mostrado de forma poetizada, organiza-se ao redor a teia de interesses da igreja inquisitorial e as oscilações de comportamento da massa ignorante e assustada: a moça é vista como milagreira e bruxa ao mesmo tempo.

O bonito do texto de Luciana, Patrícia Melo e Eduardo Duó é a cuidadosa transcrição de obras vazadas em português castiço/arcaico, citações da Bíblia, Gil Vicente, Santo Agostinho e Padre Vieira. Percebe-se que houve a oportuna (e discreta) colaboração da filósofa Marilena Chauí (mãe de Luciana) no trabalho. O que não tira dos autores a originalidade do enfoque dado ao empreendimento. Há algo de antigo e solene no tema e no seu desenvolvimento que devolve a esse instante teatral uma emoção que escapa à banalidade das ideias e palavras que rondam com frequência os palcos. A peça é poesia, gente vivendo.

A direção tem um projeto interpretativo, sonoro e visual definido e denso, maior do que as ocasionais concessões ao maneirismo dos efeitos (gente pendurada no teto, etc.) e da utilização convencional das movimentações em cena. O elenco está coeso – vozes, intenções, gestos e compreensão do trabalho –, o que é quase uma

façanha porque a montagem teve problemas de mudança de local e troca de um ator. Maria Yuma, experiente, é contida e convincente. Rui Resende, embora tarimbado e com autoridade, buscou uma vertente rústica, gesticuladora e quase sertaneja (numa linha de Jofre Soares) que não se imagina em um *príncipe* da igreja.
A dupla de protagonistas é um verdadeiro encontro de contrários que se complementam. Daniela Camargo tem mocidade, beleza e energia. O teatro se ressente de atrizes com o perfil das jovens heroínas voluntariosas. Daniela está na sua boa hora antes da fatal tentação de ser mais uma estrelinha de TV. Já Francisco Solano – um homem de teatro de carreira errática apesar dos seus talentos – volta maduro e adequado à figura atormentada do padre amoroso. Ressente-se ainda de uma certa crispação nervosa, o que se nota na respiração para dividir as falas, mas ele tem porte, um tipo de altivez e de voz, que realçam o desempenho.

Escola de Bufões:
Fantasia Supera Reflexão em *Escola de Bufões*

21 de abril de 1993

Não se nasce impunemente em Flandres, a brumosa região da Bélgica atual, onde o mercantilismo europeu se implantou e o imaginário artístico teve sua mais alta expressão plástica na pintura de Bosch e Brueghel. Michel de Ghelderode (1898-1962), autor de *Escola de Bufões,* é um cerebral e imaginativo filho de Flandres. Apaixonado por circos, feiras, trupes de marionetes que expressam um tipo de humor cruel, de visão medievalista apocalíptica, ele sintetiza este mundo de sombras, delírios agressivos e um travo de irracionalismo. Um palco invadido por mendigos, cegos, mágicos, pregadores e, naturalmente, bufões. Na peça, a história mais visível é a do bufão jovem que disputa o poder e os segredos do ofício com o velho mestre. No plano da magia talvez seja o melhor a desfrutar da obra. Ghelderode é discursivo e cheio de engenhosidades de humor, numa certa tradição francesa. É quase aflitivo acompanhar um artista que desejou dar movimento dramático às telas de Bosch e Brueghel e, ao mesmo tempo, dissertar prolixamente sobre a condição humana. Nem sempre é inteligível. O encenador Moacyr Góes tem gosto absoluto pelo efeito da pintura. Faz teatro de luzes e cores que induzem a devaneios. As imagens de Góes me levaram aos campos de Odin, Peer Gynt, sons e cores de Grieg e Munch, e me perdi com prazer. O diretor tem mais invenção no sensorial, no impulso subjetivo da música e da pintura. Quer, porém, discutir os meios e os fins do teatro. É paradoxal porque se demonstra o domínio total da imagem (cenários, figurinos e iluminação), não atinge o mesmo efeito com a palavra. Demonstrou estar a caminho em espetáculo posterior, *Comunicação a Uma Academia*. É o começo e, como Góes é brilhante, poderá atingir uma síntese artística. Em *Bufões*, toda a abertura se dilui no monocórdio (afora o rico trabalho coletivo de gritos e grunhidos). O diretor não teve ainda o requinte de extrair o melhor de cada um do elenco, que tem talentos como Silvia Buarque, Paulo Vespúcio (uma voz dotada), Gaspar Filho e outros. *Escola de Bufões* é uma viagem pelo fantástico, com sons e imagens, não uma reflexão. O que vale é Bosch-Flandres e o sonho.

Essas Mulheres:
Atrizes Superam Montagem Tímida de *Essas Mulheres*

27 de julho de 1992

Há quase um milagre teatral no espetáculo *Essas Mulheres*: o elenco inteiro sabe dizer o texto com boa voz. Três atrizes representando cinco historietas dos italianos Dario Fo e Franca Rame, numa sequência interpretativa que vai da tragédia à comédia e tem como tema central problemas da condição feminina. Qualquer falha de representação, inadequação de tipo físico e, sobretudo, de voz poria a perder a encenação. No entanto, felizmente, Ana Lucia Torre, Haydée Figueiredo e Nirce Levin estão integradas cada uma ao seu papel e sabem tirar partido de suas características individuais como intérpretes. E falam direito, articuladamente, com a dicção geralmente correta, e têm vozes agradáveis. Não é pouca coisa.

O casal Dario Fo e Franca Rame é célebre nos palcos da Itália e do mundo. Autores e apresentadores dos próprios trabalhos num estilo político combativo – que inclui feminismo e denúncia política numa linha discursiva de veia anarquista e com um certo gosto pelo absurdo cômico – são os criadores de *A Morte Acidental de um Anarquista, Pegue, Não Pague* e *Um Orgasmo Adulto Escapa do Zoológico*, entre outros, todos já representados no Brasil. Trata-se de uma proposta e de um estilo que se adaptam melhor às condições socioculturais italianas e, enquanto texto, dependem muito das personalidades fortes de Dario e Franca. Fora do domínio dos realizadores originais, desprovidos dos achados linguísticos e dos improvisos italianos, viajam mal nas traduções e chegam um tanto esmaecidos em outros contextos. O polemismo feminista de Franca Rame, por exemplo, dá sinais de ter esgotado seu apelo. Numa época em que uma ensaísta como Camile Paglia está virando do avesso a imagem já clássica do opressor-oprimido entre homem e mulher, Franca Rame parece fixada no mesmo libertarismo dos anos 1970. Camile Paglia, aliás, uma norte-americana de origem italiana, chegará em breve ao Brasil com o livro *Sexo, Arte e Cultura Americana*, a sair pela editora Companhia das Letras.

Os cinco episódios de *Essas Mulheres* valem mesmo como comédia ligeira no geral, com duas exceções dramáticas que se impõem pelo forte desempenho de Ana Lúcia Torre, uma atriz de surpreendente energia. Haydée Figueiredo faz, totalmente à vontade, um chamado tipo popular com graça; e Nirce Levin sabe jogar com as engenhosidades de certa forma de sedução. O mérito das três é a capacidade de transitar de um gênero para o outro com desenvoltura. Atuando em uma montagem estranhamente convencional de Roberto Vignati, é um quase recital sem marcação. Com iluminação penosa que se resume a quatro ou cinco focos de luz, elas fazem um trabalho que deveria se chamar Essas Atrizes.

O Fantástico Reparador de Feridas:
Memória, Bebedeira ou Desespero

3 de outubro de 2009

Leon Uris, ao final de *Trindade,* comovente romance sobre o povo irlandês, vaticina que naquela *terra trágica não há futuro. Há apenas o passado que se repete indefinidamente.* Felizmente o escritor se enganou. A República da Irlanda saiu de um subdesenvolvimento secular para, nas últimas décadas, estar entre os países europeus com os maiores índices de avanço econômico. Sua face moderna, industrializada e urbana cresce a cada dia. Se nesta ilha dividida existem problemas na Irlanda do Norte, ligada à Inglaterra, ao sul há um lindo país que procura superar o passado referido por Uris. O que não impede que se lembre dele ainda como uma terra de encantamentos e assombros, temas do dramaturgo Brian Friel que, aos 80 anos continua o depositário e cantor de histórias como a da peça *O Fantástico Reparador de Feridas (Faith Healer,* no original). Entre o seu passado mitológico celta e as sangrentas lutas pela independência há um veio de fantasias que chega ao teatro nas obras de grandes autores como Isabella Gregory (1852- 1932); John Synge (1871-1909), Sean O'Casey (1880 -1964), Brendan Behan (1923-64) e Friel (1929). Sem esquecer que a Irlanda é a pátria de Jonathan Swift, Oscar Wilde, Bernard Shaw, James Joyce e Samuel Beckett que, mesmo com uma difícil relação com a terra natal, são profundamente irlandeses. Essa notável galeria lidou com personagens que transitam entre o real, a superstição e o delírio da bebida. Gente simples e provinciana, apegada a antiquíssimas crenças mescladas ao catolicismo igualmente arcaico. Frank, o reparador de mazelas físicas é um charlatão que vende curas improváveis em aldeias perdidas na névoa e na carência de conforto material. Ele e seus clientes são fantasmas da Grande Fome que marca o imaginário irlandês, período entre 1845 e 49 em que, ano após ano, em um país predominantemente agrário, uma praga dizimou toda produção de batata. Uma das consequências foi a emigração maciça para os Estados Unidos (os Fitzgerald, a família materna de John Kennedy entre eles).Um século mais tarde, este homem ardiloso e patético engana os pobres, a própria mulher e se deixar explorar por um empresário de terceira. Só que tudo pode ser desvario da memória, bebedeira e desespero. Os acontecimentos são narrados em quatro monólogos misteriosos. Nos três primeiros cada um expõe sua hipotética verdade. No quarto movimento, volta o milagreiro quando se percebe a violência final de toda intriga. Se a Irlanda campestre propicia filmes nostálgicos como a *Filha de Ryan*, é também o cenário de brutalidades de pessoas rudes e das cruentas lutas independentistas entre 1916 e 1921, temas de Trindade, Uris e dos filmes *Traídos pelo Desejo* e *Michael Collins,* ambos de Neil Jordan.

Ao usar monólogos Brian Friel constrói uma peça tradicional na forma, o que não tem a diminui porque sobra nela o encanto das imagens e da poesia. Estamos de volta ao exigente teatro da palavra que pede encenação e intérpretes consistentes. O diretor Domingos Nunez, que fez doutorado em dramaturgia irlandesa contemporânea na Universidade Nacional da Irlanda, concilia formação acadêmica com talento para o palco. Discreto quanto a cenário, figurinos e iluminação, o espetáculo é baseado no bonito trabalho de ator. O texto ressoa no que é dito e nas pausas significativas de três gerações teatrais. Walter Breda reafirma uma presença intensa que se faz notar rapidamente, acrescentando ao desempenho introspecção e melancolia ao criar o ilusionista que não resolve a própria vida. Na mesma linha, Mariana Muniz abranda sua imponência natural de atriz/bailarina para explorar o desalento feminino. Rubens Caribé usa seu tom, em geral impetuoso, para uma composição mais complexa e sutil. Uma canção de Fred Astaire faz dele presença apenas sugerida embora fácil de imaginar (curiosamente, é o ator de *O Taxi Roxo,* de Ives Boisset, belo filme ambientado na Irlanda). Não custa ressaltar que o *Curador de Ferida* está longe de ser uma obra regionalista. Naqueles verdes vales da Irlanda, terra evangelizada por São Patrício, padroeiro nacional, Santa Brígida e São Columba há um sentimento cósmico imemorial que se reflete por vias transversas nesta narrativa ancorada na solidão.

The Flash and Crash Days:
Feiticeiras Batalham em Fúria

Fernanda Montenegro e sua filha Fernanda Torres fazem um espetáculo de lutas e delírios e conseguem dar um toque mais caloroso ao teatro seco de Gerald Thomas.
O espetáculo de estreia termina e, nos agradecimentos, Fernanda Montenegro beija delicadamente a mão da filha e companheira Fernanda Torres que, levemente surpresa com o gesto, vacila um pouco e retribui. As duas, então, se abraçam. Uma corrente emocional passa do palco para a plateia, que aplaude mais intensamente uma cena familiar e histórica simultaneamente. Não é um fato cultural, por assim dizer, mas simbólico e profundo no universo artístico brasileiro. São décadas do melhor teatro nacional que se juntam e continuam. O público sente que Fernanda Mon-

tenegro, a atriz superior, tem uma descendente e continuadora com a chama e o porte de quem vai prosseguir uma linhagem que inclui Cacilda Becker, Fernanda e Marília Pêra.

Inspirado distantemente na ópera *O Anel dos Nibelungos*, de Wagner, *The Flash and Crash Days* (tempestade e fúria) é uma sucessão de combates metafísicos, reais, fantasiosos ou delirantes entre personagens de tempos imemoriais (ou, quem sabe, só da memória de cada espectador). Germanos da Antiguidade, celtas invasores ou pesadelos psicanalíticos com fantasmas beckettianos, ou tudo isso concentrado no encontro entre duas mulheres, mãe e filha. Fernanda e Fernanda. Há sede e ímpetos de luta entre elas, querem sangue, água, estrangulamento. Não há lógica, linearidade ou clareza. É uma proposta, uma ideia do encenador Gerald Thomas, em que o abstrato está sempre presente, mesmo que não seja a intenção original dele. Há instantes em que toda a arte resulta em fenômenos independentes do que autores e intérpretes parecem desejar (Erik Satie achava que estava fazendo humor com suas estranhas composições. Julgava engraçados os sons *lunares* de *Novas Peças Frias*, *Desespero Agradável* ou *Six Gnossiennes*).

É possível que o autor-diretor tenha realizado um esforço de leveza bem-humorada, mas ele se manifesta numa frequência druida-judaica em que prevalece a estridência, a fragmentação abrasiva na fronteira saturniana com o nada. Não é fácil e nem sempre simpático: o achado provocativo percorre o fio de navalha do tédio. E nesse túnel do tempo, nessa arena de imagens iluminadas com magnificência, Fernanda Montenegro e Fernanda Torres (acompanhadas por Luiz Damasceno e Ludoval Campos na difícil tarefa de executar sombras ou aparições com eficiência) travam uma guerra com tempestade e fúria. A leitura mais tentadoramente fácil do que ocorre é que se trata de uma disputa entre gerações (ou entre pais e filhos). São energias diferentes que se testam numa ânsia de expansão e de predomínio, que transparece no confronto físico ou num jogo infantil e mefistofélico de cartas. É totalmente caótico e totalmente Fernandas. Não se escapa de valquírias-feiticeiras.

Gilda:
Fernanda Carrega Gilda

9 de abril de 1993

Noel Coward é um autor do tempo que os ingleses iam ao cinema ver o compatriota Ronald Colman, que Hollywood descobrira, e ao teatro aplaudir *Sir* Cedric Hardwick. Período glorioso, injusto nas colônias do Império Britânico, mas que tinha um encanto especial em Londres. Um mundo que começou a acabar com a 2ª Guerra, mas que teve em Coward e suas comédias um representante fiel até o fim (1899-1973). Faz parte deste universo psicológico e cultural uma boa dose de cinismo, alguma hipocrisia charmosa e o muito especial humor excêntrico inglês. Homem de um tempo de aparências convenientes, ou seja, nada de permissividades explícitas, Coward esmerou-se em contravenções sutis, malícias elegantes e escândalos bem medidos, o que inclui um homossexualismo de salão engraçado e transgressivo sem assustar os cavalos na rua e as damas nos teatros. E, mesmo assim, assustava um pouco. *Gilda* (1932) é desta safra. Fernanda Montenegro, com o auxílio da tradução e adaptação de Millôr Fernandes, resolveu correr o risco do *revival* contando com o fato de ser Fernanda Montenegro. O público não tem acesso a todo o potencial humorístico do original porque nem mesmo Millôr pode refazer completamente o clima de uma língua, mas sai gratificado por ver o quanto a atriz pode jogar com os seus dotes histriônicos com um ou outro acento dramático que resolve só com o olhar. O original (e a tradução) é um texto longo e volumosamente verbalizado, para usar as palavras da própria Fernanda: Seria preciso um milagre de estilo para se ter o tom inglês de

Coward. Mesmo assim o espetáculo de José Possi Neto é saboroso no seu triângulo diferente: dois homens e uma mulher. A diferença é que os homens têm um caso quando nem ainda se havia inventado o termo *gay* com a atual conotação. Claro, não falta um marido sério e uma governanta à antiga.

Gilda cai no deslumbramento de produção quanto aos figurinos (Fernanda faria o mesmo efeito sem estar desfilando modelos), enquanto o cenário, apesar de engenhoso e bonito, é claramente um aparelho cênico para excursões, o que limita o jogo de marcações. O elenco caminha de um lado para o outro sem grande imaginação. Apesar destes incômodos, a ação flui e os demais intérpretes estão adequados, tranquilos e com um senso real de divertimento. Thales Pan Chacon e Herson Capri não têm dificuldade em jogar ironias e sedução entre si e com Fernanda. São jovens, elegantes e simpáticos. Sylvio Zilber e Susy Arruda são obrigados a esforços complicados para se impor nos instantes em que estão em ação. A surpresa fica por conta de Eliana Rocha, que cria uma governanta engraçada com riqueza de detalhes. O resto é Gilda, o que quer dizer Fernanda Montenegro com todo o encanto e um som de clarineta estilo Benny Goodman ao fundo para dar um toque de nostalgia.

Gloriosa:
Marília Pêra pode mais que Gloriosa

20 de junho de 2009

Já se escreveu que, em qualquer circunstância, há o sorriso que guia e ilumina o que Marília Pêra faz. Sorriso vizinho de certa melancolia numa combinação que compõe um dos rostos mais expressivos do teatro brasileiro. As duas faces deste temperamento cênico intenso estão presentes em *Gloriosa*, espetáculo um pouco estranho para ser definido como musical. A peça refere-se ao caso de Florence Foster Jenkins (1868-1944) milionária norte-americana, mais perturbada psicologicamente do que figura das artes, que se autoproclamou cantora lírica e manteve carreira contra a opinião geral. É um caso de certa maneira trágico que o autor inglês Peter Quilter resolveu lidar como comédia musical.

Mulheres ricas e de temperamento forte ou excêntrico nunca faltaram. Uma das mais conhecidas, a escritora americana Gertrude Stein (1874-1946) vivia em Paris nos anos 1920 e 1930 cercada de futuros grandes pintores e escritores. Criticava uns, incentivava outros e até protegia financeiramente os mais carentes. Temperamento ciclotímico deixou uma obra polêmica. Como pessoa foi descrita cruelmente por Ernest Hemingway em um deslize de lealdade. O romancista foi deselegante mas não mentiroso. Depois surgiu Peggy Guggenhein (1898-1979), outra americana, beneficiária de imensa fortuna e que, instalada no seu palácio Venier dei Leoni, em Veneza, dedicou-se a promover artistas como Man Ray, Brancusi e Marcel Duchamp. Colecionava quadros e namorados. No Brasil, houve Nair de Teffé, filha de barão e mulher do presidente da República Hermes da Fonseca. Apesar de o esposo ser um sisudo marechal, Nair foi a primeira mulher caricaturista da imprensa brasileira e enfrentou o preconceito da sociedade carioca da época ao introduzir o violão e, pior, o maxixe, ritmo de negros, nos saraus da presidência. Um pouco mais tarde veio Eugênia Moreyra que fumava charuto em público, envolvia-se com o teatro e defendeu comunistas perseguidos.

Todas foram abusadas figuras progressistas, felizes à sua maneira, e – o principal - com talento. Já a personagem de *Gloriosa,* embora rica, foi uma provável vítima de distúrbios psíquicos decorrentes da agressiva medicação a que se submetia para combater a sífilis (é o que se sabe embora a peça não mencione). Expunha-se pateticamente em público em apresentações quase circenses para divertimento de amigos duvidosos, como o compositor Cole Porter que se fazia passar por seu admirador, e a indignação de puristas da opera que a vaiavam. O final desta existência não foi bom, mas Peter Quilter achou graça. Aqui há um ponto de dúvida. O humor inglês é célebre pela ironia sarcástica, o toque de absurdo ou humor negro. Talvez o que *Gloriosa* pretende no original tenha se diluído na transposição (a peça fez um sucesso estrondoso na Inglaterra). Os produtores e diretores Charles Möeler e Cláudio Botelho optaram por uma linha caricata que torna a personagem uma figura de chanchada com direito a um arremate sentimental.

Marília Pêra pode mais. Tem na sua ancestralidade artística a comédia, o luxo das plumas, o drama e o melodrama. Sabe tudo sobre um papel. Sabe o suficiente para, com outro tipo de enfoque de direção, demonstrar maior compaixão por esta rica e desamparada Florence Jenkins que ninguém acudiu a tempo para que não fosse mortalmente humilhada. Como Marília traz igualmente consigo a seriedade, em algumas cenas sua expressão traduz desamparo ou insegurança. São os melhores momentos. O texto não permite uma atuação crescente quando a tira do centro do enredo com interrupções anedóticas envolvendo uma empregada latina ou a musicista histérica (papéis bem resolvidos por Guida Vianna). Há mais coerência na parceria dela/Florence com o pianista que Eduardo Galvão desempenha com sinceridade e simpatia. Apesar do título, Marília Pêra carrega um espetáculo com menos esplendor do que ela já fez, tantas vezes, de forma gloriosa.

Greta Garbo, Quem Diria, Acabou no Irajá

20 de novembro de 1993

O ator é o melhor trunfo da peça de Fernando Melo, em cartaz no Teatro Cultura Artística.
Voltando à cena quase 20 anos depois da primeira montagem paulista, *Greta Garbo, Quem Diria, Acabou no Irajá* continua uma obra que deve seu melhor efeito ao protagonista, Raul Cortez. O ator extrai da peça de Fernando Melo a dimensão mais subjetiva, o substrato sociológico do personagem e do mundo que o cerca. Apesar dos momentos bem divertidos, o fundo do tema é a quase inevitabilidade do gueto e do preconceito que confina as minorias sexuais. Greta Garbo é um homossexual de meia-idade e vida modesta, fanático pela estrela de cinema, que vai à conquista nas beiras de calçada. Traz para casa um garoto rústico e esperto e estabelece um caso baseado em conveniências. Quase toda a história gira em torno dos desencontros de temperamentos e interesses dos dois, principalmente quando surge uma mulher na vida do rapaz. Greta Garbo tem autoironia e obstinação, o que, jogado com habilidade por Raul Cortez, revela algo além da caricatura. Emerge desses entreveros, entre outras coisas, que todos têm um fundo de prevenção contra o homossexual, até mesmo o jovem que se prostitui.

Os personagens são todos da província ou da periferia da metrópole, o que lhes garantiria uma pureza íntima na aridez humana dos grandes centros. Greta Garbo, por exemplo, é enfermeiro no bairro do Irajá, zona norte do Rio. Esta tintura de melodrama é um detalhe simpático do trabalho do recifense Fernando Melo.

Raul Cortez sempre arriscou a imagem de ator em papéis transgressivos. Atitude inovadora em épocas em que a linguagem cênica era contida ou havia incômodos com a censura. Foi assim em *Os Monstros*, espetáculo de 1969 no qual aparecia seminu e coberto de purpurina. *Greta Garbo* na versão original também continha alguma provocação. Agora é a recuperação nostálgica de um enredo convencional diante da sexualidade explícita e de massa.

Mesmo assim, justifica-se. Contando ainda com a atuação tranquila de Eduardo Moscovis (Elizângela sublinha muito o clichê da prostituta), a montagem cuidadosa de Wolf Maya faz comédia sem banalidade.

Grupo Sobrevento:
Marionetes Conservam a Magia com Beckett

14 de agosto de 1993

O teatro de bonecos está geralmente associado ao humorismo, mesmo em sua versão asiática.

O boneco comunica-se em qualquer circunstância. Ao mesmo tempo, dado seu mistério natural (são seres inanimados, quase abstratos), eles podem se prestar a uma visão do mundo tensa ou introspectiva. Bergman usa esta duplicidade magistralmente em *Da Vida das Marionetes*.

Este também parece ser o projeto do Grupo Sobrevento, do Rio, com o espetáculo composto de três quadros extraídos de peças de Samuel Beckett, dramaturgo que usou a palavra com extrema economia para demonstrar a incomunicabilidade humana. Beckett fez do pessimismo seco (ao contrário de Cioran, dono de uma eloquência soturna) uma forma singular de afirmação poética que requer, em termos cênicos, a sábia e difícil utilização do silêncio e das pausas. O Sobrevento vai ao limite de tirar quase todo o texto para representar pequenas cenas de pouca ação e sentido linear, duas delas com bonecos e a última com pessoas. A maestria dos atores / manipuladores é evidente nos mínimos detalhes (cada boneco é manipulado por três deles que se mostram no palco com roupas negras de filme expressionista ou policial *noir*) e os bonecos, que não têm traços marcados, sugerem um clima sombrio de onde, por efeito de contrastes e acontecimentos inesperados, surge a comicidade. No primeiro quadro, o boneco tenta sem êxito alcançar um objeto, o que o obriga a esforços absurdos. No segundo, duas figurinhas caricatas (uma delas próxima do teatro infantil) cumprem uma rotina de pequenas trapalhadas. Por fim, dois homens em um bar. Um tenta ler algo para um companheiro agressivamente indiferente. Não é criação muito fácil. Existe a possibilidade do tédio e a cena falada tem um hermetismo deslocado que beira a afetação artística. O grupo, que também apresenta *Mozart Moments*, historietas sobre o compositor (em vesperais de fim de semana), corre os riscos de todas as experiências. São bonecos em situações não convencionais do marionetismo, mas sempre mágicos bonecos.

A Guerra Santa:
Viagem Eficaz no Plano Onírico

1º de setembro de 1993

A Guerra Santa é um espetáculo de grande beleza que estabelece rápida comunicação com o público. Imagens barrocas criam uma atmosfera onírica para simbolizar o mistério do homem no universo e, de forma mais concreta, o instante em que ele – pelo seu lado escuro e terrível – cria o que certo cristianismo define como o inferno. A montagem tenta expor a dualidade entre o

lado poético e o abismo da condição humana.
O ponto de partida da viagem teatral é a peça de Luís Alberto de Abreu usando livremente o tema da descida aos infernos de *A Divina Comédia*, de Dante Alighieri, para uma incursão metafórica aos renovados círculos da tragédia social brasileira. Interferem na ação figuras da história e da ficção, como o próprio Dante e a sua Beatriz, o poeta Virgílio e uma galeria de personagens populares, reais ou imaginárias, como os peregrinos, a cantora, uma *nega maluca*, gente de circo e outros. Humanidade que caminha entre destroços, sofrimentos e névoas, atritando-se uns com os outros enquanto divagam sobre seus vilãos e motivações metafísicas. Vez ou outra a palavra ou detalhe da cena revela que o lugar dos conflitos e crises é o Brasil.

Há duas realidades artísticas superpostas em *A Guerra Santa*. De um lado o teatro do diretor Gabriel Villela em um ponto superior de afinação estética. Do outro, o texto sofisticado de Luís Alberto pretendendo revelar o transe do País sem os mecanismos do realismo engajado. O autor prefere o lamento poético com um fundo de esperança anarquista. Villela, por sua vez, traz para a cena um apurado sentido plástico nordestino e mineiro na recuperação das festas e rituais religiosos. Do circo à missa antiga, usa elementos de constante teatralidade em uma direção apaixonada.

A dificuldade de texto e encenação traduzirem de forma idêntica o tema é de certo modo constatada pelo autor em nota no programa do espetáculo. Percebem-se somente traços do Brasil real em meio a apelos visuais e subjetivos fortes, onde nada fica inteiramente claro do ponto de vista racional. A fantasia é poderosa e conduzida por intérpretes com grandeza – de Beatriz Segall e Umberto Magnani a um grupo de novos que supreendem, como Cristina Guiçá. Tanta beleza não ilustra necessariamente uma ideia ou tese. Flutua e fascina como um sonho inexplicável.

Ham-Let:
Ham-Let de Zé Celso Oscila entre Invenção e Descontrole

4 de outubro de 1993

O *Ham-Let*, que reabriu o espaço do antigo Teatro Oficina, é um espetáculo iniciado na manhã de 31 de maio de 1966, quando um incêndio destruiu o teatro. O grupo reagiu ao desastre com *O Rei da Vela*, extraordinária provocação artística liderada pelo diretor José Celso Martinez Corrêa. Nada mais na cena brasileira foi como antes, nem mesmo Zé Celso que, agora, depois de uma travessia do deserto de mais de 20 anos, volta com outra provocação. O Oficina, que hoje se chama na realidade Companhia de Teatro Comum Uzyna Uzona, permanece fiel à certeza messiânica e até autoritária de Zé Celso de estar criando a única forma nova e vital de teatro.

O projeto não resolve problemas criados pelo encenador desde que decidiu explodir convenções teatrais, eliminando o palco italiano, a tradição de espetáculo em duas horas, as técnicas de interpretação, etc. O que se busca atualmente é uma cerimônia em que carnaval e religiosidade primitiva se confundem sem compromisso formal com o tempo. O resultado faz lembrar as palavras de Zé Celso em 1969, quando estreou *Na Selva das Cidades*, de Brecht, com mais de quatro horas de duração: *Vou ter de fazer* (...) *uma peça que deveria ser levada em capítulos por uma semana inteira* (...) *e agora eu vou comprimir, reprimir, reduzir, embalar e transformar este caos fantástico* (...).

Ham-Let, na longuíssima e rude forma atual, é uma aposta temerária. Não há um Shakespeare, mas o pretexto para inserções alusivas ao Brasil. A encenação é prisioneira da lembrança de *O Rei da Vela*, mas tudo que já foi transgressão vigorosa agora surge como reiteração e paródia. Também não há mais aqueles intérpretes brilhantes. A força está nos instantes em que o espetáculo tem luminosidade poética e uma alegria quase violenta que expande energia e algum mistério no belo espaço cênico. Há uma luta entre a palavra mal expressa e o texto de Shakespeare que reage à tradução popularesca, à má dicção e aos gritos monocórdios do protagonista. Não é o caso de se opinar conclusivamente sobre uma criação onde invenção e descontrole estão lado a lado. Onde ideias contundentes coincidem com a grande arte da magnífica Julia Lemmertz. Um fato chamou a atenção na estreia. Havia crianças na plateia, e elas seguiram com atenção a maratona cênica. Provável encontro do novo com o novo.

Happy Hour

Juca de Oliveira usa frequentemente o termo *predador* em seus textos e conversas. Ele realmente têm horror à tendência humana à guerra de todos contra todos, como alertou Thomas Hobbes, expoente da filosofia moral em sua obra clássica *Leviatã*. Este ator admirável e dramaturgo sintonizado com seu tempo poderia ter sido tentado a pregações derivadas do marxismo da juventude ou, numa mudança de rumo, e elas acontecem, enveredar pelo neoconservadorismo ressentido. Curiosa e felizmente aconteceu outra coisa. Juca ficou parecido com Mark Twain.

O grande romancista norte-americano era um temível desaforado. Embora escrevesse história com fundo humorístico, enviava cartas devastadoras contra as deficiências que via nos serviços públicos americanos, fosse o correio, a companhia telefônica ou qualquer repartição governamental. Juca é mais ameno. Faz comédias de espírito compassivo, mas sem deixar de *meter a lenha* como diriam seus amigos do interior paulista, onde nasceu (e sem esquecer a porção de sangue italiano que ele tem). Um pouco disso tudo que está em Happy Hour, coquetel de críticas, denúncias e deliciosas implicâncias. Eis um artista em pleno *delírio realista* expressão que não é mero jogo de palavras. O seu exagero nasce do real. O dramaturgo/ ator e cidadão está cansado, um pouco triste e bastante irritado com o naufrágio das instituições, a usurpação do poder por delinquentes e, por fim, a degradação das relações humanas no cotidiano das ruas.

O espectador ri bastante, mas, se puder, tente não se ver no enredo. Juca de Oliveira está atrás dos predadores, daqueles que destroem a dignidade da função pública e as bases da cidadania até o extremo da selvageria no trânsito. Talvez alongue episódios discutíveis, como desvios conjugais figuras menores do, mas não se pode negar que o mote funciona. Afinal, a ideia é fazer comédia. Mas, o mesmo lançador de petardos contra a baixa política sabe observar, em cena memorável, as projeções neuróticas dos adultos nos bebês. A fúria humana flagrada no instante em que deveria haver afeto e solidariedade; e aí o intérprete assume um tom de Mark Twain.

Dessas alternâncias se fez uma obra consagrada (*Meno Male, Motel Paradiso, Baixa Sociedade, Caixa Dois, Gato Viralata, Às Favas Com os Escrúpulos entre outros títulos*). O espetáculo é um encontro do conversador expressivo, pleno de imagens sugestivas, com seu público. Apesar do cenário impessoal, a simulação de um bar, o ator e a figura pública Juca de Oliveira estão em comunhão com a plateia, despejando desaforos contra a bagunça nacional, sendo irresistivelmente engraçado como, e sobretudo, na antológica aula de palavrões.

Diretor sutil, Jô Soares age como o baterista de *jazz* que deixa o ritmo escorrer de palhetas semi-invisíveis. Sempre um parceiro do autor e do intérprete.

Happy Hour é, pois, concerto de humor, protesto social e apelo à delicadeza que, um dia existiu nesta cidade *que não tem mais fim, não tem mais fim*, como escreveu o poeta Torquato Neto há mais de 30 anos. Um brinde de Juca aos admiradores do seu caloroso talento.

Hilda Hilst:
Da Dor da Vida em Dois Tempos

Textos de Hilda Hilst e Dostoiévski são a base para dois espetáculos, interpretados com garra e vigor.

Rosaly Papadopol e Mika Lins, atrizes talentosas e persistentes, estão em cena. Em montagens baseadas em grande literatura. Monólogos acima da mediania do gênero: *Hilda Hilst – O Espírito das Coisas*, e *Memórias do Subsolo*, de Fiódor Dostoiévski.

A paulista Hilda Hilst (1930-2004), mulher de paixões e desencantos, ficaria agradecida se visse o Tributo que lhe é dedicado.. Sua poesia e prosa exigentes são de difícil assimilação cênica. O espetáculo, porém, tem a habilidade de captar os grandes momentos, as iluminações desta escrita e transmiti-los não como um mero recital ou a imitação da mulher, mas desvelando todo seu modo audacioso de transitar pela vida.

Como atriz, Rosaly foi além da composição de um retrato de Hilda para levar ao palco *as vozes de sua voz, as faces de sua face, a alma de sua alma*. Ilumina uma essência pessoal e literária e, assim, estimula o encontro do público com a obra.

A sua impressionante entrega à vida da escritora cria uma corrente emocional que facilita a compreensão de uma arte de muitas faces. Dentre os melhores ensaios sobre ela tentemos uma síntese a partir de Nelly Novaes Coelho - doutora em letras da USP: *Como toda grande poesia (a que é tecida de um eu interior centrado em si e ali buscando a porta de acesso ao Enigma da Vida, a de Hilda Hilst expressa em seu suceder as metamorfoses de nosso tempo. Ou melhor, algumas das interrogações mais radicais do pensamento contemporâneo.*

Tais questionamentos são de natureza física, psíquico- erótica, e, outra, de ordem metafísica, filosófico-religiosa. Em meio a estes fundamentos poéticos, estão dados biográficos envolvendo a família e seus valores, a trágica situação do pai, memórias de infância, mocidade e maturidade e rebeldia. Ficou hoje tão inconsistente, chamar tudo de rebeldia que, desta vez, comove a decisão absoluta de Rosaly Papadopol em dar voz a uma pessoa que realmente optou pelo risco existencial. A encenação é um incêndio de desejos e protestos por uma atriz no seu grande momento. Vai ao limite do descontrole e, ao mesmo tempo mantém o domínio corporal e de voz. Intérprete e personagem se encontram assim em um verso de Hilda: *Ainda em desamor, tempo de amor será.*

Risco semelhante é vencido bravamente por Mika Lins ao dar voz, forma, clima a uma parte do romance *Memórias do Subsolo,* de Dostoiévski.

O original é uma rocha de pessimismo quanto às possibilidades de estabilidade ou justiça no mundo. O enredo, na primeira parte, é dominado, pelo narrador ressentido pelo não reconhecimento do seu suposto valor intelectual. O caso, em princípio, é de caráter intimo e isolado, mas sendo o autor Fiódor Dostoiéviski nota-se que ele olha longe. Insinua (porém na segunda parte) o fim de uma civilização ou sistema de relações de classes.

Em termos cênicos é um problema porque um intérprete raramente pode representar um painel de época sem cair no discurso A montagem é forte no lado individual sem abarcar a plena essência ideológica do romance. Concentra-se em explorar o lado íntimo deste pequeno revoltado. O resultado terá sua eficiência se levar o espectador a se inquietar com esta pessoa. Parece que o objetivo está sendo alcançado porque as sessões estão lotadas e se faz silêncio completo. Por alguma aproximação, a peça traz à memória as criaturas torturadas do mineiro Lúcio Cardoso no romance *A Luz do Subsolo*.

Mika Lins avança de forma brilhante para dentro deste personagem ao encarnar um homem com gestos exatos e meticulosa composição vocal. Um espetáculo que anuncia Cássio Brasil como um novo diretor que tem o que dizer.

Ifigônia:
Escracho de Bom Acabamento

19 de novembro de 1993

A comédia de Mario Viana recupera a tradição medieval dos monges goliardos.

Ifigônia é comédia pesada como *rock* pauleira. Põe no furor sexual da mulher com este nome tudo aquilo que o *Dicionário do Palavrão*, de Mário Souto Maior, registrou com rigor folclórico-sociológico. Palavrório que, pelo crescendo provocativo, atinge o paroxismo e de certa forma quase se anula. Fica uma cantilena que, durando muito, acaba uma cantoria tola. Por sorte, o espetáculo tem uma hora ritmada e nem se percebe direito que talvez esteja ocorrendo o desperdício do talento de Rosi Campos. A recuperação cênica do universo mental de Costinha tem até explicações eruditas. Trata-se da adaptação de um tipo de literatura medieval que monges desregrados e excluídos da igreja ofereciam nas ruas em forma de jogral. Tudo o que a religião reprimia no sexo, estes menestréis punham para fora com exagero. Os monges, chamados *goliardos*, atuavam bastante na Itália, mas o fenômeno é extenso. A Idade Média, já no limite da Renascença, foi pródiga em temperamentos artísticos críticos e sensuais que teriam a expressão máxima em Giovanni Boccaccio.

O Circo Grafitti faz analogias de caráter ideológico como Pasolini. Joga, enfim, o palavrão, a escatologia e o obsceno numa dimensão elaboradamente satírica. Mas o pessoal só quer comemorar os cinco anos bem-sucedidos da companhia. E joga limpo na proposta sem finuras. Sexo agressivo e despudorado. Ifigônia arde de desejo, e todo seu imaginário, e das pessoas que a cercam, manifesta-se em considerações sobre as aparências e utilidades do órgão sexual masculino. É tudo.

O espetáculo foi construído com acabamento de alta comédia: figurinos de boa execução e dentro do espírito sarcástico da montagem, detalhes requintados de maquiagem e um toque coreográfico de Ivaldo Bertazzo. Escracho da maior seriedade. O elenco tem comediantes provados, mas, como o próprio diretor e ator Roney Facchini admite, Ifigônia reina absoluta graças a Rosi Campos. Caso raro de temperamento caloroso, tipo impactante e energia, Rosi aparentemente pode muito em teatro. Há momentos em que sua expressão geral ou o jeito de olhar sugerem drama e humor sutil. Agora, porém, ela encarna o furacão. E confere simpatia a uma colorida e agitada bobagem.

I Love:
Bonita e Imperfeita

14 de abril de 1993

I Love é o que o título diz: uma história de amor. O encanto adicional decorre de ser o amor entre certa Lili Brik e o poeta russo Vladimir Maiakovski que, por sua obra e vida, tornou-se, como Fernando Pessoa, referência obrigatória até para aqueles que não o conhecem bem. Beatriz Azevedo, a autora do texto, poderia ter realçado Lili Kagan Brik, mulher interessantíssima. Mas, tanto ela quanto sua irmã Elza são mostradas como pessoas que vivem romances e se deixam levar, e só. Elza, já na França, tornou-se Elza Triolet, escritora, animadora cultural e política, mulher do poeta comunista Louis Aragon. Mas Beatriz está apaixonada por Maiakovski e também se deixa levar. Não tem muito tempo, nem mesmo para as múltiplas facetas do poeta. Ele é retratado com pouca poesia como um visionário fogoso nos limites da vodka e da depressão.

Texto e montagem pressupõem que centelhas maiakovskianas bastam para arrebatar a plateia que, magicamente, está informada de detalhes da revolução bolchevique, de fatos e personagens culturais russos (como Meyerhold, renovador do teatro). O que se passa em torno do enredo não merece uma nota nas duas nervosas e reiterativas páginas-manifesto do grupo Cabaret Babel, que a diretora assina. O gosto pelo exaltado e o insubmisso é a alma do espetáculo e Maiakovski (1893-1930) é, deste ângulo, o personagem exemplar. Já se poderia pensar em uma peça sobre o polonês Witkiewicz (1885-1939), gênio teatral, pintor, excêntrico e suicida. O partido tomado por Beatriz – apesar de atropelar o tempo, a história e biografias específicas – tem a força dos grandes entusiasmos e constrói um espetáculo atraente. Poetas talentosos, amores desmedidos (e triangulares), revoluções, tudo isto é material de primeira. *I Love* transmite vibração. O responsável imediato pelo resultado é Jairo Matos, que desempenha o poeta com ímpeto total. Ele é toda a imagem que se fixou de Maiakovski antes que se matasse (Marc Chagall, mais prático e mais calmo, preferiu mudar-se para Paris). Foi coerente, dolorosamente patriota e não resistiu aos nervos e ao stalinismo. Perfeito para o teatro. O restante do elenco tem tipo, mas falta voz ou ela não é usada dramaticamente para impor figuras de exceção como Lili, Elza, Ossip Brik e Meyerhold. Todos lutam bravamente, contudo. Enfrentam a concorrência de cenários que se movem, mas não fazem clima; e uma iluminação vaidosa dos seus efeitos que ignoram o ator ou que trata a figura humana como objeto. Um poeta trágico e um intérprete intenso bastam desta vez. *I Love* é uma criação agitada, imperfeita e bonita.

Kelbilim, o Cão da Divindade:
Inovador à Beira do Impenetrável

31 de janeiro de 1990

Um mestre de cerimônias conduz delicadamente pela mão os poucos espectadores de *Kelbilim*. São poucos, porque o espaço é pequeno e aparentemente é intencional que esse ato teatral tenha uma característica cerimonial restrita. O público também será convidado a não se manifestar com aplausos, quando a representação terminar. O lugar é extremamente propício para esse tipo de proposta: as salas, corredores escuros e um espaço semiaberto da Pinacoteca do Estado. Silêncio, sombras, as badaladas ao longe da capela do Museu de Arte Sacra.

A encenação-solo no espaço circular (ou talvez octogonal) é totalmente conduzida por um ator, Carlos Simioni, que demonstrará um meticuloso e impressionante trabalho de expressão corporal fundado na hipertensão muscular – para desencadear *o surgimento de novos movimentos e emoções*. Durante exatos 50 minutos, o ator, através de contrações, descontrações faciais, emissão de sons viscerais e trechos de obras da poetisa Hilda Hilst, tentará se referir a Kelbilim. A personagem histórica é remota para a sensibilidade contemporânea, mas serve aos propósitos da montagem. Kelbilim foi um intelectual ber-

bere do antigo reino da Numídia, atual Argélia e parte da Mauritânia, no norte da África. Sua vida, uma sucessão de escolhas religiosas, filosóficas e comportamentais, que o levariam ao ensino da retórica, estudos dos grandes filósofos clássicos e o fundamental encontro com o cristianismo. O espetáculo é envolvido em cantos pré-gregorianos pesquisados por Denise Garcia.

Na realidade, o que está em questão não é Kelbilim, mas uma aprofundada pesquisa do ator e seu corpo, ator e sua comunicação. O diretor Luís Otávio Burnier é claro: *Os métodos utilizados para a elaboração da montagem teatral foram novos para nós. Não seguem os padrões normais do teatro.* Perfeito como intenção. Essa é a missão-desafio a que se propôs o Lume, um núcleo interdisciplinar de pesquisas do Instituto de Artes da Universidade de Campinas. Ele não tem vínculos, obrigações, interesses e, quem sabe, nem simpatias pelo teatro dito formal.

Pode-se identificar pelo menos uma fonte de inspiração para o grupo. O polonês Jerzy Grotowski e o Teatro-Laboratório apresentaram em Paris, em novembro de 1973, o seu *Apocalypsis cum Figuris*, com citações extraídas da Bíblia, Dostoiévski, Eliot e a da mística francesa Simone Weil. Grotowski também acolhia à porta os 80 privilegiados que conseguiam acesso à lindíssima Sainte Chapelle. Os atores tinham um extraordinário domínio físico, havia uma ansiosa, musculosa e quase angustiante manifestação corporal. Não se pode dizer (não posso dizer) que tenha sido um momento de grande transcendência. Havia um ponto de frieza, um toque conventual monótono dentro da mística acrobático-respiratória. E havia também prepotência naquele hermetismo. O grupo Lume corre o mesmo risco, embora realize uma pesquisa importante para abrir novos caminhos teatrais (pode parecer contraditório, mas o espetáculo é recomendável). Carlos Simioni é um intérprete diferente e impactante. Luís Otávio Burnier mostra-se inquieto no rumo da invenção cênica. Falta, então, romper a armadilha da impenetrabilidade, para que o subjetivo e o emocional sejam leves e transparentes.

La Música e *A Música Segunda:*
Quando Morre no Ar um Resto de Canção

Duas versões da mesma peça de Marguerite Duras tratam do amor depois que tudo parece ter acabado.

A vida amorosa da escritora Marguerite Duras (1914-96) ajudou a fazer dela uma personagem marcante do século 20, não exatamente pelos casamentos e separações em si. Tais passagens da vida adulta, no geral, são de enredo sabidos, o que não impede o teatro de, ocasionalmente, fazer bom uso delas. O dado novo aqui advém das circunstâncias culturais e incidentes políticos na sua trajetória. Estas constatações, mesmo sob o risco de redundantes, são necessárias porque Duras produziu literatura em dois tons. Nela se encontram grande História (colonização francesa da Indochina e a 2ª Guerra Mundial) ao lado de episódios linearmente psicológicos em dias de paz, apropriados para filmes românticos. Ela viveu, pois, tanto o amor em tempos de morte como no cotidiano burguês. Se no autobiográfico *La Douleur* uma mulher em estado de choque espera o marido desaparecido entre campos de concentração, em *La Música* e *A Música Segunda*, espetáculos atualmente em cartaz, são dramatizados, em ambiente seguro, os acertos de contas posteriores à separação (é a mesma peça com algumas variações). Chega a ser prosaico como uma mulher de vida agitada, da infância no atual Vietnã aos riscos da militância comunista e na resistência aos nazistas, demonstra vontade de expor o seu lado, digamos, normal. Esta senhora bela na juventude, intelectual de posições corajosas, fumante inveterada e que bebia bem, também cultivou sonhos *de moça bem comportada*. A simplicidade de ambos os entrechos traz à planície cotidiana as dores da perda e rejeição. Tudo possível de se resolver no saguão de um hotel, sem a exasperação neurótica dos *Contos de Amor e Morte*, de Arthur Schnitzler, o romancista e dramaturgo austríaco que impressionou Freud. A cena expõe o inventário de brasas e cinzas de um casal desfeito há três anos. O encontro, previsto para ser a burocrática homologação de divórcio, resvala na clássica procura do ponto em que o fio do amor se rompeu. Como sempre, os espectadores são envolvidos. Seja Madame Butterfly ou o massacre mental de *Virgínia Woolf*, de Edward Albee, esta mescla de melodrama e psicanálise continua imbatível. Até Marguerite Duras, a autora de textos mais ásperos como *A Amante Inglesa* e *Douleur,* encontra seu dia de Edith Piaf ou Colette. Como o casal não é particularmente diferente nas velhas desavenças, a encenação depende bastante da química entre os intérpretes. Cabe à direção indicar a eles o passo além do obvio e do viés cerebral-discursivo da autora para se chegar à sublimação irônica e melancólica de, por exemplo, *Todas as Cartas de Amor São Ridículas*, de Fernando Pessoa (como Álvaro de Campos). Por outro lado, Duras, oferece ao casal um presente digno do teatro de Luigi Pirandello (onde se revela como um vê o outro e a si mesmo). Os momentos de introspecção quando aflora a secreta individualidade, a hora imponderável na qual a infidelidade pode estar no caso extraconjugal ou na mera ida solitária ao cinema.

São espetáculos convergentes com bons profissionais. A escolha do público provavelmente será feita em função de simpatias. *La Música*, com direção de Marcos Loureiro, sofre alguma dispersão imposta pelo palco dentro de uma arena. Xuxa Lopes tem afinidade com papeis densos e está à vontade. Hélio Cícero, em alguns momentos, recai em um jeito de entrecortar as falas que relembra sua criação do poeta em *O Fingidor*, de Samir Yasbek. Ambos, porém, acabam por se encontrar. Em A *Música Segunda*, o palco italiano favorece o clima dramático, e Leonardo Medeiros e Helena Ranaldi demonstram a sintonia de atuações recentes na televisão. O diretor José Possi Neto achou melhor colocar junto com eles dois bailarinos que coreografam contrapontos ao que dizem (Ana Luisa Seelaender e Leonardo Hoehne Polato). Em um e outro, nada triste em demasia e, seguramente, nada de ilusões. Quem sabe a vida na sua injusta e inevitável medida.

Les Demoiselles e Mansões Celestes:
Novidade, Poesia e Mistério no Subsolo do TBC

29 de janeiro de 1993

Duas peças curtas, uma delas com 27 minutos exatos, repercutem na temporada com um toque de novidade e mistério. Há alguma coisa de totalmente inesperado em *Les Demoiselles* e *Mansões Celestes*, o legado irônico e muito pessoal de Celso Luiz Paulini, um dramaturgo que trabalhou sempre um pouco por fora da profissão, e faleceu o ano passado. Um pouco por fora porque Paulini, professor de literatura brasileira, parece que nunca se empenhou na carreira de modo convencional. Despediu-se com uma dramaturgia requintada em que pesquisas histórico-literárias (Proust se confundindo com Allan Poe) estão impregnadas de alusões psicanalíticas. Um *teatro diferente* da tradição local e mesmo latino-americana, no geral, afora o já quase clássico *A Noite dos Assassinos*, do cubano José Triana. As duas peças tratam de perversões, ou distorções psicóticas, debaixo do mais ameno cotidiano. Em *Demoiselles*, duas mocinhas, que na aparência seriam figurantes de *Em Busca do Tempo Perdido* (ou protagonistas empoadas de *Mme. Delly*), fazem bordados, dizem banalidades entremeadas de perfídias familiares e, de repente, o terror se instaura. O biombo coloquial esconde uma aberração criminosa no cenário parisiense do começo do século. O público mal se refaz do espanto diante do desenlace das raparigas em flor e é remetido para as profundezas geográficas e psicológicas de uma Minas Gerais encontrável nos romances de Autran Dourado e Lúcio Cardoso.

Ambientes católicos, sensações pesadas de culpa e assuntos de família mal-resolvidos. Dessa vez o enredo é conduzido por dois adolescentes, primos, que se reencontram no velório do avô. Um deles vive no Rio e está ávido de tudo, o que inclui sexo. O outro ficou na província e mergulhou para dentro de si mesmo. E, de repente, o terror novamente se impõe. Celso Paulini consegue, com duas historietas, unir forças antagônicas: poesia e violência; nostalgia e ódio; ingenuidade e maldade deliberada.

O mérito da montagem está no trabalho de direção de Marcelo Galdino, que não se preocupou em gastar tempo para atingir o máximo de rendimento cênico. Criou duas sequências precisas, dois jogos de interpretações impecáveis e ainda se desincumbe de um deles ao lado de Flávio Quental. Em *Demoiselles* os atores usam o recurso do travesti sem caricatura óbvia, sem deslizes e gratuidades. Representam mulheres para tornar tudo mais estranho ou inquietante. Considerando-se que Marcelo e Flávio são atores jovens e de carreira recente, o resultado é admirável. Quase escondidos no subsolo do TBC, eles realizam um espetáculo que é pura surpresa.

Liz
Ilhas na Torrente da História

Em uma foto de 1976, Fidel Castro, imponente aos 50 anos, segura braços o filho de Pierre Trudeau, então primeiro-ministro do Canadá, país que não aderiu ao embargo a Cuba imposto pelos Estados Unidos. Hoje sabemos como ele está depois de mais de 40 anos de poder. A Rainha Elizabeth I da Inglaterra (1533-1603) governou por exatos 45 anos. Fidel liquidou com uma ditadura, Elizabeth abriu o país para o comércio internacional e o transformou em uma potência (a Bolsa de Londres opera desde 1506). Em linhas gerais, pode-se dizer que ambos se aproximam na obstinação quase mística pelo poder ao se verem como garantidores da existência nacional. O reverso desta imagem portentosa é o exercício da violência e a solidão. Nesse fio de história e espada transita a peça *Liz*, do cubano Reinaldo Montero, encenada por Rodolfo Garcia Vázquez com *Os Sátyros*.

É mais uma das audaciosas criações do grupo que completa 20 anos com energia e inquietação, qualidades maiores que os possíveis enganos cometidos. O teatro poder errar porque mobilidade e risco são da sua natureza; o palco não mata ninguém. Já trono e as revoluções (sobretudo quando envelhecem) oprimem e matam por certezas salvacionistas e a presunção de serem insubstituíveis. Elizabeth teve grandezas e crueldades. Foi a soberana de uma ilha como Cuba, e Montero sublinha essa similaridade no enredo que trata da proximidade do artista com o poder. O texto prolixo acumula fatos históricos em sequência acelerada que não se apreende de imediato (as relações entre Inglaterra e Espanha no século 16, as sangrentas questões político-religiosas entre os católicos e protestantes dos dois países e entre a Inglaterra e Escócia governada por Mary Stuart, prima de Elizabeth).

Entre beneficiários e vítimas desses embates estão Walter Raleigh, o predileto da rainha, mistura de empreendedor e oportunista, e o dramaturgo Christopher Marlowe que integrou a rede de espionagem real sendo morto de forma nebulosa. Há varias possibilidades de aproximação desses fatos à história mais recente. No Brasil, estranhou-se a amizade do poeta Manuel Bandeira com o general Castelo Branco e de Nelson Rodrigues o general Médici. Em Cuba há casos parecidos e opostos, como o do romancista Miguel Barnet benquisto pelo regime e o doloroso exílio de Guillermo Cabrera Infante, que morreu na Londres de Elizabeth, longe da terra que é o cerne de sua grande obra. Fidel não pode ou não quis ter um gesto de concórdia em relação ao ex-companheiro, o autor de *Três Tristes Tigres*, *Havana para um Infante Defunto* e *Mea Cuba*. O mesmo sedutor Fidel da foto com uma criança. É perigoso ao artista se deixar levar por tais seduções (Marlowe), como é conveniente aos ávidos de poder (Raleigh).

É por aí que vai a alegoria de *Liz com* cenas de impacto, outras vagas. O espetáculo navega entre o circo, a paródia e certa provocação. Pela primeira vez, salvo engano, cenários e figurinos atrapalham *Os Sátyros*. A saturação de cores e panos sob uma iluminação precária dá a impressão de mau acabamento. Não chega a ser *patchwork* inglês e nem tem as magníficas cores e formas barrocas do pintor cubano René Portocarrero.

Se deixados de lado os envelhecidos gestos sexuais *transgressivos*, a representação é vibrante. Cléo de Páris (Elizabeth) tem beleza e ímpeto. Cresce nos momentos de alta tensão enquanto deixa escapar a nuança nos momentos coloquiais. Ela ainda precisa domar os momentos de voz incolor. Mas Cléo é um temperamento dramaticamente forte, aqui em parceria com a presença cênica irônica e audaciosa de Germano Pereira (Raleigh). Ivam Cabral, ator símbolo do grupo, dessa vez cede espaço aos colegas, mas sempre se impõe. Há elegância e força em Brigita Menegatti (Mary Stuart), simpatia na versatilidade de Fábio Penna. Enfim, elenco nunca foi problema para *Os Sátyros,* agora em uma produção exterior à sua sede na Praça Roosevelt, o que é um passo adiante na sua aventura de duas décadas. Se nada é muito claro em *Liz,* isso pode ser o reflexo da Inglaterra de antes e da Cuba de agora.

A Lua que Me Instrua:
A Lua Brinca com Audácia

13 de janeiro de 1993

A força de *A Lua que Me Instrua* não está na declarada intenção de investigar o universo feminino a partir de textos de escritoras célebres e alguns pensadores como o estranho romeno Cioran. Esse enfoque pode até conduzir o espectador a uma decepcionante confusão. O melhor do espetáculo, em termos de proposta para se aceitar ou não, é a pesquisa de linguagem corporal colada à busca do humor, geralmente pela via *nonsense.* As seis atrizes em cena interpretam suas falas com um mesmo ritmo ou jogo de nuanças que não oferece oportunidade para uma diferenciação entre o que é de Anaïs Nin ou Adélia Prado. Tudo é uma criação da diretora Ana Kfouri e de um elenco interessante.

O que está bem mais próximo do real, o que é visível mesmo, é a ideia de Kfouri de trabalhar o corpo e as emoções que dele surgem. É, portanto, uma montagem experimental, nem sempre compreensível, com instantes cômicos, outros comoventes, que poderia dispensar, enfim, o suporte de nomes impactantes, sejam Nietzsche ou Clarice Lispector. Na realidade, com a sua experiência de coreógrafa e bailarina, a diretora está evidentemente à procura de uma comunicação gestual mímica, acrobacia e alguma dança. Somou a esse trabalho específico os efeitos vocais (gemidos, gritos, vocalizações desconexas) e, enfim e também, uma linha interpretativa. A representação surge em pequenos e bons solos das atrizes.

Instantes entre o poético/patético da octogenária sofrendo com a persistência do desejo erótico e os engraçados protestos de uma desiludida com um certo alguém de olhos de azeviche.

A Lua que Me Instrua é um espetáculo simpático na sua audácia jovem e brincalhona. A curta duração – uma hora – evita que a tendência para o hermetismo, que flutua aqui e ali, chegue ao extremo da monotonia. São mulheres com trejeitos de marionetes e repentes de seres humanos, um duplo e, às vezes, dúbio projeto teatral que tem, ainda, a seu favor, outros elementos positivos. A música de Mário Vaz de Mello, por exemplo:

inesperada e contundente, e os figurinos de Samuel Abrantes que alternam o esportívo-circense e o elegante-sensual.

Ana Kfouri tem o mérito de arranjar esses elementos, provocantes juntamente com seis atrizes de temperamentos e tipos físicos distintos, que prendem a atenção. Estão presentes para expor com gestos partidos, olhares, dores e alegrias essenciais da mulher. Usam até, com todas as letras, o nome popular do órgão sexual feminino, deixando claro que, entre a fisiologia e a alma, se passam coisas singelas ou banais, mas dignas de atenção. Nem melodrama nem a virulência de Camile Paglia. Um meio-termo com ternura e bom humor.

Maria Stuart:
Rainhas em tronos manchados de sangue

25 de setembro de 2009

Maria Stuart é, sobretudo, um dueto das excelentes atrizes Julia Lemmertz e Lígia Cortez como rainhas naqueles instantes que o historiador inglês Eric Hobsbawm define como *ironias da História*. Na realidade, foi bem mais. Trata-se de uma disputa sangrenta pelo poder, no coração do século 16, transformada por Friedrich

Schiller em um drama de grandes conflitos individuais inseridos num fundo social, segundo observou o poeta Manuel Bandeira, autor da tradução. Como não teve a intenção de fazer registro episódico detalhista, tomou liberdades na abordagem dos fatos transcorridos entre 1558 e 1603. A opção é favorável ao espectador atual, sobretudo o não europeu. Certos enredos, como os de Shakespeare e Schiller exigem quase um compêndio com as genealogias e infinidades de acontecimentos. Sofreriam o desgaste com o passar dos anos não fossem eles poetas empenhados nos sentimentos humanos atemporais. Schiller atira na voragem da ambição as jovens Maria Stuart e Elisabeth I respectivamente soberanas da Escócia e da Inglaterra (o Reino Unido, tal como conhecemos, hoje, é resultado posterior de engenharia política depois de muita violência de parte a parte. Menos cruel na construção deste Estado foi a inclusão do País de Gales, em 1536). Sangue azul nos embates de geopolítica opondo a Escócia, católica e sob a influência da França e Espanha e do Papa, à Inglaterra, protestante e na onda da Contrarreforma de Martinho Lutero. Não foram dias amáveis. Ambas se sentiam legítimas soberanas dos dois reinos, e se digladiaram em conspirações, acordos secretos, traições e mortes, muitas mortes. O medo rondava os palácios frios (Mary sofreu artrite apesar da rica tapeçaria para minimizar a umidade das paredes). O horror, por sua vez, atingia a população pobre e os soldados, dizimados aos milhares. O dia da Batalha de Pinkie, por exemplo, entre escoceses e ingleses (1547) ficou conhecido como *Sábado Negro*.

Um clima de ódio e ameaça perpassa a peça de Schiller, que concentrou a tensão dramática em Maria e Elisabeth. Cada uma tem eloquentes argumentos, expressos por personalidades femininas forjadas no senso da autoridade absoluta. O escritor, ainda tributário do romantismo, leva sentimentos íntimos ao limite do melodrama. É uma maneira de estabelecer painéis históricos. Estilos à parte, recurso parecido acaba de ser usado pelo inglês Simon Montefiore no poderoso romance *Sashenka (Ed. Objetiva),* dolorosa saga política de mulheres na Rússia, da Revolução Bolchevique ao terror stalinista e o fim da União Soviética.

O espetáculo de Antonio Gilberto segue o extenso original. Dramaturgia que por sua exacerbação pede equilíbrio cênico geral e intérpretes que a sustentem. O diretor, que tem respeitável currículo, lançou-se em um projeto temerário e alterna arroubos com seqüências diluídas. Parte do elenco masculino está deslocada nos papéis, faltando-lhe inclusive coerência gestual. Cenas entre nobres e militares se passam com atores em posição física distante da circunstância. Os soldados não são convincentes quando aparecem. Enfim, o ambiente palaciano não se estabelece em um cenário estilizado demais, materialmente precário e com iluminação que deixa de conferir relevo ao que se passa. Mesmo assim, Alexandre Cruz, André Corrêa e Mario Borges conseguem impor figuras masculinas importantes na intriga. O espetáculo se sustenta na grandeza da representação de Lígia Cortez e Julia Lemmertz. Temperamentos e tipos que se complementam na vibração emocional, são ora majestosas, ora vulneráveis ou tomadas de fúria. Elas continuam, com magnificência, uma alta linhagem teatral, filhas que são de Lilian Lemmertz e Lineu Dias e de Célia Helena e Raul Cortez. Se, no passado, uma rainha matou a outra, estas aristocratas do palco são, agora, vencedoras em pé de igualdade. Asseguram a força de Schiller ao oferecer um clarão da presença feminina através da história.

Medeamaterial

5 de janeiro de 1993

Há traços de ligação entre gregos e africanos, ou afro-brasileiros, que podem ser trabalhados poeticamente. A ideia de misturar as águas do Egeu com o mar da Bahia conquistou o encenador Márcio Meirelles e o Bando Teatro de Olodum, de Salvador. Arte de misturas e complementações transporta o tema de Medeia, a tragédia de Eurípides, para o caminho do imaginário dos negros. Além da audácia da proposta histórico-antropológica, a montagem demonstra invenção cênica. O resultado é colorido, emotivo. E, também, irregular.

Medeia é a mulher que, ao se ver traída e rejeitada pelo antigo amor, provoca uma desgraça familiar que a torna o arquétipo da fúria feminina. São mitos e símbolos milenares reelaborados em *Medeamaterial* pelo dramaturgo e poeta alemão Heiner Müller, com uma visão contemporânea pessimista. A esta combinação um tanto complexa, o Olodum acrescentou africanidade. Nem tudo deu certo.

O texto de Müller apresenta imagens fragmentadas de um mundo caótico – possivelmente a Europa/Alemanha em crise. Necessitam de equilíbrio cênico para ser compreendidas. Um jogo de interpretações mais elaborado. A encenação confia, e em parte se esgota, no forte apelo visual. São muitas linguagens, vários códigos de cena e, no centro do tudo e de forma nem sempre clara, a vingança de Medeia. Berlim atrapalha. Um prólogo exaltado, mas sem transcedência atrapalha. O ator Guilherme Leme, atuando ausente, em câmara lenta, estabelece falsa expectativa.

Mas há o desempenho de Vera Holtz e a magia aparece. Inteiramente tomada pela personagem, criando com a voz e os gestos um clima de grandeza, ela instaura a força da tragédia grega. O que antes poderia ser mero efeito ou equívoco atinge, finalmente, dimensões de cerimonial transcendente. Vera Holtz e os meninos atores e percussionistas do Olodum fazem a poesia do espetáculo.

Mediano:
Cinismo na Sala, Falta de ética no País

4 de junho de 2009

O título *Mediano* é acertado, mas o espetáculo poderia ser chamado de *Superior* graças ao ímpeto cômico-dramático do ator Marco Antônio Pâmio. Estamos diante de um desses casos em que o interprete conduz a encenação para um plano artístico maior. Pâmio impõe ao realismo do enredo um oportuno tom de absurdo para o que se tem de ouvir. Complementa em chave delirante o texto de Otávio Martins, autor que surpreende com novidades no cansado tema *a crise nacional*. A situação do país é tão pastosa que pode arrastar ao vácuo qualquer crítica que se lhe faça. Otávio, porém, arma uma sequência de flashes certeiros, golpes exatos ao montar uma visão panorâmica de 30 anos de história Brasilis em que tudo é dito sem lamúria ou prolongamentos além do sabido. É preciso uma estratégia hábil de escrita quando se vai narrar o que a cidade/ capital, Brasília, acolhe, esconde e promove. A saber: a falência do ideal da coisa pública (*res publica*) e o aviltamento do sistema parlamentar. Pior – irradia a tentação das soluções extremas como revolução errática, bonapartismo ou a odiosa tutela militar.

Política está tão associada a descalabro que hoje se lê mais rapidamente o jornal. Este sentimento está se disseminando alerta o historiador Boris Fausto na seção *Espaço Aberto* de *O Estado* (31.5.09): *Acredito que muitos leitores deste jornal façam como eu. Leio os títulos da primeira página e vou direto às matérias internacionais e algumas outras, mas penas passo os olhos que tratam da política nacional. Irrelevância do tema? De modo algum. Essa leitura reflete um sentimento de cansaço, decorrente da repetição de eternos problemas quase nunca solucionados.* O historiador conclui que a crise das instituições é *um obstáculo para que o País se torne, sem ilusões, uma democracia madura.*

O fato é que a opinião pública atual tem baixo efeito. Acabou-se a ilusão literária do *ridendo castigat mores* – a divisa latina, adotada por Molière, de castigar os maus costumes pelo riso. Os comediógrafos que se cuidem. São sutilmente ignorados, glosados ou docemente assimilados. Enquanto dramaturgo, Otávio Martins escapa, ainda, da cilada obvia ao introduzir a questão existencial na história. As pessoas em geral se perguntam se suas vidas valem/valeram alguma coisa ou tudo é/ foi apenas vasto nada. *Mediano* coloca em cena um homem fruto da mentalidade social parasitária que prevê a faculdade, mesmo contra a vontade, buscar um emprego público, e se encostar. O resultado é a vida como na canção *Panis et Circenses,* de Caetano Veloso: *Mas as pessoas na sala de jantar/São ocupadas em nascer e morrer.* O personagem até teme semelhante destino, mas faz uma opção torpe. Transforma o tédio em cinismo e escala o chamado *sistema*. Acaba serviçal de polítco duvidoso, *o homem da mala*, e lobista em Brasilia. Calhorda movido a *pó* e limítrofe entre o suicida e o absoluto psicopata. O autor conta, assim, o ultrassabido, mas acrescentando o laivo de loucura diferente da sátira superficial. Há pontos discutíveis como usar o homossexual, eterno bode expiatório, como um dos sinais de família em crise. Mesmo que involuntariamente, há algo conservador por aí. Também não faz sentido um oportunista venal e protegido dar um tímido passo atrás e se casar com a mocinha que rejeitara. Cacoetes de certa tradição cômica que não afetam o apanhado geral da trama. A força do espetáculo resulta dos bons elementos que o compõem. É perceptível a mão de mestre do diretor Naum Alves de Souza, também o conhecido dramaturgo dos desajustes no interior da doce tirania familiar. A música bonita e calma faz contraste com os momentos de fúria e exasperação. Pâmio revela maestria em dosar impulsividade e desalento ao encarnar diversos papéis: membros da família, chefes, mulheres e, no fundo e finalmente, o *mediano*. Lamentável zé-ninguém que, via corrupção, ajuda a contaminar o presente e o futuro de um país. Comemora desta maneira seus 25 anos de respeitável carreira em um crescendo de emoção que ilumina *Mediano*.

A Mosca Azul:
Mosca Azul Voa Acanhada

12 de julho de 1992

Numa época em que meio mundo literário engalfinhou-se em polêmicas para saber se, afinal, Capitu, a desejável e mormacenta personagem de Machado de Assis, foi ou não foi uma mulher infiel, a Cia. Teatral Galhofa e Melancolia reúne e condensa dois outros clássicos machadianos: *Memórias Póstumas de Brás Cubas* e *Quincas Borba*. Os dois textos, adaptados por José Antônio de

Souza (*Oh Carol!* e *Crimes Delicados*), têm como elo *A Mosca Azul*, conhecido poema de Machado. O projeto é audacioso ao propor a simplificação de um autor detalhista, criador de situações ambivalentes, onde as coisas se passam entre a meia-voz e a meticulosa ironia. Machado de Assis é sempre um enredo e o clima desse enredo. A transcrição cênica dos acontecimentos fatuais não chega a ser desafio intransponível; já o que está nos sorrisos e nas indagações interiores dos personagens é dificílimo. *A Mosca Azul*, encenação teatral, também se enredou nas asas ilusórias da mosca azul do poema. Sonhou grandezas que não alcança. Não cai, porém, na derrota: é uma brava tentativa e o resultado tem a sua graça.

Joaquim Maria Machado de Assis (1839/1908) é uma esfinge, um assombro e uma maravilha da literatura brasileira. Mestiço, pobre, feio e tímido, construiu uma obra que os melhores autores da literatura contemporânea trazem na cabeceira. Registra o cotidiano e os mal-disfarçados atritos de classe na fase imperial da vida carioca. Nesses romances de capítulos curtos há um prodígio de observação da psicologia humana. O espetáculo não consegue transmitir o sutil subtexto dos romances. O diretor e adaptador escreve no programa que o nosso escritor poderia ter sido um Checov. Digamos que exagerou um pouquinho. Tudo isso não impede que a montagem tenha uma coleção de saborosas cenas e figuras machadianas: Brás Cubas e suas conveniências amorosas, Rubião contemplando enseadas numa loucura mansa e triste. Sonhos de poder, títulos e fulgurações na corte.

Mas, para representar esse universo denso e intenso, a direção teria de dispor de recursos materiais e bastante audácia. Como se trata de um espetáculo itinerante, apresentado anteriormente em escolas, optou-se por uma redução drástica de aparato cênico. O que resulta, às vezes, acanhado, como a sofrível iluminação.

O diretor teve mais inventividade na parte gestual: o elenco faz poses de caricatura como nos desenhos de J. Carlos em revistas antigas. E contou com um bom elenco. Todos têm seu instante inspirado, uma composição que brilha mais. Quando os *galhofeiros melancólicos* pensarem em Lima Barreto já terão em Gésio Amadeu o intérprete adequado para o sofrido Afonso Henriques, autor de *Policarpo Quaresma* e *Gonzaga de Sá*.

A Noite mais Fria do Ano:
A Noite mais Fria do Ano Reconta o Amor em Tempos de Internet

A Noite mais Fria do Ano, uma história de casais, amores e desamores, contém parte do realismo peculiar de Marcelo Rubens Paiva. Nos seus livros e crônicas ele parece avançar em linha reta decidido a não desviar da pedrada, da flechada cruel que vem em sentido contrário. Porque ele sabe que é difícil – ou impossível – se viver com a mente quieta. Isto desde o começo quando expôs sua história em *Feliz Ano Velho* (vamos partir da ideia que o livro, peça e filme não precisam ser explicados). Como é uma pessoa que decidiu viver contra a derrota e contra a amargura, armou-se de um humor autoirônico, manso-feroz, e vai em frente. Escritor na chapa quente, na cinza das horas, da graça possível e do olhar contínuo sobre o amor na contramão. É o que ele oferece nesta peça em que o caos nas relações humanas é quase regra embora, como sempre, paire no ar a esperança de algo melhor. Desanimador? Não. É aí que mora a força da sua dramaturgia. Poesia, sim, crenças vãs, não.

Em cena estão homens disputando a mesma mulher; ou, no avesso, uma mulher tentando se achar entre dois homens. Esta conversa, quando se descuida, escorrega no *esse papo já tá qualquer coisa*. Só que Marcelo não é de andar em círculos e seu humor agridoce mantém o enredo sob pressão. Tudo o que já se viu numa relação a dois parece estar sendo contado de um jeito meio ao contrário. E está. Deixa a impressão de história psicológica que tem nas dobras alguma observação social. E tem.

Na primeira sequência, o diálogo ocorre entre publicitários, ou jornalistas, em acerto de contas quanto ao trabalho. De repente a coisa é outra, um assunto sexual que se desenrola com um toque de grotesco (hora em que a mão do autor pesa em gosto duvidoso).

A conhecida árvore nua de *Esperando Godot* – a única testemunha do nada na peça de Beckett - aqui se transmuda, prosaica e divertidamente em uma barraca de coco. O vendedor parece meio ausente (mas só meio, e isso faz diferença). Da conversa sobre a profissão, os rivais passam para a batalha do ciúme, traição ou, quem sabe uma simulação. Aliás, a falsa aparência, o autoengano e o erro de cálculo são possíveis *A Noite mais Fria do Ano* que trata de um tempo em que o amor pode ser real ou virtual. A paixão continua idealizadamente a mesma, mas o próprio dramaturgo avisa que os afetos estão cada vez mais flexíveis, alimentando a insegurança. É disto que Marcelo Rubens Paiva entende e coloca no em seu teatro em forma de pergunta: *Se hoje vivemos em redes virtuais, que aproximam e afastam as pessoas, somos capazes de manter laços fortes?*

O espetáculo é o retrato desta fugacidade, ou um lamento. Afinal, se tudo parece hoje mais justo no amor sem as condicionantes sociais e familiares de antes, por outro lado o não compromisso e a facilidade das trocas insinuam algo meio androide, um sadomosaquismo *light*. Marcelo não teoriza, mas suas frases são carregadas de significados paralelos à ficção.

A Noite mais Fria do Ano é uma tentativa de teatro dentro do teatro. Ou seja, na segunda parte é revelado que tudo o que aconteceu é o ensaio de uma peça. O que não impede o óbvio de os artistas também serem passíveis das mesmas desditas e erros do personagem. O jogo poderia ser mais interessante, mas se dilui um pouco porque o elenco se esquece que ali todos continuam artistas mesmo quando em atitudes de atores fora dos papéis. O foco narrativo perde a força, recuperada, felizmente, a seguir. Todos intérpretes estão inteiros em diálogos pontiagudos em alta velocidade numa economia de gestos de histórias em quadrinhos. É um bom momento de Hugo Possolo, Alex Gruli, Mário Bortolotto e Paula Cohen. Como diretor estreante (com o apoio da atriz Fernanda D´Umbra) Marcelo começa bem.

E quando a luz se apaga, uma evidência se acende. Se antes (foi ontem) os compromissos conjugais poderiam criar o tédio, a imensa liberdade atual aparentemente atual traz o vazio. A temperatura da vida abaixa. Em algum lugar alguém estará cantando Lobão ("Chove lá fora/ e aqui tá tanto frio/Me dá vontade de saber/Aonde está você?). Marcelo Rubens Paiva é outro poeta desta velha vida nova.

Pantaleão e as Visitadoras:
Uma Visão muito Apoteótica de Vargas Llosa

7 de novembro de 1990

Mário Vargas Llosa, como o mundo sabe e a divulgação do espetáculo *Pantaleão e as Visitadoras* salienta, é *um grande contador de história*. Só esse mérito bastaria para que a sua glória fosse justa; mas ele é mais, é um recriador da arte do romance, dotado de sofisticada técnica que lhe permite transgredir as convenções de tempo e lugar, usar superposições e cortes narrativos, enriquecer, enfim, o seu enredo com recursos surpreendentes. O que significa ao mesmo tempo densidade e nuanças a cada página e em cada personagem. O que Llosa transmite é repleto de climas, sutilezas de humor e nostalgia Sua crítica social e política não está exposta com obviedade, ela se passa por estados de espírito e crises individuais. É assim que o ficcionista faz uma literatura sobre e a favor do Peru e, em decorrência, de boa parcela da América Andina, Sua primeira experiência teatral, com *A Senhorita de Tacna*, resultou no Brasil em uma linda encenação realizada em 1981, no Rio, por Sérgio Brito, com Tereza Rachel e Walmor Chagas.
Com tanta humanidade, tanto humor e ironia, era de se esperar uma montagem centrada exatamente nos subentendidos e no que está só

implícito. O trabalho com o deboche, o grotesco e o ridículo, supõe-se, teria alguma semelhança com o sorriso do escritor, que é aberto, mas sem esconder a seriedade final da expressão. Esses dois movimentos traduziram muito da essência de Pantaleão. Ocorre que o diretor Ulysses Cruz aprofunda cada vez mais o seu lado de diretor de espetáculo, principalmente no aspecto visual, esquecendo a sonoridade do texto e as possibilidades do elenco. O talento do encenador está mergulhando no tipo de esforço que os carnavalescos fazem para arquitetar um desfile. A grandiosidade da forma não foi posta a serviço de pessoas-intérpretes e de uma ideia poética verbalizada, mas, ao contrário, trabalha para uma espécie de síndrome de Spielberg: tirar o fôlego do espectador a todo custo.

Pantaleão tem um enredo simples: um militar peruano é destacado para providenciar, disfarçadamente, o envio de prostitutas, ou visitadoras, para acalmar a indocilidade de tropas perdidas nos altiplanos ou nas bordas das selvas amazônicas. Tarefa vulgar e absurda que se pode resumir rapidamente. O que interessa, no entanto, é a maneira de narrar o fato. O diretor atirou para os meios-tons e partiu para a chanchada apoteótica. É tudo previsível porque se resume em exterioridades. A alma da escrita de Vargas Llosa não está ali. Prevalece o deslumbramento de inventar truques sem conteúdo. Apenas um exemplo: o radialista do original foi transformado em um agressivo disc-jóquei em um estúdio-jaula. Só que o ator não tem técnica vocal para impor o personagem (o mesmo acontece com os militares da história). O espetáculo geral, sobretudo a cenografia, é o que conta. Não houve tempo para os artistas. Mesmo assim, Luís Henrique, continuando uma linha caricata que inventou há tempos, compõe figuras convincentes; e Mara Carvalho tem beleza e sensualidade, importantes para o papel, e se entrega com energia à representação. São iluminações dentro de uma maratona *high--tech* com intenções cômicas, distante do mundo caloroso e paroquial imaginado por Llosa.

A Partilha:
Comédia Delicada sob a Regência de Falabella

23 de maio de 1991

Com autoria e direção de Miguel Falabella, *A Partilha* é uma peça sobre a morte com um enfoque sensível e elenco feminino tão famoso quanto competente.
Se *Ghost* pode, Miguel Falabella pode. Uma comédia sentimental em que a morte perde o lado pesado para se tornar doce nostalgia e intenso,

sofrido, doce e, enfim, redentor reencontro entre quatro irmãs. É tudo que se quer, um pouco de humor e delicadeza.

Em *A Partilha*, as irmãs se juntam no velório da mãe. A reação a essa morte define o que a vida fez de cada uma e o que cada uma fez da vida. Uma é explicitamente suburbana e escandalosamente carente. Outra é de uma frivolidade limítrofe da debilidade mental; a terceira é um *mix* das duas anteriores. E a quarta é a figura sensível e algo misteriosa que o autor tira da cartola para dar o toque diferente à família. Do sepultamento elas passam à partilha dos bens e da casa e, nesse jogo, as memórias mais antigas, as evocações da mocidade se processam numa sucessão doce-amarga de fatos que pertencem ao universo psicológico da velha e boa classe média brasileira. Miguel Falabella surpreende pela habilidade em construir sua peça, cuidando de cada personagem e orquestrando a intervenção isolada ou conjunta das irmãs numa arquitetura teatral amadurecida e na linha de humor e temática que Oduvaldo Vianna Filho e Domingos de Oliveira desenvolveram com talento no teatro e no cinema. O autor tem o mérito de fazer comédia sem usar dois clichês insuportáveis: adultério e preconceito ou caricatura sexual. Na direção, Falabella conduz quatro atrizes realmente do ramo. São engraçadas, simpáticas e, mesmo vez ou outra trabalhando no piloto automático, sabem do charme que possuem e da simpatia prévia do público por nomes como Susana Vieira, Yoná Magalhães ou Arlete Salles. Susana é a única delas que frequentemente perde a mão do traço do personagem. Ri demais e idiotiza demais a sua perua tresloucada.

Mas o espetáculo tem um presente inesperado para todos. A aparição de Thereza Piffer, jovem atriz que estabelece no olhar melancólico e nos gestos contidos momentos brilhantes de interpretação. *A Partilha* não se esqueceu nem de um pequeno *show* de cenário e das músicas infalíveis dos tempos que cismaram de chamar de anos dourados. Nem tudo é perfeito, já dizia Joe Brown, na cena final de *Quanto mais Quente Melhor*.

Pedreira das Almas:
Pedreira de Vontades e Resistência Política

Em *Pedreira das Almas,* uma cidade resiste a uma ocupação policial-militar enquanto uma família honra seu morto a todo custo. Jorge Andrade, o autor, quis escrever uma peça com os contornos da tragédia grega, e conseguiu. Vale o registro porque muitos afundaram na empreitada, o que confirma as qualidades do notável dramaturgo paulista (1922-84) que o Grupo das Dores do Teatro, de alguma forma descendente do Tapa, e fiel à sua solida linha estética, foi resgatar de um semiostracismo desconcertante e desafiador. Ainda vai se estudar a resistência do público teatral, urbano por definição, aos temas rurais. No cinema, de *Pagador de Promessas* à *Baile Perfumado*, o assunto passa. No palco, não (afora exceções bem específicas, algum regionalismo gracioso/musical, poético e/ou picaresco.)

Nesta obra o enredo abrange duas vertentes: a da insubmissão política de regiões brasileiras, em épocas diversas, ao 2º Império. No caso, a quizília, em 1842, envolvia posições e interesses dos dois partidos dominantes: o Conservador e o Liberal. Divergência de elites de São Paulo e Minas Gerais, tendo como massa de manobra alguns bem-intencionados de sempre e povo miúdo, e, abaixo dele, os negros escravos. Embora envolva nomes muito citados, como o padre Diogo Feijó, Teófilo Otoni e Caxias, pensando bem, quem se lembra disso? A desmemória nacional mataria o texto de Jorge Andrade no nascedouro não fosse ela um forte painel humano com elementos trágicos. O poeta falou mais alto, sobretudo na segunda vertente da peça: a do esgotamento do ciclo de ouro e diamante em Minas Gerais. No declínio econômico do minério está uma das origens da expansão e apogeu cafeeiro de São Paulo que teve em Andrade seu melhor artista (como, antes, Jorge Andrade no ciclo do cacau,

Bahia, e José Lins do Rêgo, da cana de açúcar, Paraíba). Foram os pioneiros vindos da região de Alfenas, desde o século 19, criaram municípios paulistas como, exatamente, Mineiros do Tietê. A ação de *Pedreira das Almas* condensa, portanto, duas linhas de força: a guerra civil, política, e a de temperamentos, psicológica. O comandante do Império, com ordem de achar um foragido mesmo que reprima a população que o esconde, e a fortaleza moral, com seu viés autoritário, de uma matriarca com traços de Bernarda Alba, de Lorca. As filhas, familiares e outras mulheres compõem o coro que ecoa e comenta os acontecimentos. Teatro solene do título aos diálogos que parecem cânticos de igreja (música de Fernanda Maia) e pronunciamentos históricos, o que exige maleabilidade e perícia do encenador e do elenco. Brian Penido Ross, além de ser um dos atores fundamentais do Tapa tornou-se um diretor seguro dentro dos mesmos parâmetros estéticos exigentes estabelecidos neste núcleo artístico por Eduardo Tolentino de Araújo. São 25 intérpretes em afinada sincronia de movimentos e coesão dramática. Em algum breve momento, no entanto, há certa confusão no quem é quem quando os papéis se alternam (soldados/moradores). Duas atrizes carregam as maiores responsabilidades. Zeza Mota, que usa sua experiência para compor Urbana, a líder da comunidade, e

Paloma Galasso, um bonito talento que se afirma como a filha apaixonada pelo homem perseguido pelo governo. Assim, com impulso e nitidez, a poética cênica de Jorge Andrade volta a luzir nas vozes e vontade de jovens criadores do teatro surgido recentemente na Universidade Anhembi Morumbi e que chegam ao profissionalismo.

Pigmaleoa:
Pigmaleoa **Lembra Martins Pena**

17 de setembro de 1993

Pigmaleoa é do tempo de Lúcio Alves, quando um samba de Billy Blanco citava Tereza e Dolores na certeza de que todo o Rio sabia de quem se tratava. Lúcio morreu outro dia, Tereza de Souza Campos é uma lenda discreta na crepuscular alta sociedade carioca. E Dolores, ex-senhora Jorginho Guinle, nem mora mais no Brasil. Deste simpático anacronismo Millôr Fernandes fez uma comédia. Tudo gira em torno de uma exuberante e falida moradora do último casarão de Copacabana às voltas com a sobrinha que foge de Minas e outras atribulações. Na estrutura, o enredo presta homenagem à comédia de costumes de Martins Pena, Arthur Azevedo e outros. Tudo velho, Brasil católico e malicioso ao mesmo tempo, o que não impede Millôr de deixar uma marca humorística um pouco amarga, agressiva e sempre interessante.

O espetáculo é pura reminiscência, a começar pelo cenário entre *O Crepúsculo dos Deuses* e a revista *O Cruzeiro. Art déco*, neoclássico duvidoso e muita saia rodada participam. Para dar vida a estas situações é importante uma atriz forte acompanhada de intérpretes que sabem colorir personagens episódicos. O diretor Jacques Lagoa, experiente na comédia, tomou as providências. Paulo Hesse dá um recado humorístico marcante. O elenco, que vai da simpatia de Zenaide à tarimba de Elizabeth Gasper, segura o tema em torno da protagonista Glória Menezes. É curioso ver uma profissional que se consagrou na televisão numa situação em que não há *close* nem cortes favoráveis. O gigantismo do palco/cenário e o das roupas não lhe são favoráveis. Mesmo assim, ela se impõe. Tem a simpatia dos sedutores conscientes. Não se sabe se os tropeços no texto decorrem de displicência ou da readaptação ao palco. *Pigmaleoa* é uma comédia de família. Fala de um Rio em que Maneco Müller, um rapaz bem, deixou o futebol de praia para brincar de Jacinto de Thormes, o colunista rival do Ibrahim. Se você não sabe o que esta gente significa, não tem importância. Glória Menezes, como uma espécie de Nina Chaves, outra cronista da época, explica.

Procura-se um Tenor:
Procura-se um Tenor, Encontra-se o Riso

6 de setembro de 1992

Uma comédia que pode derrubar o espectador da cadeira de tanto rir é uma felicidade. *Procura-se Um Tenor* tem dessas coisas. Ao autor, Ken Ludwig, o público só fica devendo a boa ideia de uma situação absurda em que um tenor italiano é impedido de se apresentar na estreia, e o empresário inventa um substituto. No mais, o texto é, só, pretexto para Juca de Oliveira, Fúlvio Stefanini e Cassiano Ricardo fazerem o diabo em cena com a ajuda, sempre engraçada, de Francarlos Reis. Se a peça exige duas mulheres sedutoras como *vamps* da *art déco* e elas estão presentes e convincentes, Suzy Rego e Nina de Pádua, então não falta mais nada. Ou melhor, o que eventualmente faltar para as últimas trapalhadas, as experientes Analy Alvarez e Débora Duarte se encarregam de providenciar na correria certa.

O teatro de divertimento é modesto nas pretensões e generoso na retribuição. Não tem tese fundamental sobre coisa alguma, mas pode ser um excelente observador de épocas, pessoas e costumes. Quando está despido do ingrediente conservador já clássico, que são as situações de adultério que favorecem o homem, é uma arte que conserva um leve sopro do improviso e da liberdade circenses. A plateia ri porque o cotidiano é alterado por fatos corriqueiros que se aceleram. É a magia banal do tombo na casca de banana. *Procura-se um Tenor* tem a sua chave na troca de identidades, outro recurso infalível. Numa São Paulo da década de 1930, o tenor italiano, depois de criar todos os problemas a que um astro se permite, é trocado por um tímido cantor principiante, namorado da filha do empresário capaz de qualquer desatino para evitar o fiasco do recital. O tenor é Fúlvio Stefanini, que tem tipo, verve e um sobrenome que já diz tudo. Juca de Oliveira é o empresário com bigodinho de Ugo Tognazzi e a cabeleira branca do ministro Paulo Brossard. Eles entram em cena e o teatro explode em comicidade. Mas, ainda, tem mais. Cassiano Ricardo, que aparece como um Clark Kent desengonçado, incorpora uma versão caricata de Robert de Niro e faz do seu candomblé histriônico uma revelação. Em dado momento, são dois tenores vestidos de Otelo, um sem saber do outro, batendo portas e entrando em armários.

O texto vacila nos momentos em que o excesso de episódios dispersa a atenção, mas não incomoda. Trata-se de obra que não viveria sem um elenco de primeira. A montagem paulista tem um grande elenco e a assinatura firme da diretora Bibi Ferreira. Até Beniamino Gigli e Tito Schippa, tenores de antanho, achariam divertido.

Rancor

18 de abril de 1993

Apesar da erudição que permeia seu entrecho, *O Nome da Rosa*, de Umberto Eco, também é um romance de mistério e intrigas. Sem qualquer outra comparação, a observação vale para os que se tenham apegado demais às notícias de que *Rancor*, de Otávio Frias Filho, foi inspirada numa tese do crítico literário norte-americano Harold Bloom sobre a *angústia da influência* que acomete os poetas, que sentem a necessidade de superar os seus modelos. A sofisticação da ideia inicial do dramaturgo não impede que a peça seja vista como uma luta entre vaidades, com assassinatos simbólicos, envolvendo intelectuais. Há um substrato culto e, quem sabe, cifrado no texto, mas ele avança mais. Mergulha na compulsão da implacabilidade com o deslize alheio e na amargura de pessoas que sofrem a vida em lugar de vivê-la. Há uma trama, um confronto justificando o tema neste teatro de grande agressividade verbal para retratar mundos interiores onde inteligência e mesquinharia se confundem. A chave de acesso ao que se passará (ou já se passou) está na fala inicial da história quando Leon, o jovem crítico, revela-se o anjo do rancor.

A ação envolve disputas entre dois críticos de gerações diferentes, um poeta depressivo, um jornalista sem escrúpulos e uma jovem fútil, um tanto cínica (personagem vago e não delineado com verossimilhança). Um mar de ressentimentos acadêmicos e oportunismo jornalísticos. O autor tem uma visão dura deste meio apresentado de um ângulo farsesco. Como tem o toque da transcendência, evita a polêmica menor. Chega sempre perto de possíveis situações verídicas, mas não o suficiente para que se caia no anedótico de vislumbrar os modelos das máscaras ficcionais. É um dramaturgo que resiste fora da imagem que criou na imprensa.

A montagem de Jayme Compri tem, no todo, a crispação do original, embora sofra do que se poderia chamar de ansiedade de estilo. De Tadeusz Kantor ao expressionismo alemão, há um pouco de tudo na encenação. Nota-se a tendência um tanto gratuita para os efeitos soturnos, os climas estranhos, um limbo atemporal numa terra de ninguém. O diretor deixou o elenco consagrado fazer bem o que sempre soube fazer enquanto se descuidou dos intérpretes inexperientes e sem técnica. O espetáculo está no talento excepcional de Sérgio Mamberti e Renato Borghi, sábios, plenos de sutilezas e até divertidos.

Bete Coelho é um caso atípico: impressiona apesar de não contracenar e repetir peças anteriores, parodiando Peter-Lorre. É um encontro quase impossível de três temperamentos fortes, o que permite ao público o prazer de assistir à transfiguração poética de tanta depressão e rancor.

Rimbaud:
Jovem Amuado Recita Poemas de Rimbaud

24 de novembro de 1993

O *Rimbaud* em cartaz na sala Dina Sfat do Teatro Ruth Escobar é um Jim Morrison de outros tempos. Belo, aventureiro e grande poeta. Esta mistura de literatura e vida pessoal agitada faz dele o mito alimentado pela necessidade europeia de fugir ao tédio, ao frio e ao formalismo. Evasão, como eles dizem (Beckett estava na Tunísia quando ganhou o Prêmio Nobel). Mas há um problema. É engano pensar que todos sabem, detalhadamente, a biografia de Rilke, Fernando Pessoa ou Rimbaud. Acaba confuso e pretensioso jogar Rimbaud numa cama de moribundo e daí tentar refazer, superficialmente, sua trajetória artística, familiar, sentimental e de fora da lei na África.

O espetáculo *Rimbaud*, de Elias Andreato, repete este engano e faz de um visionário audacioso um jovenzinho amuado a dizer uns tantos poemas e a gritar com as pessoas.

À medida que o enredo submerge na inércia, no lamento repetido, a letargia se infiltra em cena e desfaz o personagem. Não há Van Gogh, Jack London, Rimbaud ou qualquer outro criador de existência atribulada que resista à fragmentação ou condensação apressada de suas vidas. Torna-se o esboço frágil do original.

A montagem também é um equívoco juvenil e voluntarista do ator Ariel Borghi. Sem experiência anterior que o garanta, achou-se perfeitamente em condições de ser o protagonista. Parece que ainda não. Bom tipo físico e voz potente são atributos consideráveis, mas falta interiorização, intensidade e técnica vocal.

Dizer Rimbaud com emissão descuidada, vogais abertas demais, entonação precária e incolor, não é um trabalho dramático ou poético. A representação só tem momentos de delicadeza e emoção com Victória Camargo nos papéis de mãe e, sobretudo, irmã do poeta.

Esta é mais uma montagem que acredita na ideia da possível semelhança da inquietação juvenil de qualquer época. A presença de uma guitarra nas mãos de Ariel/Rimbaud é sintomática. De Bix Beiderbecke a Maiakovski, o jovem músico ou poeta é a imagem do anjo rebelde. Nem sempre resulta bom teatro.

Romeu e Julieta:
Do Fogo e Lágrimas de um Amor Eterno

A atual encenação de *Romeu e Julieta* devolve a esta tragédia lírica a sua pungente verdade e o frescor original que a repetição arqueológica pode roubar. Harold Bloom no ensaio *Shakespeare: A Invenção do Humano* lamenta quando vê *mais uma montagem inepta* da peça que, no seu entender, é a mais convincente celebração do amor romântico da literatura ocidental. Em meio a alguns tropeços, o espetáculo, com direção do inventivo Marcelo Lazzaratto, reúne um elenco bonito e caloroso em um casarão com diferentes espaços (internos e a céu aberto), cenário confeccionado e vegetação real. A própria rua e os sons da cidade estão incorporados aos acontecimentos. Não é pouca façanha se forem lembradas as versões de Antunes Filho (1984), do Grupo Galpão, de Belo Horizonte, direção de Gabriel Villela (1991) e, antes, a de Jô Soares com Regina Duarte. (1969). A que está em cartaz realça a juventude dos personagens, ao introduzir música e pequenas atualizações de linguagem, e reequilibra as duas partes do tema.

Com certa frequência, o aspecto mais célebre da obra – a paixão dos adolescentes – obscurece o lado político e social relacionado às cidades Estado do século 16 governadas por clãs de mercadores e dinastias com príncipes, duques e cardeais aqui transfigurados nos inimigos Montecchio e Capuleto. Shakespeare é sucinto, mas claro para expor o confronto de duas famílias poderosas de Verona (hoje Itália) e delinear, assim, as guerras, intrigas e crimes palacianos na contraditória Europa de grandeza e horror em que o dramaturgo viveu (1564- 1616). Mundo onde o amor sincero é anomalia a ser combatida por interesses financeiros e de títulos para os quais o casamento vale como moeda de troca.

O espetáculo de Lazzaratto retoma a parceria iniciada em 1999, quando ele fez a primeira experiência, no Teatro Escola Célia Helena, para a formatura de Raoni Carneiro (Romeu) e Maria Laura Nogueira (Julieta). A ideia central é a de ampliar as possibilidades de ambientes alternativos para a representação e, ao mesmo tempo, fugir aos clichês que podem terminar em melodrama. A montagem é fiel a esta busca e as instalações do Centro Cultural Rio Verde possibilitam o desdobramentos da peça em três locais. Espectador entusiasmado, o pintor Sérgio Sister – importante artista contemporâneo envolvido com novos caminhos nas artes – gostou, por exemplo, das sequências que adquirem a densidade de telas (o encenador inglês Peter Brook, em uma fase de sua carreira, reproduzia bastante este efeito). As imagens, porém, seriam de pouca valia sem a vivacidade, o ardor do elenco. Há nele até certo exagero que a direção pode minimizar: menos gritos, menor duração das lutas. Diminuir o derramamento emocional de alguns monólogos dos protagonistas. É possível se dizer coisas poéticas ou terríveis à meia-voz. Não é necessário muito barulho. Mais complicado de solucionar é a extemporânea e insustentável afetação amaneirada de alguns personagens, sobretudo Mercúcio, símbolo da amizade viril entre rapazes. O papel vem abaixo com o enfoque caricato dado a ele (e Guto Nogueira demonstra ter outros recursos como ator). Felizmente, o conjunto é superior. *Romeu e Julieta,* da música ao vivo à integração dos participantes com a plateia no pequeno intervalo, traz um eco elisabetano, aquele tempo de William Shakespeare em que histórias tremendas se passavam diante de assistentes ruidosos tomando cerveja. A adequação de tipos e temperamentos da dupla central é comovedora.

Arrastam e ganham nossas emoções a cada olhar, súplica e beijo mordido. Maria Laura Nogueira será lembrada, sempre, por sua Julieta de puro ímpeto e delicadeza. Ela e Romeu, que Raoni Carneiro faz com brilho passional, são o fogo no coração de uma peça de tons noturnos. Soma-se a eles a sólida presença de Ana Liz Fernandes desdobrando-se em dois papéis. Há mais e não se conseguirá aqui a completa justiça a todos, de Alessandra Lia (ama), Mauro Chames e Eduardo Okamoto à sutil presença do violonista e cantor Gustavo Gallo. São os donos de um criação feliz da qual se pode cobrar muito porque é um dos espetáculos vitais da temporada.

Sardanapalo:
Sardanapalo Tira Proveito do Improviso e do Teatro do Absurdo

8 de dezembro de 1993

Sardanapalo, que retoma temporada amanhã, no Teatro Paulista, é a história grega do professor Junito Brandão em dia de pileque. Comédia inteligente que usa, e até abusa, da palavra. Usando o pretexto de um vago imperador pré-grego que teria causado espanto e inveja em Alexandre, o Grande, o autor e ator Hugo Possolo chega ao delírio bem-humorado. Instaura um clima de anarquia sem perder de vista a ironia de caráter existencial na caricatura da glória vã. Trabalho de um artista jovem que supera o reducionismo do besteirol com elementos do Grand Magic Circus, do franco-argentino Jerome Savary e da chanchada brasileira. Pode ser visto como homenagem a Grande Othelo.

Sardanapalo começa com uma surpresa ao público já na entrada do teatro. Em seguida, faz a agitada ocupação do espaço cênico e termina na rua de forma novamente imprevista. Uma sala anexa do Teatro Paulista adquire o tamanho da imaginação de cada um. Isopor, panos, madeira e cordas e truques reinventam desertos e palácios. Um encantador lance de malabarismo com facas simula uma batalha de espadas entre dois exércitos.

O excesso de tramas do enredo quase incomoda, mas a agilidade dos intérpretes evita a monotonia. São atores com tipos físicos bem marcados e com domínio do tempo da comédia. Hugo, Alexandre Roit e Raul Barreto transmitem energia e constante impressão de excentricidade. Reunidos no grupo Parlapatões, Patifes & Paspalhões, eles utilizam a tradicional forma de diversão circense com um toque renovado de improviso e absurdo.

Senhorita Júlia:
Jogo de Traição e Ódio em Boa Montagem de *Júlia*

2 de novembro de 1991

Johan August Strindberg (1849-1912) foi descrito com precisa e afetuosa ironia pelo seu rival literário Henrik Ibsen: *Ele fascina por ser tão sutil e tão delicadamente louco*. É verdade. Strindberg, um esquizofrênico comprovado com contínuas obsessões religiosas, está entre aqueles homens de exceção que o filósofo (e ex-psiquiatra) Karl Jaspers analisou em *Gênio e Loucura*, ao lado de Van Gogh. O que há de espantoso nesse artista sueco é a capacidade de, nos interlúdios de lucidez, descrever sua vida psicológica em dez volumes que tiveram o título de *História de uma alma*, além de ser capaz de uma grande e extraordinária produção teatral. Ele foi o primeiro a dizer no palco que o homem, no mundo, já está no inferno. Ou, numa outra interpretação, trouxe para os seus textos a dramatização daquilo que o seu contemporâneo Sigmund Freud observou cientificamente. Louco, poeta e visionário. Quem assistir à *Senhorita Júlia* estará tomando contato com um dos artistas que expuseram a crise psíquica real e profunda do homem contemporâneo. Não por acaso, é ele o pai artístico do cineasta Ingmar Bergman.

Senhorita é uma história de sensualidade com conotações destrutivas e luta de classes. Sexo fremente, combate de temperamentos e descrições de fim de raça entre burgueses é o forte, a característica maior do dramaturgo. Júlia, em noite de festa campestre e insatisfações afetivas e familiares, resolve seduzir um criado. Ela é irresistível, mas decadente; ele, rústico, mas vital e ambicioso. Seria uma novela banal não fosse a assinatura e o espírito de Strindberg.

O diretor William Pereira – um encenador cuidadoso e delicado com o elenco – sonhou ignorar a luta de classes para se concentrar no combate sexual dos protagonistas. Opção vã porque a tessitura dramática *strindbergniana* torna impossível a separação. Desejo e posição social têm correlações imediatas no jogo de ódio e atração que é a essência do enredo. Vale a guerra homem-mulher/empregado-patroa até o fim. O diretor usou o melhor do seu talento em trabalhar o elenco, usando o máximo da experiência, boa voz e adequação de tipo de José Mayer, um ator sólido que se impõe, e, ao mesmo tempo, a impulsividade nervosa e a força natural de Andréa Beltrão (há uma falsa polêmica se uma atriz cômica pode ser dramática. Andréa pode fazer o que quiser, como Marília Pêra). Eles se enfrentam pesadamente e com brilho, separados, vez ou outra, por contrapontos eficientes de Lu Carion (no papel da noiva do criado). O espetáculo flui através desses intérpretes emocionados que sabem dizer e valorizar um texto adaptado (e, mais que isso, restaurado) pela escritora Edla Van Steen que descobriu omissões moralistas em outras versões. O espetáculo, que ainda não encontrou totalmente o melhor ritmo, tem vigor e acabamento (figurinos), embora lute contra a prisão de um cenário asséptico. É um momento superior da temporada e um encontro feliz de Andréa e Mayer.

Ser tão Sertão:
Falta Unidade em *Ser tão Sertão*

1º de março de 1993

O que falta em *Ser Tão Sertão* talvez seja nonada como diz Riobaldo na abertura de *Grande Sertão: Veredas*. Se assim for, e parece que é, então têm jeito os problemas do espetáculo que Lima Duarte criou a partir de trechos da obra de João Guimarães Rosa.

Nonada, tutameia, coisas que atrapalham. Há em cena três forças, três núcleos de energia artística que ainda não teceram uma uniformidade.

Em primeiro lugar, Guimarães Rosa (*João era fabulista? fabuloso? fábula?,* perguntou Drummond) com enredos e um poder encantatório de linguagem que se não fosse ficção e linguística poderia ser música. Pedaços de *Grande Sertão* e outros livros são iluminações de uma criação literária de certa forma impossível de se apreender apenas em fragmentos. Mas há uma tentativa.

Em segundo lugar, evidentemente, está a presença de Lima Duarte, sua intensidade, a voz privilegiada; e, por fim, dois músicos de primeira, Papete, discreto, e Saulo Laranjeira, que surpreende como ator-narrador.

Acontece que essas forças giram em esferas próprias. Alguma coisa está faltando para dar calor e ritmo a uma encenação que não se define! Algo entre o recital e a representação dramática. Houve a opção de os artistas se apresentarem de *smoking*, evitando-se, assim, as armadilhas do folclorismo. É um caminho, mas um caminho que tira de Lima Duarte o trunfo maior da espontaneidade.

Ele está contido, refinado, eliminou todas as possibilidades gestuais para tentar sustentar só na voz e no olhar os tumultos emotivos, as violências de Riobaldo, Joca Ramiro, Medeiro Vaz, Joãozinho Bem Bem, jagunços e caçadores. Saulo Laranjeira e Papete fazem contrapontos de texto, cantos, onomatopeias, inventando barulhos com os instrumentos, mas estão distantes de Lima/personagem, isolados em zonas de claridade e sombras. Os casos narrados são separados por cortes de luz e a repetição do efeito acaba esfriando uma narrativa intrinsecamente exaltada ou tensa. Não há direção de espetáculo.

Lima Duarte assina a montagem, mas é um recurso que praticamente nunca funciona. Não se nota um olhar de fora para coordenar os movimentos do texto e dos intérpretes. As marcações são elementares, tímidas.

Em nenhum momento se pressente algo de rude, um traço do *Sargento Getúlio*, que Lima fez magistralmente no cinema.

O ator, entrevistado uma vez, disse que espera do artista que ele o surpreenda. É verdade. Se houver uma iluminação que mostre, não esconda, e um novo uso do palco, Lima e Saulo provavelmente se encontrarão melhor e o teatro será as Gerais. Porque, com todos os travos e desencontros, ainda é um bonito espetáculo Lima-Rosa.

Shirley Valentine:
Grande Desempenho em Pequena Revolução

12 de junho de 1991

Renata Sorrah é uma boa atriz desde quando, ainda muito jovem, fez *Os Convalescentes*, de José Vicente de Paula (1969). O texto é uma falsa polêmica em torno de seus desempenhos em telenovelas. Ela tem um tipo de intensidade emocional que até pode se prestar a equívocos, mas, quando está em sintonia fina com o papel, sabe ser grande. Willy Russell, o autor de *Shirley Valentine*, não é nenhum Michel Déon descrevendo as ilhas gregas em *O Encontro de Patmos*, mas tem algo de concreto a dizer sobre a dor humana na banalidade do cotidiano; e a intérprete está integralmente solidária com a pequena revolução pessoal de uma mulher que se descobre durante uma intempestiva viagem à Grécia. Essa é toda a alquimia do espetáculo que desafia a enormidade sinistra do Teatro Sérgio Cardoso e se impõe.

Shirley Valentine na recente e bem-sucedida versão cinematográfica tinha o filtro do contido senso de humor inglês. As coisas estavam catastróficas naquele rotineiro subúrbio londrino, onde chuva e tédio conjugal faziam um dueto constante. Nada, porém, se derramava para além do arquear de sobrancelhas e de um único gesto explícito de agressividade masculina. A patética cena do prato de ovos com fritas atirado ao colo da mulher. Ela pega as malas e viaja para o impossível. Era previsível demais, mas, em nenhum momento, se podia contestar a veracidade daquele dramazinho simplório. O filme agradou e comoveu.

Renata Sorrah enfrentou o risco de competir com as últimas imagens da fita e sem ter os recursos do cinema: as cores, tomadas externas, os bons coadjuvantes e outros encantos da tela. Sem mares gregos e sem Tom Conti travestido de marinheiro-taberneiro sedutor, só lhe resta o cenário acanhado e impróprio para o espaço cênico e as noites frias da cidade. Mesmo assim, mesmo sendo tudo resumido a um monólogo, a atriz está tomada de emoção e no melhor amadurecimento técnico. Ela enche o teatro. Abandonando a contenção britânica, mas sempre evitando cair em algum exagerado desvio napolitano, faz uma recriação à flor da pele de *Shirley Valentine*. Buscou um pouco de abandono fragilizado de Mia Farrow, o que se nota no corte de cabelo e nos estampados das roupas, mas a garra é toda de Renata Sorrah. A sua primeira façanha é fazer a plateia esquecer que se trata de um monólogo. Com um jogo preciso de mudanças faciais e domínio vocal, descreve e imita os personagens ausentes. A magia se estabelece e eles estão todos por ali – as amigas, o marido, a filha e o conquistador grego.

Pode ser um teatro de fórmulas convencionais, mas tem um dado de pungência real, nada melodramático e com observações sutis, como o caso do embrutecimento dos filhos adolescentes, que hoje já é alvo de atenção de intelectuais do porte de Christopher lasch. Uma peça simples com o talento de Renata Sorrah.

Sob as Ordens de Mamãe:
Uma Irreverência que se Esgota no Programa

8 de março de 1991

Ainda se fará um estudo do que se escreve nos programas de teatro do Brasil. Um visitante que nunca tenha visto os espetáculos, mas com acesso aos programas dos últimos 20 anos da produção cênica paulista, terá a impressão de que tudo aqui foi revolucionário, culto, transgressivo e absolutamente inovador. É uma espécie de compulsão dos artistas locais: o manifesto. E o que o pessoal da Cia. do Bixiga escreveu para apresentar o espetáculo *Sob as Ordens de Mamãe* tem o agravante de tentar imitar o ritmo dos artigos de Oswald de Andrade, o que resulta em uma barreira de arame farpado. Quem frequenta teatro por gosto e ofício já adquiriu um sexto sentido para esse tipo de proclamações exaltadas e intransponíveis. Rarissimamente, ela se realiza no palco em termos de espetáculo inovador, que contenha, enfim, a transcendência real do programa. *Sob as Ordens de Mamãe* não escapa da armadilha.

Oswald de Andrade escreveu a peça *A Morta*, em 1937, com evidente intenção provocadora, o que de resto é o objetivo do seu teatro. Definiu-a como *o drama do poeta, do coordenador de toda ação humana, a quem a hostilidade de um século reacionário afastou pouco a pouco da linguagem útil e corrente*. Convenhamos, o autor não quer pouco e traduzi-lo cenicamente é uma aventura, uma experiência difícil e exige um tipo de empenho bem maior que o demonstrado pela direção e elenco da montagem atual. Ninguém deve se aprisionar à lenda que cerca a versão do Teatro Oficina do *Rei da Vela*, do mesmo Oswald, mas é necessário senso de medidas e não se usar por usar um escritor que está quase prejudicado pelo volume de homenagens recentes.

Sob as Ordens de Mamãe (subtítulo de *Um Homem sem Profissão*, memórias do autor) é, na visão do Bixiga, uma colagem de trechos oswaldianos, pedaços de outros escritos, etc., tudo mais ou menos em torno do *poeta*, personagem de *A Morta* que procura recuperar seus valores, o passado e a mãe falecida (isso num resumo perigoso, em se tratando de Oswald de Andrade). O equívoco fatal do espetáculo é pretender ser debochado e achar que é fácil. O deboche tem alquimias, equilíbrios, pede ritmos e até sutilezas. O deboche é quase sério para se fazer. Deboche não é, de novo, correr em volta do palco, todos agarradinhos na milionésima insinuação do *trenzinho-sodomita*.

Intérpretes sem domínio vocal tentam passar inutilmente as agressividades verbais de Oswald. Repetições de gestos e falas monocórdias causam embaçamento visual e um ruído de falas que interrompem a comunicação. Sobram instantes criativos, milagrosos clarões (Gustavo Engrácia e Ricardo Pettine se fazem notar ocasionalmente). A Cia. do Bixiga (formada pelo Grupo Necas) tem estrada e história e não pode se enganar. Não adianta rir tanto nas fotos do programa. Eles precisam dominar de saída a própria voz e a execução de suas próprias ideias, para não ser *pedaços de personagens perdidos no teatro*.

Solo Mio:
Andreato Faz Travessia Solo com Elegância

19 de agosto de 1992

Em *Solo Mio*, o ator aprimora o domínio da expressão corporal e combina técnica com intensidade emotiva, apesar de quase exceder nas personagens femininas caricatas.

Primeiro é um rosto contra o pano negro do palco. Depois se nota a expressão bem-humorada, pedindo cumplicidade e oferecendo alguma espécie de parceria. Por fim, um sorriso e a voz de Elias Andreato iniciando o *solo mio* que o título do espetáculo indica. Tudo se passa em mais ou menos uma hora: 60 minutos de devaneios, historietas, imitações, paródias e um fio de certa melancolia. Às vezes surge a farsa absoluta e hilariante e, de repente, o traço de agressividade. São momentos que conseguem combinar Mayakovski com a ternura do poema Porquinho-da-índia, de Manuel Bandeira.

A arte de dizer, as declamações, esquetes e monólogos exigem uma combinação de técnica e intensidade emotiva. Elias Andreato, que amadureceu como ator nos últimos anos, dominando cada vez mais a expressão corporal, as possibilidades da voz, faz essa travessia com elegância. Surpreende vê-lo tirar efeitos cômicos em criações de personagens travestidas que poderiam ser apenas espalhafatosas e mais nada.

A encenação de Eliana Fonseca, reunindo textos curtos de Caio Fernando Abreu, Murilo Rubião, Renato Borghi e Chico Buarque, além dos já citados, é simples: uma cadeira, adereços (perucas, etc.) e uma boa trilha sonora de Plínio Cutait.

Na realidade existe uma parceria entre ator e diretora nos encaminhamentos e afinações do material trabalhado.

É curioso observar que Elias Andreato, ator de expressão e presença sóbrias no palco, o que talvez esteja mais próximo de seu temperamento, agora tenha se esmerado em experimentar o lado oposto. Há um quase excesso de figuras femininas caricatas em seu trabalho, um transbordamento de tiques e maneirismos da figura da mulher/*gay*. O que ele faz com muita graça, dissolvendo personagens como Medeia, Salomé e a Dama das Camélias nos limites do circoteatro de revista.

Na alquimia de episódios doces amargos, é possível que tenha faltado um pouco de representação de cara limpa e nos parâmetros do realismo (ou da comédia realista). Para que se pudesse sentir mais as nuances de Elias, o artista na pessoa e vice-versa. Porque ele é bom na dimensão do coloquial, na capacidade de passar as simplicidades, as pequenas dores do cotidiano.

Todo o *Solo* busca conversar sobre os problemas do amor e da solidão. É um quase nada e é bastante. Até o áspero Henry Miller também fez o mesmo em *O Sorriso ao Pé da Escada*. Quem sabe um dia Elias Andreato venha a representá-lo.

Trono de Sangue *(Macbeth)*:
Trono Beira o Convencional

23 de maio de 1992

Macbeth, para Eça de Queiroz, *é o mal-fantasma. Ele não é daqueles lobos que andam, pela noite da história, dilacerando as liberdades e as pátrias. Não. É uma energia inconsciente e fatal. Um pouco mais mergulhado na sombra, seria o igual de Satã.* Na sombria história medieval do general escocês que usurpa o trono de sua terra numa sucessão de assassinatos instigados por sua mulher, Lady Macbeth, há todo um tratado dramático da ambição e da violência humanas. O diretor Antunes Filho disse reiteradamente que o seu interesse maior está nessa violência. *Eu penso que o drama do personagem é sobretudo como lidar com seus propósitos, como conciliar sua porção civilizada com o seu lado selvagem.* Talvez se possa dizer que o encenador pensou menos em Maquiavel e Thomas Hobbes e mais em Carl Jung. O texto comporta essa e muitas outras leituras. Não é gratuita, embora grandiloquente, a definição de Alexandre Dumas: *Shakespeare é o poeta que mais criou depois de Deus.*

A ação da peça, agora chamada de Trono de Sangue, se concentra na sequência em que Macbeth depois de servir Duncan, rei da Escócia, mata o soberano e, a seguir, Banquo, seu companheiro de armas, mas possível rival. Os crimes provocam nos autores (Macbeth e sua Lady) a clara sensação de ser os portadores do horror absoluto. O polonês Jan Kott, um dos maiores estudiosos da produção shakespeariana, resume a questão em poucas linhas: *No mundo de Macbeth, o mais obsessional dos mundos criados por Shakespeare, o assassínio, a ideia e o medo do assassínio invadem tudo.* É do núcleo mais obscuro do ser humano que fala o poeta e que Antunes Filho, com problemas, pretendeu ressaltar. O diretor sempre entrou no mundo shakespeariano com audácia dos personagens fortes de Shakespeare (Antunes jamais será um Hamlet do teatro) numa espécie de tira-teima onde ele nem sempre foi vitorioso. De *Megera Domada*, na década de 1960, com *Coca-Cola* em cena, ao memorável insucesso de *Júlio César*, agora evocado como um sucesso às avessas, Antunes exercita seu talento de inventor teatral. *Macbeth* não é um instante de fulguração criativa. O texto resiste à mocidade e inexperiência dos protagonistas tentando provocar uma ideia de profundidade maléfica com arroubos vocais. Ademais, uma ideia pode ser sedutora, mas nem sempre se materializa. Colocar personagens movimentando-se encostados nas paredes, quer dizer, deslocados do centro do palco, é um projeto conceitualmente curioso (*teatro centrífugo*), mas de baixo rendimento dramático. Bastaria, e seria uma façanha importante, a marcação de sempre, mas com o elenco desembaraçado do naturalismo e com intensidade interpretativa impactante. Há correrias interrompidas, caminhadas quebradiças, em ritmo japonês, mas os grandes sentimentos têm dificuldades em adquirir peso verbal. Antunes, que já desvendara todas as possibilidades do palco vazio, agora volta ao cenário construído, aos objetos cênicos e às soluções mecânicas (uma parede que gira sobre um eixo) sem acrescentar muito ao projeto de fazer parede sugerir conspiração e falta de saída. A iluminação escura não cria também sensação de opressão, mas de incômodo visual. E, no entanto, alguma força passa entre o palco e a plateia. É o Macbeth rústico e quase convencional com a assinatura identificável para se gostar ou não. Tem personalidade, Antunes anunciou o seu trabalho em tom polêmico e desafiador, o que pode gerar expectativas ou desejo de comparações. Não é o caso para tanto ruído. É *Macbeth* e o resto deve, ou deveria ser, silêncio.

A Última Gravação:
Sempre Beckett e uma Vez mais Sérgio Britto

A Última Gravação de Krapp é, sobretudo, a interpretação de Sérgio Britto. A obra de Samuel Beckett tem esta bela contradição de ser interpretada por um dos príncipes do teatro brasileiro. O personagem é um escritor decrépito que escuta gravações que fez ao longo de sua vida. Um fracassado cuja última obra vendeu 17 volumes. Pois este senhor entre o patético e o tragicômico é interpretado pelo vitorioso Sérgio que brinca com o passar dos anos como ator, diretor, professor e memorialista. Se o personagem encarna o vazio da vida, Sérgio, ao contrário, tem bastante o que fazer. No entanto, a dupla Beckett e Brito desvela suas afinidades. A cultura mesclada de particular ironia, por exemplo. Se o autor irlandês escreveu na sua novela *Molloy as vezes sorrio como se já estivesse morto*, Sérgio aqui passa ao espectador malicia e risada aberta nos segredos de cada frase.

Estamos diante de uma obra singular, de alta invenção e catalogada como Teatro do Absurdo, definição avalizada por ensaístas de peso. Um deles, o inglês Martins Esslin resume o projeto literário de Beckett (1906-89) como sendo a arte de usar o palco para reduzir a diferença entre a limitação da linguagem e a condição humana, o que ele tenta expressar apesar da sua convicção de que as palavras são insuficientes. Aliás, em outra novela sua, *Malone Morre,* se lê: *Tenho de falar seja o que isso quer dizer. Não tenho nada a dizer, tenho de falar*.

É algo que toca os domínios da filosofia e da poesia e – eis um encanto de Beckett: o humor reflexivo. Este artista esguio, esquivo, de certa maneira bonito com seu perfil de águia de olhos penetrantes (e míopes), ele também teve algo de raposa, animal ardiloso e furtivo. Curiosamente, nasceu em um lugar chamado, em tradução livre, *pedra da raposa* (Foxrock), arredores de Dublin. Seu teatro inquieta há mais de meio século mesmo depois de ter sido chamado, entre outras coisas de derrotista e alienado (batalha perdida dos acusadores marxistas).

A Última Gravação é uma obra de menor tamanho e repercussão que *Esperando Godot,* um monumento, mas nem por isso deixa de ser uma preciosidade. Nela o dramaturgo, de novo, vai a extremos. Em primeiro lugar, deixa *nítido* o uso do silencio terrível ou com graça. Há desertos nos seus subtendidos. A diretora Isabel Cavalcanti informa que o ponto de partida do texto foi a doença e morte de um amor de juventude. Beckett apegou-se ao efeito impactante de um gravador antigo e rolos de fitas com a gravação de várias épocas deste cidadão chamado Krapp. Fragmentos da infância, sua auto-indulgência nos tempos passados, palavras que não consegue mais captar o sentido. Inventário sonoro que, ao reouvir, ele comenta com irritação, riso, acréscimos.

Ouvir a própria voz em determinadas circunstâncias pode ser uma experiência inquietante, como achar um diário renegado. O enredo contém elementos autobiográficos esparsos, sobretudo os de caráter familiar e amoroso. Beckett disse uma vez que Krapp tem carinho pelas figuras femininas, afirmação que diz respeito indiretamente às suas ligações, sobretudo duas mulheres com o mesmo nome; sua prima Peggy Sinclair e a excêntrica milionária americana Peggy Guggenheim). Romances findos, o que prevalece é o sentimento de finitude, o vislumbre da ampulheta escorrendo o tempo.

Em seu minimalismo de silêncios eloquentes, é um espetáculo para grandes atores. Se Beckett observa o tédio, a última coisa que pretende é aborrecer o espectador. São Paulo teve recentemente uma versão com Antonio Petrin, interprete de outra geração e temperamento, e o resultado foi solido. Sérgio Britto, que atuou em boa parte do melhor do teatro Ocidental, faz agora uma terceira notável incursão a Beckett e com a nobreza de dizer *Eu, ator, na minha solidão, aos 85 anos, tenho Beckett, tenho Krapp*. Para qualquer diretor contar com Sérgio Britto é, em princípio, ter a encenação ganha porque ele tem uma máscara dramática sempre convincente, mas Isabel quis mais de si e do intérprete numa montagem tão simples quanto rigorosa em termos de cenário, iluminação e música. Assim, o enigma beckettiano se impõe. O espetáculo tem uma segunda parte, o curto *Ato sem Palavras*, breve brincadeira deste irlandês que correu o mundo e escolheu a França para viver, no idioma e na cidade de Paris. Fiel à sua persona de solitário, ao ganhar o Prêmio Nobel de Literatura, em 1969, não foi encontrado em sua casa no Boulevard Saint Jacques. Viajava pela Tunísia com a mulher Suzanne. Quando, enfim, o fotografaram, lá estava ele: caminhando no deserto.

Variações em Branco e *Subtração de Ofélia:* Tensões e Energia nos Solos de Maura Baiocchi

28 de abril de 1993

Maura Baiocchi executa solos de teatro/dança a partir do Butô, arte cênica contemporânea de origem japonesa que tem em Kazuo Ohno o seu mestre. É uma arte de alta introspecção e gestos mínimos repletos de significados. Um trabalho que Maura define como teatro de tensões ou de energia. Pode parecer uma explicação vaga, mas ela se torna clara vista no palco. Estas são observações baseadas em dois espetáculos de uma série de quatro: *Frida* e *Estreito de Bering*. O quarteto inclui ainda *Himalaia / Variações em Negro* e *Variações em Branco / Subtração de Ofélia.* (Hoje, último dia) A amostragem parece suficiente para definir algumas características marcantes deste projeto artístico. Uma delas é a preocupação em não se restringir ao orientalismo. *Frida* é a recriação livre da vida e da arte da pintora mexicana Frida Kahlo. O rigor da manifestação corporal da intérprete, efeitos de luz que criam uma atmosfera difusa, uma bela trilha sonora, estranhos efeitos de maquiagem e figurinos impõem um tom colorido e cerimonial a espetáculos lentos e, ao mesmo tempo, de curta duração. É conveniente ter real disposição para o novo em dança e teatro e a disponibilidade para deixar fluir um enredo nem sempre linear, para que ocorra o bom encontro com as encenações de Maura. Trata-se, de fato, de uma muito pessoal *passagem* criativa. Nascida no Paraná, como Denise Stoklos, ela constrói sozinha sua arte, do mesmo modo que a conterrânea. No mais, seguem rumos diferentes. Denise tem gestos largos e verbalização contundente. Maura elabora sutilezas detalhistas. Já vistos no Japão e na Europa, começam a chamar a atenção em São Paulo. Em silêncio, como ensina o Butô.

Vem Buscar-me que ainda Sou Teu:
Um Circo Moribundo e Fulgurante

6 de outubro de 1990

Quando Vicente Celestino faleceu, deram seu nome a uma pracinha quase incógnita na Barra

Funda. Anos depois, construiu-se nas imediações o Memorial da América Latina, e todo o vasto espaço em diante do centro artístico e cultural agora se chama Vicente Celestino, numa involuntária fusão do Modernismo de Niemeyer com o ébrio Celestino, herói cantante latino-americano como Jorge Negrete, José Mojica, Pedro Vargas e em outra escala Gardel.

Talvez seja uma coincidência semelhante, reunindo artistas de origens diferentes, a responsável pela magia de *Vem Buscar-me que ainda Sou Teu*, peça do santista Carlos Alberto Soffredini, interpretada pelo mineiro Gabriel Villela com cariocas, uma paranaense, paulistas e outros, comandados pela grande Laura Cardoso. O espetáculo da Companhia Melodramática Brasileira, um nome para não deixar dúvidas, deseja recuperar a tradição do circoteatro que Mário de Andrade definiu como a Era do Brasil. O veículo para essa recuperação é uma espécie de história dentro da história. Um circo decadente apresenta o drama *Coração Materno* enquanto, internamente, há uma luta pela sua posse. Aí ambos os enredos, autor e diretor, procuram as conexões com a comédia grega, repleta de matricídios e parricídios. É, ainda, e sobretudo, um jogo de humor *kitsch* despudorado e uma metáfora sobre a arte do circoteatro. O clima é absolutamente farsesco e delirante. Mãe lutadora mantém o circo, enquanto o filho apaixonado e fraco cai nos braços da bailarina má, falsa argentina, que engendra o plano para se apossar da companhia. Para tanto vai manipular o pretendente para o crime fatal e sangrento; puro Fellini, puro Celestino, Saura, folhetim e Rádio Tamoio. Um caso feliz de intenções que se realizam. O espetáculo contém todos os códigos e desequilíbrios da arte circense, mas com requintes técnicos e uma visão nada ingênua da realidade. Tropelias sentimentais, mas críticas (efeito parecido se conseguiu no cinema com *Bye Bye Brasil*). A representação enfrenta um período difícil logo no início, quando há excesso de diálogos entre a dona do circo e uma admiradora e em seguida com uma atriz especializada em papéis delicados. Quando o espetáculo finalmente decola, o encontro vai até o fim. Gabriel Villela é um diretor ousado que sabe desenhar cenas de belos efeitos visuais. A marca da direção está presente nos menores gestos, em cada intervenção e o elenco é comovente.

Intérpretes com voz, adequação física e gestual (um bom trabalho de preparação corporal e coreografia de Vivian Buckup), e com energia. Atores e atrizes recentes na profissão fazem meticulosas composições caricatas ou *melodramático-expressionistas* por assim dizer: Álvaro Gomes (o apaixonado), Paulo Ivo, Luiz Santos (vigarista-bailarino), Lúcia Barroso (admiradora) e Roseli Silva (atriz). Em um universo de cores desmaiadas, Cláudio Fontana traz um instante de cor e melancolia na máscara do palhaço. Laura Cardoso e Xuxa Lopes – duas personalidades fortes, uma soma de vontades e experiências – fazem um combate determinante, na grandeza da montagem. As duas e os outros, todos juntos, aquecem *Vem Buscar-me que ainda Sou Teu* numa alquimia teatralmente encantadora.

Vereda da Salvação:
Vereda não dá Margem à Indiferença

O que psicanálise, antropologia e história observam no plano coletivo ou individual, o encenador Antunes Filho incorpora ao seu teatro. Felizmente, também há nele o imponderável da intuição. Impulso presente em *Vereda da Salvação*, de Jorge Andrade. Voltando a uma peça brasileira sobre fanatismo religioso no campo, Antunes liga-a a um drama universal. Fatos ocorridos nos confins de Minas repetem-se do Atlântico ao Índico, entre árabes. O ensaísta egípcio-norte-americano Edward Said, autor de *Orientalismo* (1978), adverte que o violento fundamentalismo muçulmano é reação dos miseráveis à insensibilidade social dos regimes árabes semifeudais. Sertanejos e guerrilheiros da *jihad islâmica* estão próximos. O brasileiro Rui Facó escreveu o mesmo em *Cangaceiros e Fanáticos* (1965). *Vereda* apresenta um surto de messianismo entre lavradores. O fato põe em conflito dois homens: um, devoto, tem sexualidade sublimada; o outro é objetivo e viril. O desenlace virá pela repressão externa. Jorge Andrade tem uma visão compassiva dessa humanidade bruta. Não contradiz, e até aceita, todo desvario. Limite ideológico de uma solidariedade. O espetáculo, ao contrário, aparenta alguma crítica à história. Expõe a devoção extrema em reações físicas grotescas. A pregação do início da peça é caricata. O transe místico pode ser apenas epiléptico, histérico ou simulação de um demagogo. O adendo mais ou menos cômico instaura uma incômoda tensão com o texto. *Vereda* é realista e tem consistência literária. Resiste às intervenções. A montagem tem melhores comentários adicionais na abertura, que se refere ao recente massacre de *camponeses*, e na música final de um falso Brasil rural. Antunes valoriza o efeito dos movimentos coletivos. Por outro lado, as passagens psicológicas isoladas dos personagens que aderem à exasperação são abruptas demais. Falta também, no terreno dramático, confronto ideológico revelador entre homens diferentes. Manoel, o opositor de Joaquim, interpretado com melancolia por Valter Portella. Esperava-se um contraste mais duro com vibração de Luís Melo. Portella é sóbrio e Melo, um alucinado santo-guerreiro de ícone ou gravura japonesa. Quem encarna magistralmente a contradição de tudo é Laura Cardoso, a mãe.

São arestas que cabem no espetáculo. Antunes Filho, elenco e o cenógrafo J. C. Serroni realizam mais uma experimentação de linguagem cênica. Algumas vezes surgem falhas. Mas, no fim, a fulguração do grande teatro predomina. Soma da compaixão de Andrade com a raiva de Torquato Neto (*Aqui é o fim do mundo*). Não há possibilidade de indiferença.

Vestido de Noiva:
Casamento com Bolero e Ódio

Nelson Rodrigues certamente se espantaria com os segredos de Minas Gerais do diretor Gabriel Villela. Já que o dramaturgo quer nos assombrar com os delírios nervosos dos subúrbios greco-cariocas, onde Sófocles e Esquilo se cruzam em bordéis do Meier, o mineiro Gabriel traz também seus segredos. Se *Vestido de Noiva* é, no limite, um combate de morte entre duas irmãs pelo mesmo homem, disputa levada a uma exasperação operística e freudiana, ele não precisa ser contado de modo cinzento. O espetáculo em cartaz tem cores que evocam bordados e rendas de antigas famílias das Gerais ou estampas do Sabonete Araxá. Figurinista de rica imaginação e repertorio ancestral, Gabriel vestiu suas personagens com a exuberância que vai do branco nupcial aos tons furta-cores. Tudo para exibir mulheres bonitas, elegantes e fascinantemente loucas: a noiva, a irmã concorrente, uma mitológica cafetina assassinada por um adolescente; e homens cínicos ou confusos. Todos deslizando em uma espécie de coreografia nervosa (criada por Rosely Fiorelli).

Um acidente de carro aciona o enredo que se passa na cabeça da vítima, entre memória e alucinação enquanto fervilha o plano do real. Nunca será demais repetir ser uma obra magistral com aquele o sopro de irrealidade dos relatos mineiros como o romance *Crônica Casa Assassinada,* de Lúcio Cardoso e *Os Reis da Terra*, a dolorida (e quase desconhecida) autobiografia de José Vicente de Paula, figura maior da dramaturgia brasileira. Estas ventanias da mente nunca foram estranhas a Villela que delas fez o amalgama da montagem. As três mulheres que comandam a ação se fecham em quarteto na figura paradigmática da mãe alienada e mater dolorosa. Os homens oscilam entre o frágil e o patético, salvo o noivo o pivô da tragédia, misto de anjo calculista e corréu.

Na transfiguração operada pelo palco, esta humanidade convulsa e paradoxalmente banal, quotidiana, é transformada em espectros, ou estereótipos (mitos gregos e Freud ao fundo). Para acolhê-la com força visual é preciso um cenário que evoque um universo fechado com saídas enganosas, como o espelho, por exemplo. A maestria do cenógrafo J.C. Serroni constrói este labirinto no fundo atraente que se completa com a iluminação, de Domingos Quintiliano, e som (música, efeitos) de Daniel Maia.

Um dos trunfos de Gabriel Villela é assumir o melodrama, o aspecto folhetinesco de Nelson Rodrigues. Há um toque humorístico implícito quando a ação é sublinhada por velhos boleros, primos pobres, mas não menos dignos, do Bel canto. Enquanto as interpretações femininas são densas, há um toque caricato na ala masculina e esta combinação do dramático com o kitsch é o componente poético de *Vestido de Noiva*. No entanto, a quase calma melancólica do conjunto às vezes dispersa seu veio nervoso. Em alguns momentos a representação parece ficar com pressão baixa na espera dos golpes de teatro do autor.

Há, por fim, o essencial equilíbrio de um elenco com a presença de celebridades da televisão. Leandra Leal luta para chegar a um personagem complexo (a noiva) para o qual não tem experiência de palco; mas luta com o empenho louvado pelo diretor. Marcello Antony conquista exatamente por estar desligado da galante imagem televisiva Empunhando seu violão quebrado, Antony confere ao noivo, um vago mistério de pierrô pintado por Ismael Nery. Como todos os papéis masculinos estão com atores competentes, os que se revezam em intervenções incidentais, algo sempre difícil, sabem se fazer notar (Pedro Henrique Moutinho, Rodrigo Fregman, Flávio Tolezani, Cacá Toledo). O mesmo brilho caracteriza as atrizes. Nesta linha de frente feminina de primeira, vale uma homenagem a Maria do Carmo Soares, calorosa presença no teatro paulista, mergulhada na voragem rodriguiana na muito boa companhia de Vera Zimmermann, Luciana Carnieli, ferozmente convincentes ao noivo, e Helô Cintra, bela figura de melindrosa. Nelson Rodrigues gostava de dizer que o verdadeiro diretor é o que só obedece ao texto e não se faz notar. O atual *Vestido de Noiva* mostra que não é bem assim. Felizmente.

A Vida como Ela É

26 de setembro de 1992

Nelsão Rodrigues, com a voz cavernosa e seus exageros expressionistas, gostava de proclamar e descrever *a vida como ela* é numa série de contos folhetinescos na *Última Hora* do Rio a partir dos anos 1950. O que poderia ser visto como material literário de segunda linha na obra de um autor teatral de gênio era, na verdade, diamante bruto à espera de uma solução cênica. A lapidação acaba de ser feita pelo Núcleo Carioca de Teatro em um espetáculo agora em curta temporada paulistana, um pouco perdido entre estreias suntuosas com *marketing* agressivo. Contudo *A Vida Como Ela É* está lá, cintilando entre obsessões, catástrofes conjugais, paixões e taras operísticas. Um apocalipse suburbano ao som de músicas que, sozinhas, já valem por uma viagem no tempo (quem se lembra do grande Roberto Silva?). O melhor de um certo espírito carioca resiste nesse grupo jovem e criativo no despudor de encarar de frente a exasperação caricatural do autor e tirar dela a poesia e o humor que constituem a pedra de toque de Nelson Rodrigues, o autor que *depois do Meyer já sentia saudades do Rio.*

O dramaturgo, é preciso lembrar, foi também jornalista. Escrevia com pressa e sem compromissos com os chamados temas nobres. Pelo contrário: dedicou-se ao noticiário policial e ao futebol; mas era Nelson Rodrigues. Um pouco dessa singular subliteratura de mestre, por assim dizer, foi colhida pelo talentoso diretor Luiz Arthur Nunes e sua equipe que parecem se divertir em realizar tragédias cariocas em tom de farsas irresponsáveis. Há todo um jogo de expressões corporais, interpretações narradas por terceiros, gestos dublados e o mecanismo de marionetes e ventríloquos com a sonorização de radionovela. A direção faz assim a transcrição irônica de várias crônicas repletas de casos tremendos de adultério e fixações amorosas e sexuais. Toda intuição psicanalítica de Nelson Rodrigues e a solidão moralista de um poeta do teatro podem ser antevistas nessa sequência de fatos pinçados do cotidiano.

O espetáculo começa bem a partir da concepção visual. Um espaço vazio em que paredes espelhadas e cadeiras criam o território abstrato para todas as possibilidades de enredo. Figurinos, iluminação e, principalmente, a trilha sonora compõem a estrutura da montagem onde atua um elenco sem falhas. São intérpretes de carreira recente, presume-se, mas afinados com os papéis, integrados na linguagem da direção. Não há necessariamente fulgurações de representação, mas a contínua soma de cenas bem realizadas. O grupo leva a sério o nome que tem, é um excelente Núcleo Carioca de Teatro.

A Vida é Sonho

25 de outubro de 1991

Regina Duarte forma, com Ileana Kwasinski e Mariana Muniz, um trio radioso, na montagem de Gabriel Villela, em que o pictórico é mais refinado do que o vocal.

A cortina se abre para uma nave de igreja ou sala do trono. Um clima medieval em que as cores púrpura e dourado se fundem na penumbra. O ambiente religioso e palaciano do espanhol Pedro Calderón de la Barca (1600-1681) é, também, o universo místico de Carmo do Rio Claro, Minas Gerais, terra natal e inspiradora do encenador Gabriel Villela. Trezentos anos se passaram, e a peça *A Vida é Sonho* mantém inalterado um tipo de poesia de fundo filosófico que soa como música, numa época de imagens eletrônicas sem conteúdo e explosão da linguagem.

Calderón de la Barca tem uma obra enorme dividida em comédias, autos sacramentais e peças dramáticas com temas tremendos, que se referem à honra e à vingança, sem mencionar a conhecida *Devoção da Cruz*. As comédias de Calderón de la Barca não são bem comédias, são situações risíveis e distorcidas; e as peças de ressonância religiosa são indagações sobre o bem e o mal e, sobretudo, o livre-arbítrio. Em *A Vida é Sonho* o enredo básico se resume no caso do príncipe mantido em cativeiro pelo próprio pai, que viu no herdeiro o portador de malefícios desde o nascimento. O desenrolar das situações numa Polônia imaginária dará oportunidade ao prisioneiro de navegar da maldição para a plenitude humana, quando descobre que tudo é vão, é passageiro, é sonho.

Existem duas versões da peça, a trágica (ou sacramental) e a comédia. Gabriel Villela tentou uma síntese e o resultado não é equilibrado. São forças muito definidas, que se opõem inexoravelmente. O espetáculo tem, então, bons momentos de uma e de outra, com incômodas zonas intermediárias em que só existe ação mecânica, sem poesia. O que vale e predomina, no entanto, é a força emotiva e filosófica de Calderón de la Barca (bem traduzida por Renata Pallottini, poetisa e conhecedora da cultura espanhola). O diretor Gabriel Villela está numa encruzilhada. Ele é hoje um dos melhores encenadores brasileiros, enquanto imaginação visual. O seu dilema é definir quando o artista plástico – evitando a armadilha do maneirismo – deixará o artista do palco predominar. Villela faz pinturas cênicas, mas não procurou para o preparo vocal um equivalente ao figurinista Romero de Andrade Lima. Parte do elenco, com exceção do coro, não sustenta os tesouros verbais de Calderón de La Barca. O espetáculo encontra um tom majestoso só quando Ileana Kwasinski aparece e mostra o que é uma atriz com domínio do ofício. Ela, Regina Duarte e Mariana Muniz compõem um trio com credibilidade e força.

Regina Duarte é, inevitavelmente, um caso à parte, pela expectativa que provoca na plateia. De início, ela não se define bem como personagem (a transição do mal para o bem), mas, a partir de certo momento, entra em sintonia com o papel e brilha. Na sequência final, todo o seu temperamento dramático e comunicabilidade se manifestam integrais, e é bonito de se ver. São essas magias todas que asseguram, mesmo com oscilações, um generoso momento de teatro.

Zoo:
Magia Rigorosa no Zoológico do Cidade Muda

17 de outubro de 1991

Apesar da dramaturgia precária, *Zoo* exibe um domínio técnico e plástico do teatro de animação que o coloca entre os bons eventos especiais da Bienal. Peixes coloridos e fosforescentes navegam no fundo do palco negro como um abismo submarino. Há uma ilusão de silêncio e paz até que uma rede de pesca cai precisa e fatal. Assim, o grupo A Cidade Muda, depois do sucesso bem-humorado de

Crack, anuncia uma experiência estética nascida na desordem. O programa do espetáculo *Zoo* é um tanto estranho: graficamente sofisticado, com extensa ficha técnica e o histórico da equipe, resume, em seguida, a proposta da montagem atual em 11 magras linhas. A base do trabalho é cética. *E falar o quê? Para quem? Alguém está escutando? Então, não falar, mostrar apenas. Como num zoológico. Belas imagens. Imagens absurdas. Poéticas. Tragicamente cruéis (...).*
A partir do fim da deslizante liberdade dos peixes, as cenas são construídas numa sequência que sugere claustrofobia, desconexão e um pouco de fatos ridículos ou grotescos. A sensação de beco sem saída. Há no entanto uma certa falta de consistência teórica nessa visão político-social-existencial do País, do mundo e das pessoas. A Cidade Muda, que pode dar lições de artes visuais e de teatro de animação, faria bem se tivesse uma assessoria teórica e de dramaturgia para ampliar o conteúdo dos temas e propostas. Em compensação, o grupo atingiu um grau de domínio técnico e plástico da linguagem cênica escolhida que o coloca entre os bons eventos especiais da 21ª Bienal. A Cidade Muda, ao executar sua animação, instala a magia com rigor. Há um tipo de concentração do elenco, que o faz comparsa dos bonecos num jogo de manipulação encantador. Acompanham-se os bonecos

e a delicada dedicação de quem está por trás deles. Criaturas e criadores se confundem como nos contos escandinavos, numa pequena oficina de emoções, com máscaras e rostos flutuando na mesma onda de fantasia. A poesia sofre, é verdade, porque as situações são contundentes, distorcidas ou medievais na intenção caricatural. Imagens *encerradas em jaulas para ser observadas e pensadas.*

A beleza do espetáculo se consolida com o desenho de luz do palco (José Possi Neto) e uma trilha sonora requintada e bem superior ao que se ouve normalmente em teatro de animação. A Cidade Muda, com a expressividade do seu nome, tem, portanto, caminhos a explorar, a partir do que já realizou e da coragem de se considerar uma companhia em construção.

Anos 2000

Almoço na Casa do Sr. Ludwig:
Pesadelo na Valsa Vienense

2002

Dinheiro é o tema da peça *Almoço na Casa do Sr.Ludwig*, de Thomas Bernhard. Não a moeda circulante que gera fatos novos, mas a outra, a da herança inercial e corrosiva que faz *fins de raça* entediados e impotentes. Evidentemente, o autor austríaco Thomas Bernhard envolve essa fortuna paralisada em um enredo digno do seu conterrâneo Freud. O espetáculo vale, pois, como uma novela de família e um breve tratado sobre a fortuna perversa. Nenhum executivo ou empresário, se assisti-la, poderá dizer que perdeu tempo em assuntos alheios aos seus negócios. A propósito, a encenação tem o patrocínio da BrasilTelecom e apoio da porcelana Vista Alegre.

Se em *A Morte dos Banqueiros*, Ron Chernow (Makron Books Editora) descreve o declínio das grandes dinastias financeiras e o triunfo do pequeno investidor, o texto de Bernhard mostra como fortunas amortalhadas em tradições costumam gerar malucos dilapidadores. O almoço em questão reúne um filósofo brilhante, mas sujeito a distúrbios mentais cíclicos, e suas duas irmãs, atrizes com o talento baseado mais no fato de serem detentoras de 51% do capital de uma companhia de teatro. Há louças raras e receitas antigas sobre a mesa, mas a conversa desanda em um feroz desmascaramento de ritos e convenções de classe que dá gosto ver e ouvir, se é que cabe o termo. Livremente inspirada na vida do brilhante filósofo Ludwig Wittgenstein (1889-1951), o enredo lança sobre os espectadores os desatinos de três pessoas que cultivam uma relação de competitividade, ressentimentos e cobranças de tremer os lustres e a consciência da plateia. Os austríacos rebeldes são ótimos nesses acertos de contas. Além de Freud, que horrorizou Viena com suas ideias sobre a pulsão sexual, mas que, afinal, era um cientista, os artistas locais adoram explodir o secular minueto de convenções e interesses em salões dourados naquela felicidade postiça dos aristocratas, financistas e agentes do aparelho de Estado. Antes de Thomas Bernhard houve Arthur Schnitzler (1862-1931), que chegou ao grande público recentemente por ter uma história filmada por um Stanley Kubrick no ocaso e que resultou no gélido filme *De Olhos Bem Fechados*. Dele, melhor ler, em português, *Contos da Vida e da Morte* e *O Retorno de Casanova*. Pois o Dr. Arthur – o escritor também era médico, e Freud via nele uma espécie de seu duplo – dedicou-se a escrever peças e romances que são uma espécie de autópsia do império austro-húngaro que submergiu na 1ª Guerra. Thomas Bernhard (1931-89) já é filho da Áustria moderna, capitalista e diplomática (Opep e outras entidades, a qual ele se dedicou a odiar com uma persistência que seria apenas caricata se não se tratasse de um grande escritor. Uma de suas peças, por exemplo, *Praça dos Heróis*, dedica-se a relembrar a festiva recepção de Viena a Hitler. Era um homem bonito, de saúde frágil, que dominava plenamente a língua alemã. Escrevia como se lhe faltasse fôlego (e faltava, sofria de problemas pulmonares/cardíacos).

O espetáculo, safra boa do teatro gaúcho, dirigido por Luciano Alabarse, faz justiça a todo esse tormento social e psicológico. O excelente ator Luiz Paulo Vasconcellos e as atrizes Ida Celina e Sandra Dani impõem ao público todo um pesadelo familiar que, no cinema, Bergman expressa bem. O espetáculo, que termina a temporada no domingo, é algo a não se perder. Como se faz com o dinheiro.

O Amante de Lady Chatterley:
Paixões em Triângulo de Fogo e Dor

10 de dezembro de 2008

Insolência é a palavra para definir como a obra foi recebida em 1928. Em sua curta vida, David

Herbert Lawrence (1885-1930) incomodou o capitalismo industrial inglês e as boas maneiras do reinado de Eduardo VII.

O escritor, que se assinava D.H. Lawrence, era polido, mas teimoso. Não quis notar o que aconteceu a Oscar Wilde. Ambos cometeram o mesmo engano que, em termos de estratégia militar, significa abrir duas frentes de combate ao mesmo tempo. Wilde é sempre visto como o homem que se arruinou em escândalo homossexual. Pouco se menciona sua simpatia pelos socialistas da época, que preconizavam reformas mesmo que sem o teor revolucionário dos marxistas. D. H. Lawrence tinha a mesma posição; Wilde foi para a prisão, enquanto ele morreu pouco depois de ter sido publicado na Inglaterra seu *O Amante de Lady Chatterley*, romance em que Constance, nobre casada com um inválido, entrega-se a Mellors, empregado do seu castelo. O autor gostava de polêmica, e tinha talento. Vejamos detalhes das brigas que comprou. A social quando o amante plebeu se manifesta: *Viver para outra coisa. Que o nosso fim não seja unicamente ganhar dinheiro, nem para nós mesmos, nem para o que quer que seja. Somos hoje forçados a isso. A ganhar um pouco para nós e muito para os patrões.*

Agora, a parte psicológica, dos costumes, na relação de Lady e Mellors: *Ao fogo da investida fálica do homem ela pode alcançar o coração da floresta do seu ser. Constance sentiu que atingiu o embasamento de rocha de si mesma, e que a vergonha não existe. Tornou-se ela mesma quando se libertou da vergonha. Oh! Era assim? A vida, a vida!*

Foi um pandemônio. Tremeram as xícaras do chá das cinco na Londres de 1928 diante de tamanha insolência. Para piorar, Lawrence tinha o que se chama de maus antecedentes. Em 1920 escrevera *Mulheres Apaixonadas* (*Women in Love*) com uma cena de luta entre dois homens nus com evidente sugestão sexual. Gente da alta classe, um deles patrão capaz de atiçar cães ferozes contra os empregados mineiros (cena brutal, no livro e no filme, com Alan Bates e Oliver Reed). Em 1923 no conto *Raposas* (The Fox) explicitou a pulsão sexual ligando duas mulheres.

Numa comparação com Wilde, tais ousadias custaram menos a Lawrence, que continuou a produzir incansavelmente romances, contos, poesias, teatro e ensaios. Os tempos mudaram (aí estão o príncipe Charles e Camila Parker Bowles) e *O Amante de Lady Chatterley* permanece como uma das obras-primas da ficção do século 20. O estilo impecável e a verdade intrínseca do enredo sobrevivem gloriosos às cinzas do conservadorismo. O espetáculo de Rubens Ewald Filho, conhecido jornalista cinematográfico, é a homenagem dele ao reino dos filmes enquanto pisa o terreno do teatro. A adaptação de Germano Pereira une informações sobre Lawrence com o entrecho amoroso. Há equilíbrio – bons cortes e edição – nessa escolha que introduz um novo personagem, o artista, diante dos cânones da estratificada sociedade inglesa, um mundo de diferenças desde o manejo da linguagem aos hábitos ancestrais (o empregado é um *guarda-caças*, função que a nós parece distante). A relação do marido com o subalterno é uma aula de sociologia pela literatura. O primeiro é, à sua maneira, um cidadão de caráter forte. Feriu-se pela pátria na 1ª Guerra Mundial, mas olha a humanidade de cima; o empregado aparenta seguir as regras, mas quer um mundo novo.

Rubens Ewald fez questão de excluir elegantemente a obviedade do sexo e nudez. Ignorou o facilitário tolo de *mostrar tudo*. Com a decisiva participação da diretora de arte Nadine Stambouli Trzmielina, transformou a explosão do desejo em uma dança estilizada; um tango erótico e dramático. Os intérpretes são jovens, bonitos, as palavras de Lawrence são claras, e é o que basta para levar o espetáculo a um nível superior. Há total adequação física de Germano Pereira, sólido, ruivo como tantos ingleses; mas tem o segundo trunfo de também representar, comovido, o escritor atacado que defende sua arte.

Nesse pêndulo de frustrações e sonhos femininos, Ana Carolina de Lima ilumina a outra metade do jogo. Atriz bela e de sóbria presença, ganhará apostando sempre na representação porque não lhe faltarão elogios ao rosto e olhos que lembram desde Gene Tierney às brasileiras Marlene França e Selma Egrei em início de carreira. No delicado papel de Clifford, o marido de vida mutilada, Ailton Guedes convence quando mostra o tremor interno da impotência e o ressentimento afetado.

Como Rubens Ewald é – apaixonadamente – um homem do cinema, termina o espetáculo com a projeção de um texto na tela. Talvez ficasse melhor se feito um pouco antes, durante a dança do casal. Porque assim o espetáculo terminaria totalmente dentro do teatro nessa realização enriquecida por sutilezas de figurinos, iluminação e a trilha sonora de Marcelo Amalfi e Ivam Cabral. D. H. Lawrence tem a homenagem que merece.

Ânsia:
Na Velocidade da Dor em Silêncio

2008

Quatro personagens diante da plateia é o começo do espetáculo *Ânsia*, peça de Sarah Kane dirigida por Rubens Rusche. Pode ser um auditório ou uma sala de terapia. Com mudança de luz (focos verticais) elas ficam isoladas como numa cabine telefônica. O que dizem é uma sequência de repetições obsessivas, ideias circulares, *flashes* verbais. Como se a música minimalista de Steve Reich estivesse em velocidade maximalista. Falam do desespero que sentem, sentiram e sentirão. O palco ecoa mentes quase em colapso final.

Gente de um grande centro não nominado onde se processa a solidão contemporânea. Sarah Kane é a jovem autora inglesa que delineia o que o diretor Rusche define como os contornos das mais sombrias e implacáveis paisagens interiores: paisagem de violação, solidão, poder, colapso mental e, de modo consistente, a paisagem do amor.

Há antecedentes na literatura em prosa e dramática, de Arthur Schnitzler a Edward Albee (*Zoo Story*), mas são autores realistas. Kane usa o realismo como uma marreta, um pé de cabra ou – bem a propósito – um soco inglês. Não explica em linha reta. Lança fragmentos de memória e fiapos de história, como Janis Joplin cantava. Alguém dirá que é coisa de maluco. Certo. Pintar o céu amarelo como Van Gogh também é. Sarah Kane era depressiva grave, suicidou-se aos 28 anos (1999). O gesto não lhe tira um grama de pertinência.

O espetáculo dá continuidade ao trabalho de Rusche em torno do *teatro do silêncio*. Em termos gerais, é algo como usar a linguagem para pôr em xeque as próprias palavras. Talvez seja ele o artista indicado para ler, tentar decifrar e, quem sabe, encenar o que José Vicente de Paula, o melhor dramaturgo dos anos 1970, escreve no silêncio dado como problema psicológico (antes de deixar a cena escreveu o estranho romance *Os Reis da Terra*, a ser relido com atenção).

O silêncio pode ser a eloquência dos subentendidos. Por exemplo, o dos maltrapilhos que ficam *Esperando Godot* na obra-prima, de Beckett – que suscitou interpretações da metafísica à acusação de niilismo conservador. Na pavorosa cultura ocidental do ruído histérico, qualquer pausa indagadora será generosa poesia.

O espetáculo tem o suporte fundamental da cenografia de Sylvia Moreira, e da iluminação de Marcelo Gonzáles para dar a geografia e o clima dessa perturbação. O elenco nem sempre tem tarimba e técnica para o poema sujo na noite veloz de Sarah Kane, mas está claro que Laerte Mello, Nádia De Lion, Solânia Queiroz e Bruno Costa sentem e entendem o que realizam. Só no final alguma energia se perde entre a música intimista em longa penumbra, o que gera dúvidas se o espetáculo terminou (e o texto ajuda na ambiguidade) e se haverá agradecimentos. No mais, *Ânsia* está colada à sua frase: *Eu não tenho música, como eu queria ter música, mas tudo que tenho são palavras.*

Bis / O Bilhete:
Numa Estação do Centro da Terra

2002

O encanto do espetáculo *Bis* está nas pernas de Clarice Kiste, no seu olhar intenso e o sorriso grande nos agradecimentos. Uma jovem vital. Supõe-se que se pode tomar aqui esta liberdade com um teatro que procura o ritmo e o gestual das histórias em quadrinhos. Dos seriados de *Nyoka*, nos anos 1940, com Kay Aldridge, à super *Modesty Blaise,* que seduziu até Monica Vitti, musa de filmes intelectuais de Antonioni, o mundo dos *gibis* (ou – agora – *comics*) costuma escorregar para dentro da alta cultura. Mas, nesse caso, eis que se estabelece um desencontro entre a fantasia teatral e a teoria expressa no programa. No palco estão indícios de uma relação amorosa/conjugal. Na teorização, fala-se de algo que transcende o microcosmo de uma relação qualquer, para alcançar a densidade e a profundidade de todas as relações binárias no universo da relação humana.

Bem, aí fica difícil ver só um casal bonito na bem-humorada crítica de uma relação contemporânea onde tudo é tão *fullgás* quanto fugaz. Assim, os *comics* de Luiz Cabral (dramaturgo) e Beth Lopes (direção), daqui a pouco, estarão acompanhados de volumes de Edgar Morin e

Roland Barthes? Será mesmo que *Bis* tem toda esta latitude, longitude, altura, largura e profundidade? (Não se põe em questão o pequeno estudo do programa, de autoria de um ensaísta sério, mas do contexto em que ficou diante do que está em cena).

Quem sabe fosse melhor e mais *play, jeu,* lúdico retirar a teoria e deixar Clarissa Kiste e Kiko Bertholini brincarem de casinha. Haveria nisso uma possibilidade de poesia irônica. Afinal, jovem com emoções precocemente esgotadas brotam tal qual os cogumelos *hippies* da geração Castañeda. Se esses draminhas são banais como pardais, tudo o que for além da *comédia da vida privada,* já está ótimo.

Esse amontoado de maldades da maldita crítica é tudo verdade e é tudo mentira. O espetáculo tem um lado atraente pela vivacidade dos intérpretes e os *gadgets* audiovisuais que parecem combinar com o Teatro do Centro da Terra (uma aventura arquitetônica). A peninha e o cisco surgem quando a montagem se leva um pouco a sério. Gibi metafísico é complicado.

Os criadores de um teatro inquieto & periférico (ou seja, não *mainstrean*) podem muito bem evitar aquela tentação que uma vez fez uma ilustre assinatura estabelecer vínculos entre um *show* de Ary Toledo e o teatro de Bertolt Brecht. É disso que se fala.

Blade Runner nos Becos da Cidade

Uma parte do teatro paulista expõe a onda de miséria e marginalidade que chega às suas portas e ruas adjacentes. Praticamente todas as boas salas do centro estão ilhadas pelo lixo material e ruínas humanas. Os espectadores se esgueiram, constrangidos e assustados, do estacionamento para a bilheteria. Recentemente o governo estadual determinou ao policiamento que se mantenha alerta nestes locais até o fim do espetáculo. Melhor que nada, mas o problema permanece. É uma questão séria e os artistas querem ajudar a solucioná-la.

O grupo Folias D'Arte, por exemplo, com um bom teatro na malcuidada rua Ana Cintra, que cruza a avenida São João, tem um bonito projeto, do arquiteto e cenógrafo J. C. Serroni, para revitalizar um trecho de Santa Cecília. É só a prefeitura e empresas particulares se manifestarem. O Folias – equipe afinada com Plínio Marcos e que acaba de mostrar uma retrospectiva de seus melhores trabalhos – quer ser ouvido e apoiado. Pouco mais adiante, O Pessoal do Faroeste, em parceria com o Centro Cultural Capobianco (privado), começa a animar um casarão da rua Álvaro de Carvalho, parte do velho São Paulo junto à histórica Ladeira da Memória, mas que, à noite, não é muito encorajador. Na Praça Roosevelt, que teve seus dias de glória musical, boêmia e gastronomia, dois simpáticos teatrinhos também resistem: Os Satyros e o Cenarte. São vizinhos do poderoso Cultura Artística... igualmente nas mesmas circunstâncias. Mas há uma diferença. Se o Municipal, o Cultura e a Sala São Paulo (estação Júlio Prestes) estão voltados para uma programação musical de concerto e com um público que tem como pagar, e se cuidar, as demais salas estão voltadas para plateias mais jovens, ou curiosas, e oferecem uma programação que reflete o que o dramaturgo alemão Bertolt Brecht definiu numa peça memorável com *a selva das cidades*. No Folias, um dos destaques foi *Babilônia*, de Reinaldo Maia, com direção de Marco Antonio Rodrigues. Título revelador. Personagens: mendigos. Outra peça, *Pavilhão 5,* dispensa detalhes. No Satyros, um espaço pequeno, mas bem-cuidado, fala-se mais da marginalidade existencial dos poetas malditos, como Oscar Wilde, personagem de *De Profundis*, que relata sua vida na prisão.

Por fim, o Faroeste mostra um espetáculo duro chamado *Re-Bentos*, ambientado em um dos cortiços que proliferam na capital (mais de 600 mil pessoas nestes locais. São dados oficiais). O texto de Paulo Faria (que assina a direção com Edgar Castro) expõe as agruras de um grupo de pessoas em um pardieiro úmido e sujo. Galeria humana que inclui drogados, prostitutas, idosos senis e até gente normal, como se usa dizer. O enredo pesado é um tanto confuso ao tentar a metalinguagem (o teatro dentro do teatro) com lances de histórias em quadrinhos e novela policial.

O elenco desigual incorre com frequência no incômodo equívoco de tentar emoção no grito. Os desempenhos mais equilibrados estão com Sílvia Borges, Bri Fiocca e Beto Magnani.

Mas isso é a estética, e o grupo deve se afinar. Do ponto de vista social e político, a experiência deles está ligada a movimentos como a Ação Local Ladeira da Memória, Ação Local Conde de São Joaquim, Fórum dos Cortiços da Cidade, Ocupação Prestes Maia, Viva o Centro e outros. A arte dessas companhias está em andamento sob cuidadosa observação dos próprios elencos e amigos. É uma aposta difícil à medida que atua sobre a realidade concreta, sem a fantasia de cinema. A São Paulo desse teatro é igual ao filme *Blade Runner*. Só que aqui não há Harrison Ford e o encanto ambíguo de Daryl Hanna. No palco, e fora dele, estão artistas e mendigos. Todos reais. Quem se propõe a ver?

A Cabra ou Quem É Sylvia?
Brincando nos Campos da Perdição

24 de outubro de 2008

Edward Albee, autor de *A Cabra ou Quem É Sylvia*, disse em ocasiões diferentes: a) *Escrevo*

peças para tentar entender por que as escrevo;
b) *Quando você pode resumir o assunto de uma peça em algumas frases é porque geralmente a peça não deverá ser mais longa que algumas frases.* Vamos, pois, seguir o seu roteiro. *A Cabra* é a história de um homem que subitamente se apaixona por uma cabrita, vê beleza nos seus olhos, faz sexo com ela, etc. O restante é para o espectador ver transcendência quase bíblica neste cidadão que só falta clamar: *Senhor, por que me abandonastes?*

Sexo de humanos com animais não é novidade. Antonio Candido, em *Parceiros do Rio Bonito*, um clássico da sociologia, descreve a iniciação sexual de meninos caipiras com as éguas. Depois, a vida retoma o eixo. Há, no entanto, a perversão adulta da zoofilia que Albee, no entanto, promove a metáfora que cabe a você decifrar, porque o artista avisou que *escreve para entender que escreve.* Mas, vamos tentar seguir reações de outro lugar onde o espetáculo estreou anteriormente. Na França, falou-se que o casal de *A Cabra* é submetido a uma *prova iniciática com contornos mitológicos.*

Realmente, os deuses gregos costumavam transformar outros deuses e/ou semideuses em bichos para fins amorosos ou de vingança. A diferença fundamental é que a mitologia grega tem uma carga poética e cultural de milênios, enquanto Albee, nos seus 80 anos, levou o Olimpo para o pasto. Grande talento para observações subjetivas, diálogos de brilhante e cruel ironia, ele inscreveu seu nome na literatura dramática do século 20 com *Quem Tem Medo de Virginia Woolf* (1962), avassalador confronto conjugal e familiar e de *status* social. Apesar dos longos silêncios, este senhor magro e arredio, quando voltava aos palcos, mantinha alto nível até em *Três Mulheres Altas*, acerto de contas com a madrasta, embora negue intenções autobiográficas. Na linha psicológica e existencial, forma um trio de ouro da dramaturgia americana com Eugene O'Neill e Tennessee Williams, enquanto o drama social tem em Arthur Miller sua expressão maior. Nenhum dos três pretendeu voos filosóficos ou rasgos metafísicos; mas Albee caiu na tentação, provavelmente dada sua admiração por Samuel Beckett.

A Cabra parece querer implodir qualquer certeza com um enredo atemporal e fora da realidade específica dos Estados Unidos. O criador do romance caprino se sente só em face do insondável. Só ele teve a *revelação* do infinito e do abismo, gritando *será que ninguém me entende*. Família e amigo realmente não entendem, mas você, na sua poltrona, trate de entender.

Paira no ar que o dramaturgo acusa a hipocrisia social (burguesa?, norte-americana?, de todos?). Mas isso foi dito na Inglaterra no século 19 (algo como *pode-se fazer tudo, desde que não se assustem os cavalos na rua*). Para piorar, esta arte anti-hipocrisia é um clichê. Serve para tudo.

Seria ótimo se os candidatos a insolentes e demolidores tivessem mais argumento. Inventem ao menos uma frase como a de Rap Brown, um dos líderes do movimento Pantera Negra: *A violência é tão americana quanto a torta de maçã.* (Brown, aliás, afundou nela ao matar um policial.)

O espetáculo paulista reflete simultaneamente o bom e o problemático do autor. Tem forte tensão cômico-dramática dentro do *decifra-me ou devoro-te* que propõe. A direção de Jô Soares, sofisticada no conjunto, não duvida um segundo do texto (que adaptou) e o elenco oferece um belo jogo de interação de desempenhos. Há – ou houve só um dia – algo diferente na voz de José Wilker, uns tremores ou quase tosse. Pode ser um maneirismo para o papel, cansaço ou gripe do intérprete. Mesmo assim, Wilker será sempre um ator carismático, de impacto imediato. Denise Del Vecchio, a mulher soterrada pela situação, traduz com grandeza o compositor Lupicínio (Eu não sei se o que trago no peito / É ciúme, despeito, amizade ou horror). Experiente e sempre hábil, Francarlos Reis faz do amigo do casal uma mistura de objetividade e má-fé. Gustavo Machado testa sua versatilidade ao compor mais uma caricatura de homossexual.

O que Edward Albee imaginou quando alguém sai de si para o irremediável, sua compatriota Patrícia Highsmith fez em romances perturbadores (até um livro sobre a "maldade" dos animais). Patrícia morreu em 1995. Albee está atrasado. Parece esquecido da sua estreia em 1959, quando, numa só noite, escreveu *Zoo Story*, narrando o confronto entre dois homens, um deles – visível alter ego do autor – à procura do desastre, ou imolação. Como o amante de Sylvia. Esta obra-prima vale por um rebanho de cabras.

Cadela de Vison

12 de junho de 2008

Renato Borghi é um ator extrovertido dentro e fora do palco. Um sentimental por trás da persona irônica que se fixou definitivamente, sobretudo a partir do papel de Abelardo, em *O Rei da Vela*, de Oswald de Andrade, autor que o influencia como dramaturgo de frases de efeito e desaforos retumbantes.

Quando fez 60 anos, Renato comemorou, feliz e comovido, no Aeroanta, casa de espetáculos que marcou época. Anos antes ele já havia iniciado a revisão da carreira e vida pessoal, plena de conquistas e vivências radicais que expôs na peça *O Lobo de Ray-Ban*. Ator de larga experiência com um lugar na história da cena nacional como um dos fundadores e líderes do Teatro Oficina, Renato voltou de novo sobre seus passos em *Borghi em Revista*, espetáculo tão bom quanto importante por aliar o confessional com uma aula sobre a profissão.

Não é raro um criador tomar-se como motivo de sua obra, seja na primeira pessoa, casos de Henry Miller e Jean Genet, ou incluindo-se em um painel histórico e social como Pedro Nava. Nenhum deles se perde pelo narcisismo, ao contrário. Nava, que foi médico a vida inteira, ao se aposentar, revelou-se um estilista límpido e um observador perfeito do meio em que viveu, da culinária doméstica a fatos políticos relevantes. Escreveu seis volumes que iluminam um homem e seu tempo.

Borghi mais uma vez volta-se sobre si mesmo agora em *Cadela de Vison*, recorrendo ao alter ego, Sandro, um ator no túnel do tempo e de ambivalências de caráter afetivo e sexual. O hibridismo, a dualidade do homem diante das influências do feminino, aflora de forma não realista. Como diz o próprio autor, *o clima caminha para uma fantasia poética desenfreada. Sandro e Mona passarão do mundo sólido ao líquido, e daí por diante, até que a matéria se dissolva num sonho.*

Mona, no caso, é uma mulher voluptuosa e uma aparição, visto que morreu há muito tempo.

Intencionalmente, não é explicado como isso é possível, mas o artifício convence. Ele é um veterano em via de perder seu teatro, ela foi a cantora que embalou sua adolescência; e assim iniciam um diálogo que envereda pelo absurdo, o espanto e o humor negro.

O espetáculo pode ser visto de duas maneiras. Como metáfora sobre a dualidade de sexos, o que deixou de ser novidade para quase chegar ao enfadonho. Renato diz que seu ponto de partida foi um autorretrato de Edvard Munch que o pintor norueguês batizou de *a cantora*.

Ismael Nery fez o mesmo e com alguns traços femininos. Só tem portanto força artística a obra que revele uma real inquietação íntima para além da mera autorreferência. Por outro lado, se for uma alusão à vida e carreira de Borghi, a escrita é por demais cifrada para quem não o conhece desde seus tempos de Oficina. Poucos se lembrarão, por exemplo, que a divertida cena de *matar o crítico* talvez se refira à sua polêmica violentíssima com um crítico tão talentoso e respeitável quanto ele, o que anula a briga, até porque Renato não só aceitou como ostenta orgulhoso seus prêmios de toda crítica *morta* a tiros de festim. É engraçado.

Em dado momento, a peça fica preciosista e meio cópia da irreverência oswaldiana. Por sorte, o danado do autor escreve bem e não se deixa afundar na misericórdia, nem no protesto óbvio ou na anarquia sem rumo. Há um ponto de chegada para esses seres que conheceram a glória e o fracasso e se olham com aceitação pacífica, como se tudo tivesse sido realmente sonho bom, apesar de todas as misérias ao longo do caminho. A ambientação claro/escura desse crepúsculo dos deuses está perfeitamente dosada pela direção de Elcio Nogueira Seixas, auxiliado por uma cenografia de forte simbolismo, de Márcia Moon (o palco tomado por imensa coroa fúnebre que é, ao mesmo tempo, labirinto e álbum de retratos). Renato Borghi evidentemente é dono absoluto do papel – ou seja, de si mesmo –, na companhia bonita e intensa de Luciana Borghi, sua sobrinha na vida real.

Cadela de Vison comemora 50 anos de carreira desse intérprete inquieto e irreverente o suficiente para se achar um fora do tempo e uma celebridade. Como se vê, Renato é ainda um garoto abusado e talentoso.

Café com Queijo/Interior:
Retratos Brasileiros

2000

O Brasil rural ou provinciano continua existindo apesar do néon das modernas avenidas. Dois bons espetáculos falam dessa velha realidade com atenção. *Café com Queijo* (no Sesc Belenzinho) e *Interior* (no Tusp). Eles demonstram que não é preciso fazer anedota folclorizante quando se mostram vidas simples. O professor Antonio Cândido já o demonstrou em *Parceiros do Rio Bonito,* estudo clássico sobre a cultura caipira no Estado de São Paulo. Violas e luares, mas sem esconder que o caboclo tem o sonho faminto de comer carne de vaca, produto raríssimo na sua vida.

A cena paulistana mostra agora a mesma realidade com uma ternura melancólica que comprova a tese do economista José Ely da Veiga: a maioria da população brasileira ainda vive ou tem vínculos com o campo. Certos critérios estatísticos e termos sociológicos fora de lugar acabaram por nos colocar todos na cidade. Na verdade, as periferias selvagens são bem pouco urbanas. É disso que, com humor e simpatia, o palco está falando. Da força dos fracos que acaba por deixar marcas na cultura de uma nação.

Café com Queijo é a bonita criação do Lume, núcleo de pesquisas teatrais criado na Universidade de Campinas e já com 14 anos de existência. O grupo procura a criação artística pela reconstituição detalhista das ações, físicas e vocais, de pessoas, animais e até de fotos e gravuras. O resultado do esforço restaura, de modo sofisticado como criação, a rude humanidade dos campos de Goiás, Minas, Amazônia e São Paulo. Crenças, hábitos alimentares e fantasias reaparecem em episódios ora curiosos, ora engraçados, numa fala quase dialetal. O elenco vai a fundo na experiência mostrada no ambiente acolhedor delimitado por paredes de panos coloridos.

O segundo espetáculo, *Interior,* partiu da experiência do grupo com suas raízes familiares em vários Estados e cidades do interior. No processo, o que poderia ser fantasia de traço sociológico terminou por receber um forte componente subjetivo e confessional. Em episódios breves, a memória também segue a geografia do afeto numa espécie de dramatização do poema *Viagem na Família*, de Carlos Drummond de Andrade (*Pisando livros e cartas/ viajamos na família. Casamentos/ hipotecas/ os primos tuberculosos/ a tia louca [...]*) Os intérpretes dirigidos por Abílio Tavares trabalharam 18 meses o duplo sentido de interior (o físico e o emotivo) numa caminhada em direção à *terra revirada no interior de cada um.* Sem superstição de serem 13 em cena, formam o elenco intenso de uma montagem calorosa.

Calígula
O Imperador que Prenuncia a Tirania Política da Atualidade

19 de dezembro de 2008

Albert Camus disse saber dos defeitos de *Calígula*, mas não via sua peça como filosófica, como apontara a crítica francesa na estreia, em 1946. Se não citou as falhas, disse algo que interessa ao espectador de hoje. A primeira é que ao escrevê-la *tinha 25 anos, idade em que se duvida de tudo, menos de si próprio*. A seguir, acrescenta ser essa *mais uma peça de ator e diretor do que de autor*. E que fique bem entendido: *Ela se inspira nas inquietações que eu tinha naquela época*. É preciso levar esses fatos em consideração diante de um texto majestoso e sua atual versão cênica, com brilhos e sombras, altos e baixos. Ciclotímica como Calígula, o imperador de Roma entre os anos 37 e 41 d.C. O homem que em sua pouca existência de 29 anos transformou a vida de todos em horror.

Um dos defeitos que Camus (1913-1960) não quis apontar em sua criação talvez decorra, exatamente, da pretensão do então jovem autor em fazer, sim, filosofia ao longo de quatro atos. Escreveu ao sol da Argélia, onde nasceu, mas dentro da mais pura tradição retórica francesa. Demasiadamente verbal, sem silêncio, sem subentendidos. Sem respiro. A vida se passa lá fora enquanto as personagens falam, falam e, novamente, falam. Nascem pensando na *Comédie Française*.

A linha de reflexão do texto insinua que Calígula (na realidade um reles psicopata), ao sentir que o mundo não lhe é satisfatório, nega o que é humano. Torna-se um monstro ao ignorar que não se pode destruir tudo sem a própria destruição. Um milênio mais tarde, um alucinado Jean-Bedel Bokassa faria quase o mesmo na República Centro-Africana, país que quase ninguém sabe que existe. Ao se autoproclamar rei, montou uma imitação grotesca da corte de Versalhes em meio ao deserto e à miséria absoluta. Quando derrubado, ao fim de uma tirania de 1977 a 1979, encontraram cadáveres esquartejados no *freezer* do palácio. Bokassa teve o apoio da França e todas as suas luzes. Quando se fala em Camus, poucos se lembram o quanto ele conheceu da barbárie da África e dos colonizadores.

De qualquer forma, a obra tem uma boa premissa filosófica e teológica. Sartre alargaria a mesma trilha ao constatar que a frustração se instala na diferença, desfavorável, entre nosso projeto existencial e o seu resultado.

Cabe ao homem assumir sua escolha e agir em consequência, o que Sartre considera uma atitude humanista, ao contrário de Calígula e todos os déspotas (agora mesmo há um no Zimbábue, Robert Mugabe, mas sem o antiprestígio, o *apelo maléfico*, de Stalin. Não dá teatro. Quem se lembra de Idi Amin? Catástrofes, só as ocidentais e de pele branca).

Mas os defeitos de *Calígula* são parcialmente redimidos pelo seu esplendor verbal. Camus faz jorrar aforismos, parábolas e prédigas. Cada uma, por si só, é tema para outra peça. Frasista brilhante, é, também, um tribuno. Que cada um o siga *nas inquietações que eu tinha naquela época.*

Quem sabe seja por isso que ele tenha oferecido coautoria ao diretor e ao intérprete do original, agora traduzido com bom ritmo e senso poético por Dib Carneiro Neto (enfim, alguém que ainda se preocupa com o francês). O espetáculo, dirigido por Gabriel Villela, é, antes de tudo, apaixonado. Resultado do esforço para levantar uma obra da qual os patrocinadores tendem a fugir (história de um rei tarado e assassino). O mau cineasta italiano Tinto Brass fez o desserviço de lançar um filme grosseiro, semipornográfico, que piorou sua fama. Felizmente, o Sesc não pensa assim.

Há dois movimentos visíveis neste *Calígula*: o despojamento cênico, como o do encenador Antunes Filho, e adesão ao teatro não ilusionista. É o que se observa desde o momento em que o ator sai do papel e anuncia a passagem dos atos. O distanciamento da ilusão continua no uso de objetos contemporâneos, às vezes de forma exagerada (uma bolsa Nike simboliza o tesouro de Roma).

O que resulta menos proveitoso, senão prejudicial, é a infantilização cômica de várias sequências e um leve jeito afetado e feminino nas atuações. O homoerotismo fez parte da cultura greco-romana, mas, no caso, isso não está em questão. O teatro francês discursivo é o maior problema deste *Calígula*, onde nem todos adequam voz ao conteúdo (como o faz Pascoal da Conceição no personagem-chave que liquida o imperador). Thiago Lacerda, com um físico privilegiado e intensidade cênica, tem pela frente a luta para melhorar a dicção sibilada e a articulação. Passagens caricatas ou a mistura de gêneros (de circo a marionetes) dificultam alguns desempenhos. Mesmo assim, Ando Camargo e Jorge Emil chegam a momentos de acerto. Provavelmente por ter uma personagem incidental, sem continuidade interna, Magali Biff parece meio perdida nessa Roma de papel e tecidos do excelente cenário de J. C. Serroni.

De volta ao começo: se não é possível captar tudo do filósofo incipiente, escutemos quando ele grita, com beleza e angústia, que ninguém pode ser livre à custa dos outros.

O Céu Cinco Minutos antes da Tempestade

29 de fevereiro de 2008

Silvia Gomez, a autora de *O Céu Cinco Minutos Antes da Tempestade*, antecipa-se à curiosidade do espectador. Com o título indagação *O que você quer entender?*, responde no programa do espetáculo: *Queria dizer alguma coisa importante, mas só tenho perguntas. Escrevo por isso – deve ser uma mistura de um pouco de raiva e um bocado de perplexidade. Amo o teatro (...) e acho incrível e promissor que o mundo comporte pessoas como você, que está aqui lendo este programa (...) e talvez também esteja à procura de alguma resposta. E, por isso, eu te saúdo.* Declaração forte numa estreante. A mineira Silvia Gomez, de 30 anos, parece buscar um ponto de apoio dentro de situações ambíguas.

Muita indagação dentro de um texto curto evidenciando pressa. Por outras palavras, este é um teatro de questões sem respostas automáticas, um espetáculo despojado de adornos. A ação concentra-se num ambiente hospitalar com paciente, a enfermeira, uma visita sem identificação e um mascarado espectral, espécie de mordomo sem lógica no contexto (daí parte do seu interesse).

A doente, prostrada na cama, discursa de forma desconexa e furiosa contra a segunda, que simula fazer palavras cruzadas. Há ali um jogo de poder, um dado de sadismo ou uma loucura geral à qual a presença masculina parece oferecer vaga insinuação do mundo exterior. Trata-se de uma situação atemporal e solta no espaço. O pouco que se sabe são os nomes das estranhas figuras. É inevitável se pensar em Kafka. Aliás, seja que artista for, este é o desafio para se esclarecer os meandros e subtextos da encenação. Porque um Centro de Pesquisas Teatrais não está mesmo se obrigando a expor estruturas codificadas. Existe como laboratório de novas gramáticas cênicas numa superposição de conhecimentos, uns mais absorvidos, outros menos. O público que *procura alguma resposta* merece, mesmo assim, ser informado que os integrantes do CPT, conduzido por Antunes Filho, trabalham com um arsenal de referências de alto nível. O elenco assiste aos filmes e documentários raros sobre trabalhos dos maiores encenadores contemporâneos e cumpre um ritmo de leituras exigidas com rigor, afora todas as ideias, vivências e obras do próprio Antunes.

Em *O Céu Cinco Minutos Antes da Tempestade* reflete o teatro oriental (máscaras, gestos, maquiagens, intenções) e – bastante – o do polonês Tadeusz Kantor, figura basilar do palco no século 20. Os intérpretes são bastante jovens, como, provavelmente, o diretor Eric Lenate que, no entanto, não diz nada (o programa, curiosamente, traz apenas o seu *e-mail*). Faz falta sua palavra, embora demonstre segurança no ofício.

O resultado é um espetáculo labiríntico, o outro lado do espelho, como em *Alice no País das Maravilhas*, de Lewis Carroll, que tem um trecho citado no mesmo programa. O diálogo entre a menina e o gato pode ser a melhor pista para o público. Ela pergunta ao gato como sair de onde está. *Depende muito do lugar para onde você quer ir*, disse ele. Alice replica: *Não me importa muito onde*, ao que o gato treplica: *Nesse caso, não importa muito por onde você vá.*

Há apenas dois dados incômodos no espetáculo: a estridência das vozes femininas, em contraste com a tensão precisa de Carlos Morelli, e a máscara que esconde Adriano Petermann. Teria sido bom, quem sabe, se sua atuação fosse como de Erich Von Stroheim em *Crepúsculo dos Deuses*. O grande cineasta ao aceitar o pequeno, mas crucial, papel de mordomo de Gloria Swanson conferiu um toque a mais de estranheza ao filme. De volta ao começo: o que você quer entender? Silvia Gomez e Eric Lenate podem não ter a intenção, mas chegam perto de Lacan: *Toda palavra tem sempre um mais além, sustenta muitas funções, envolve muitos sentidos. Atrás do que diz um discurso, há o que ele quer dizer e, atrás do quer dizer, há ainda um outro querer dizer.* O que está em cartaz depende, enfim, da disposição – ou não – de quem vê algo poético em duas paralelas no infinito. Ou no mistério do céu cinco minutos antes da tempestade.

Cidadania

12 de setembro de 2008

Desde o advento da psicanálise e da biologia comportamental, sabe-se que a bondade infantil é uma fantasia católica mantida no Romantismo e pelos ingênuos incuráveis. O mesmo vale para a adolescência, período em que o viço muscular e pujança dos hormônios se confrontam com insegurança e angústia. *Cidadania*, de Mark Ravenhill, trata disso sob o ângulo do sexo. Considerando-se que até a metade do século passado o erotismo era vedado às mulheres e exercício livre, mas subterrâneo, para os homens, o que veio depois dos míticos *anos 1960* (feminismo, a pílula e novos costumes em geral) foi um avanço em termos de liberdades públicas e individuais. Constatação válida apenas para democracias sólidas e abastadas, porque o primitivismo continua no restante do mundo, do prato de comida ao que se faz na cama.

O inglês Mark Ravenhill nasceu em 1966 – na metade dessa década de mudanças – e chamou a atenção com *Shopping and Fucking*. Seu teatro, como o *rap*, absorve a vulgaridade, a incultura e pobreza verbal, na crença de estar agredindo a ordem estabelecida. Há quem goste. O que ele quer contar sobre juventude começou a ser mostrado na Inglaterra em *Deep End*, filme de Jerzy Skolimowski (1971) ambientado em Londres. Em outra direção, acaba de sair *O Encontro*, romance tenso da irlandesa Anne Enright (edição Alfaguara) com jovens e seus problemas. A diferença é que ela reflete, tem sofisticação verbal e inclui os adultos.

Ravenhill flagra certa juventude urbana afundada no tédio e promiscuidade sexual, tendo a ação basicamente centralizada em Tom, que sonha estar beijando alguém de rosto difuso, que pode ser de um homem. Há uma namorada chata rodeada de amigas igualmente banais e entediantes. E amigos mais interessantes, sobretudo Gabriel, de quem é próximo. Nessa ambígua divisão, entre simpáticos e antipáticos, o autor entrega de que lado está.

É inegável o valor de um espetáculo de temática juvenil, mesmo que sem nenhuma referência geográfica ou social. Os personagens são de qualquer lugar, menos, claro, da periferia, seja de que país for. O entorno familiar está igualmente descartado. Restam, portanto, componentes de uma faixa etária e, dentro dela, o protagonista que parece não saber direito qual sua tendência erótica. O impasse não chega a ser doloroso pelo tom humorístico de algumas situações e porque o autor empurra logo o jovem numa direção. O final não deixa dúvidas, embora teoricamente seja uma obra sobre a incerteza. A indiferença desse rapaz, pai involuntário que não olha uma única vez para o filho recém-nascido, indica que o diretor Tuna Serzedello também sabe o que ele prefere.

O espetáculo da Cia. Artur Arnaldo, equipe interessada em temas sociais, tem uma simpática simplicidade, apesar dos tropeços da tradução (ninguém diz em português coloquial *vou fazer meu melhor*) e do desnível do elenco. As marcações e deslocamentos cênicos são elementares como uma lousa escolar. As atrizes têm aparições incidentais, com exceção da amiga *quase namorada* que Julia Novaes interpreta em um tom agudo e dicção a ser melhorada. *Cidadania* basicamente se sustenta no desempenho de Fabio Lucindo (Tom) e Guto Nogueira (Gabriel). O mesmo grupo apresenta, aos domingos, *Bate--Papo*, do irlandês Enda Walsh.

Enredo: navegando pelas salas de conversa da internet, cinco adolescentes encontram um alvo especial para o *bulling* (humilhação) digital. A vítima, um garoto retraído de 16 anos, é incentivado ao suicídio pelos atacantes juvenis. Infelizmente, não é só ficção. A Associação Brasileira de Proteção à Infância e à Adolescência (Abrapia) informa que em uma pesquisa com 5 mil alunos de 5ª a 8ª série de 11 escolas públicas e particulares do Rio de Janeiro mais de 40,5% assumiram ter praticado ou sido vítimas de *bulling*. Ou seja, Alex, o psicopata do filme *Laranja Mecânica*, está de volta.

Cordélia Brasil:
Cordélia Brasil Volta como Caricatura

8 de agosto de 2008

Esta *Cordélia Brasil* em cartaz é uma bolha de sabão. É preciso soprá-la com força para explicar o que foi a outra peça, com o mesmo título e autor, Antonio Bivar, que iluminou 1967/1968 e que, por extenso, se chamava *O Começo é sempre difícil, cordélia Brasil, vamos tentar outra vez*. O tempo criou uma espécie de lenda em torno dessa obra e as de José Vicente de Paula que vieram fazer companhia a Plínio Marcos no grupo de desafetos do regime militar. Antes de mais nada, o resumo: Cordélia é uma funcionária pública que também se prostitui para sustentar o casamento com um vagabundo de boa conversa que se faz passar por artista gráfico. Um cliente dela fecha o triângulo. A situação é corriqueira na superfície, mas o desespero subterrâneo da mulher dará a dimensão pesada da história. Antonio Bivar a escreveu bastante encantado com a contracultura anglo-americana, sobretudo o movimento *hippie* e a literatura de Jack Kerouac e Allen Ginsberg.

Na primeira versão do espetáculo (Rio de Janeiro e São Paulo) estavam Norma Bengell, Emílio Di Biasi (também diretor) e Paulo Bianco. Bivar escreveu na ocasião: *Gostaria que vissem o meu teatro como um teatro de experiências (...) A nossa época me parece absurda. A realidade histórica, absurda. Sinto que todos buscam com desespero a realidade de um mundo que é incerto e onde a fronteira entre o sonho e a realidade muda a cada instante. E fazendo parte deste mundo, eu estou comprometido até a alma com o absurdo, ou seja, com a nossa realidade.* No Brasil de regime militar, aquilo soava como uma mensagem e a peça adquiriu contornos profundos. Emílio Di Biasi, no entanto, acrescentou: *Não gosto de teorizar sobre o que faço (...) queria apenas dizer que sinto a maior ternura por estas criaturas, por isso não quero criticá-las.*

O espetáculo foi uma explosão emocional. O espaço do Teatro de Arena reproduziu entre o público e o elenco a lei da física – a cada ação corresponde uma reação. Havia eletricidade crescente no ar à medida que o texto um tanto absurdo e anarquista de Bivar adquiria velocidade dramática nas atitudes de Norma Bengell. Cordélia ia num crescendo de revolta diante do absoluto amoralismo passivo do marido que Emílio Di Biasi representava como um tipo assexuado e com a maldade falsamente inocente de *O Amigo da Onça*, o canalha *distraído* da revista *O Cruzeiro* (bom ator, Emilio tinha até o bigodinho do *Onça*). Norma Bengell dera já o salto dos musicais para expor seu temperamento intenso de atriz nos filmes *O Pagador de Promessas, Os Cafajestes, Noite Vazia* e *Antes, o Verão*. Seu rosto belo e sofrido deu a medida do desespero de Cordélia. O momento de rompimento com o marido era um monólogo devastador, interrompido pelos aplausos que a protagonista, exausta, parecia não ouvir. Nessa época, Norma Bengell, que tomara publicamente atitudes políticas, foi sequestrada na porta do seu hotel e levada até o Rio de Janeiro para nada. Um recado da linha-dura militar.

Quarenta anos depois, uma *Cordélia Brasil* confusa e incolor é remontada sem nada que faça lembrar uma mulher enérgica, sem afeto e sexo do marido parasita e sendo obrigada a se prostituir para comer. Em nenhum momento Maria Padilha parece crer minimamente no que está fazendo. Sem querer, sua atuação mostra que há mesmo algo de errado na construção de um personagem forte, mas que se deixa levar de forma pouco plausível por uma figura masculina secundária. É aflitivo procurar a Maria Padilha que irrompeu em 1978 no teatro profissional em *O Despertar da Primavera*, de Frank Wedekind, e que em seguida teve outras atuações de destaque. Ela, aqui, desfila um figurino de mau gosto inverossímil, sobretudo no seu momento funcionária pública. Do elenco, só George Sauma tem a verdade que até sua pouca idade real e experiência de vida reforçam. A ficha técnica, pela extensão, parece uma brincadeira, mas traz até o respeitado nome de Maneco Quinderé numa iluminação de rotina.

O diretor Gawronski diz de maneira esotérica que o texto, além de retratar uma realidade próxima, *nos faz refletir sobre uma identidade de cidadãos que ainda muitas vezes é obscura*. Deve ser para ajudar nessa reflexão que, em dado momento, o público é convidado a fazer bolinhas de sabão com um brinquedinho deixado sobre as poltronas. A imagem acabada da encenação.

Um Dia, no Verão

5 de outubro de 2007

Um Dia, no Verão é uma peça teatral da Noruega tendo como principal intérprete Renata Sorrah. São dados essenciais para se observar o espetáculo dirigido por Monique Gardenberg, embora fale do atemporal sentimento da perda. Da sua não superação.

A Noruega tem um litoral estranho, recortado por baías ou enseadas profundas que chegam ao coração do país (os fiordes), o que moldou a existência de um povo descendente dos vikings os quais assustaram a Europa por 300 anos a partir do século 8. Na grande cultura é a pátria do dramaturgo Henrik Ibsen, do compositor Edvard Grieg e, hoje, de Jon Fosse, autor teatral afobadamente chamado de *o novo Ibsen*, o que ele mesmo desautorizou em entrevista a Ubiratan Brasil, do *Caderno 2*.

O Mar do Norte é frio e hostil. O contato com ele nada tem a ver com a nossa maneira tropical de viver. Influi na psicologia dos personagens. Nele se pesca bacalhau, baleia, se guerreia e se morre. A mulher de *Um Dia, no Verão* está isolada diante dessas brumas e ondas agressivas que tanto atraíam o marido. O homem que, subitamente, saiu de sua vida. A opção dela em continuar no mesmo local é derrota assumida e sua presença constante diante da janela irradia a tristeza das telas de Edward Hooper. Esse é o estado de espírito que o temperamento dramático de Renata Sorrah sabe encarnar como poucas atrizes do teatro brasileiro. Desde sua maneira apressada de entrar em cena à respiração e entonação de voz, ela já carrega um clima de tensão. Sempre foi assim, talentosamente assim. Sua marca. O problema é haver elenco para acompanhá-la.

A perda afetiva, seja por desamor, desaparecimento ou morte, é um dos pesadelos do ser humano. A cicatriz que não fecha. É preciso cuidado com ela para chegar acima do melodrama. Desta vez, a diretora Monique Gardenberg aparenta não ter se dedicado à encenação da forma autoral que já provou saber. A falha mais visível está na ausência de equalização dos intérpretes. Eles entram e saem, giram soltos dentro da ação. (Fernando Eiras consegue impor um tipo). Em consequência, ficam coadjuvantes de Renata Sorrah à exceção de Silvia Buarque, que demonstra sincera introspecção quando, em silêncio, uma lágrima rola lentamente pelo seu rosto.

Há um ponto especialmente problemático com o marido. O autor está interessado é na atitude existencial da mulher. É sutil ou enigmático ao deixar no ar se aquele homem que se vai está entediado consigo mesmo ou com a vida conjugal. Aparece pouco, de onde a dificuldade de apreendê-lo.

Gabriel Braga Nunes não precisa ser um filósofo Soren Kierkegaard, mas vagar pela sala desalinhando os cabelos e com a fala marcada por um *s* sibilado o torna pouco convincente. Falta ao marido exatamente a densidade do silêncio. O espetáculo sublinha os climas emocionais com músicas norte-americanas. Um pouco de pesquisa acharia os excelentes compositores do Báltico, sobretudo Georgs Pelecis do intenso e dolorido *Neverthless*, um concerto para piano, violino (Gidon Kremer, apenas) e orquestra. O curioso é que a cantora sueca Topaz Monicaz gravou um disco em que inclui *Tack Godê Gud for Musikanter* (o que vem a ser *O Bêbado e a Equilibrista*). Ao final, enfim, um achado com *Movimento dos Barcos* como contraponto ao enredo (pena que não seja na interpretação pungente de Jards Macalé).

E, no entanto, o espetáculo resiste, apoiado no cenário do mestre Helio Eichbauer que, embora deixe de lado a típica arquitetura em madeira escandinava, insinua opressão nas portas giratórias que dão para o vento e o nada. O nada que Jon Fosse buscou e que subsiste na máscara dramática de Renata Sorrah.

Divinas Palavras:
Palavras Divinas Desperdiçadas

14 de dezembro de 2007

Divinas Palavras, da Companhia dos Satyros, não é o teatro do espanhol Valle-Inclán, mas um espetáculo de Rodolfo García Vázquez e Ivam Cabral (adaptação e tradução). O enredo original com uma família miserável e cruel que explora um anão retardado para pedir esmolas, aqui, aparece caoticamente. O que esse originalíssimo autor espanhol quis realmente dizer perde-se numa mistura de experimentações audiovisuais e cenográficas. O terrível virou deboche, o que, aos poucos, já se insinua como cacoete do grupo. Opção artística de superfície que não esclarece as ideias do escritor que se dedicou a observar a *avareza, a luxúria e a morte* (título de uma de suas peças).

Em *Divinas Palavras*, uma somatória de adultério, incesto, ganância e perfídia, o autor não usa o grotesco como sátira de fundo ético, posições morais e reformadoras. Não. O que Don Ramón José Maria Del Valle-Inclán, um homem magro de barba estranhamente longa e pontuda, óculos antiquados, nascido em 1866, na Galícia, expõe ceticamente é a essência humana com seus instintos e paixões elementares. A pequena diferença entre o suíno e os bípedes com rostos distorcidos pela pobreza e bestialidade. Um criador que, na pintura, tem seus iguais em Bosch e Brueghel.

Sua Espanha é rural e faminta, de um clericalismo tenebroso com resquícios medievais. Estranhamente, tudo isso, dependendo da direção, pode soar inquietante, mas comovente. O encenador argentino Victor García (a quem o teatro brasileiro deve *Cemitério de Automóveis*, de Arrabal, e *O Balcão*, de Genet) realizou a mesma obra na Espanha com um final majestoso: a grande atriz catalã Nuria Espert, linda e nua diante de um gigantesco órgão de igreja.

A escrita de Valle-Inclán é uma reinvenção do espanhol puro com a fala dialetal da sua região, a Galícia. Mescla de termos eruditos e expressões vulgares. A adaptação, dos Satyros, infelizmente, só chegou ao pastiche e ao palavrão. Deste roteiro, o diretor Rodolfo García Vázquez (que tem uma bela imaginação plástica) exagerou ao fazer um *mix* de história em quadrinhos de horror, desfile de marionetes e uma discutível aproximação com o chamado *brega* musical brasileiro. Tudo o que se convencionou ser risível entra pelo meio das cenas que – a todo o momento – fazem referência à São Paulo degradada (a contínua referência à Praça Roosevelt já começa a sair dos trilhos, assim como a presença rotineira de um travesti, até porque um travesti entre *seres pouco normais* soa contraditório. O *esperanto-ecumênico* sexual de Os Satyros pode estar envelhecendo. Falta transcendência ao espetáculo (se é para ser só realista, dias atrás um mendigo incendiou e matou um colega na disputa de espaço numa calçada de Higienópolis. E a rua tem nome cristão de São Vicente de Paula).

Há equívocos de figurinos. O personagem de Alberto Guzik é só um sacristão, portanto, pode ser legalmente casado, mas seu traje é de padre. Guzik, uma presença marcante, não tem como, nessa agitação toda, impor com sua boa voz – e em latim – o que são as divinas palavras: *Qui sine peccato est vestrum, primus in illam lapide mittad* (*Quem não tiver pecado atire a primeira pedra*.)

O dado surreal só aparece fugazmente quando um daqueles monstros das telas de Brueghel atravessa o palco encarando a plateia. Mas é revelador que, depois de tanto ruído e poluição visual, Ivam Cabral tenha de sair do papel de anão hidrocéfalo para narrar o fim da peça com seu carisma de intérprete.

Só então se compreende o que Valle-Inclán disse: *O senso trágico da vida espanhola não pode ser mostrado a não ser por uma estética deformada*. Aí está o dramaturgo que morreu, em 1936, na mística Santiago de Compostela.

O Eclipse:
O Eclipse da Lua e da Diva do Palco

15 de agosto de 2008

Peça de Jandira Martini, dirigida por Jô Soares, recria a viagem da atriz italiana Eleonora Duse a São Paulo, em 1907.

Comédia de toque dramático reflete sobre o tempo e a glória.

O Eclipse será visto provavelmente de duas maneiras. Uma, a do relacionamento de uma artista italiana, temperamental e infeliz, com o funcionário do hotel de luxo onde ela se hospeda. A progressão desse contato terá o efeito de *Conduzindo Miss Daisy*, com Jessica Tandy e Morgan Freeman (1989). O público mais informado saberá da importância da mulher Eleonora Duse (1858-1924), atriz célebre. O enredo, ambientado na São Paulo de 1907, mostra seu contato imaginário com um compatriota imigrante, funcionário do hotel em que ela fica hospedada. Encontro de sonhos e frustrações revelados por Jandira Martini e Roney Facchini, intérpretes com talento e temperamento para esses papéis. A comédia de toque dramático tem um fundo existencial de indagação sobre o tempo, envelhecimento e a relatividade da glória. Duse estava com 48 anos, bem afetada pela tuberculose e com os nervos e os preconceitos à flor da pele. Demonstrou desdém em relação à provinciana São Paulo e pelo conterrâneo visto como um napolitano rústico. Jandira carrega nas tintas para obter adiante o efeito desejado. A trama inclui o encontro da estrela com o espanhol Francisco Serrador, que iniciou a primeira rede de cinema no Brasil entre 1906 e 1922.

Essa atriz realmente excepcional viveu a mesma época e evidência da francesa Sarah Bernhardt (1844-1923). A distância no tempo não permite avaliação precisa das duas. Sarah teria mais técnica, Duse maior instinto e intensidade. Uma terceira dama da cena, a inglesa Ellen Terry (1847-1928), disse, enfim, o que interessa: *Como é fútil fazer comparações. Muito melhor é agradecer ao céu por essas duas mulheres.*

O foco dirige-se não aos estilos de representar, mas às vidas das três. Duse está deprimida pelo fim do romance de 16 anos com o escritor Gabriele D'Annunzio (1863-1938), figura megalomaníaca e polêmica de quem recebeu peças de sucesso como *A Cidade Morta* e *Francesca da Rimini*. O napolitano descobriu que a imigração não resolveu sua pobreza, e Serrador confia que vencerá. Jandira Martini expõe a ironia cruel dos derrotados com prestígio, o mau humor dos depressivos e o paradoxo da arrogância vazia de quem se sabe vazio. A psicologia predomina sobre o factual. São Paulo, propriamente, só aparece nas menções desabonadoras da diva. Na mesma época, consagrados intérpretes portugueses se apresentavam no Brasil e registraram suas impressões em detalhes, como Adelina Abranches (*tinha 19 anos – 1885 – quando fui a primeira vez ao Brasil. Quando cheguei ao Rio, fiquei boquiaberta*); Eduardo Brasão (*desde 1871, eu conheço o Brasil, que visitei 12 vezes durante a minha carreira laboriosa de artista, sempre com o mesmo fiel sentimento de estima*); Lucinda e Lucília Simões e o cômico Chaby Pinheiro – um personagem à espera de Jô Soares como ator – (*em São Paulo, um grupo de admiradores organizou banquetes e passeios. Paulo Prado, Freitas Valle foram amabilíssimos...*).

Esse intercâmbio, que tinha como recíproca a acolhida calorosa aos brasileiros do teatro, dentre eles Leopoldo Fróes, hoje só se mantém da parte de Portugal, que nos acolhe com entusiasmo como recentemente se comprovou nas temporadas de Irene Ravache e, em seguida, Antonio Fagundes. Não se sabe quando, e pode-se ser pessimista, haverá interesse pelo teatro português no Brasil atual.

Jandira é afinada até no sobrenome com o universo cultural e político italiano (autora de *Em Defesa do Companheiro Gigi Damiani* e *Porca Miséria*). Impõe o tom latino-mediterrâneo dos destemperos de Duse à sua comovida aceitação solidária do napolitano que tanto a venera. Como intérprete, ela tem a energia nervosa da protagonista em sintonia perfeita com Roney Facchini, simpático e à vontade. Cabe a Mauricio Guilherme o esforço de ser Francisco Serrador, no breve espaço que lhe sobra. Como diretor, Jô Soares foi generoso ao guiar discretamente os andamentos desses recortes de memória, nostalgia, frases de efeito, lances cômicos e muita solidão no lusco-fusco de uma grande vida, durante o real e poético eclipse lunar ocorrido em 1907, quando *La Divina Duse* estava *in Brasile*.

Executivos:
Sangue e Vinho Tinto na Toalha da Mesa

2003

O espetáculo *Executivos* talvez seja, hoje, o teatro mais próximo dos leitores do jornal *DCI* porque fala dos mecanismos ferozes de competição das grandes indústrias e das lutas internas entre seus executivos. O retrato é cruel com traços de folhetim e ecos de Shakespeare, mas no chamado mundo dos negócios se usa o termo *guerra* com frequência. No caso, ela é travada entre firmas francesas e inglesas na disputa do mercado de armas sofisticadas. Os personagens são executivos da França, de onde vem a peça de Daniel Besse, premiada como a melhor da temporada parisiense do ano 2000.

O núcleo do enredo é a cultura da traição e o ritual de poder numa fictícia Delta Espace (a megaindústria aeronáutica do país chama-se Aeroespaciale) onde o presidente se permite um ritual de Luís XIV para saborear vinhos e testar a subserviência da equipe. Um almoço quase sádico é a consumação da rede medo e intrigas em todos escalões. Nela cabem guerreiros frios e espíritos frágeis, cálculos gelados e os deslizes fatais. É um universo que não prescinde de esnobismos em campos de golfe e o sexo oportunista e o espetáculo de Eduardo Tolentino acentua essas encenações perversas à la teatro de Jean Genet (sobretudo *As Criadas*). A antropofagia social segue dois níveis, um da estilização completa e outro com nuances realistas/ psicológicas. O gestual, a máscara do riso e outras reações do presidente da companhia, – interpretado com brilhante e fria virulência por ZéCarlos Machado, lembra uma supermarionete versada em Machiavel e Hobbes (a guerra de todos contra todos). No minueto de cobiças há espaço para uma figura um tanto patética do chefe que assedia secretárias, o que permite a Norival Rizzo um bom desempenho próximo de um conhecido cafajestismo brasileiro.

Besse, apesar do prêmio, não é um escritor de alto fôlego. Usa tradição do melodrama e cópia de Shakespeare o conspirador maligno na pele do executivo médio que planeja golpes que o levem para cima. Ele é a cópia de Iago (Othelo) e Cássio (Júlio César), mas com tinturas *rocambolescas* dignas do folhetinista Ponson Du Terrail. Os personagens shakespearianos constroem ardis mais consistentes, enquanto o traidor francês espalha mentiras absurdas sobre a sanidade mental de um colega, e nada é descoberto. Esse vilão de fancaria que leva o ator Helio Cícero a um maneirismo esquisito como se ainda estivesse em um algum personagem anterior ou quisesse insinuar uma ambiguidade sexual que não vem ao caso. Os demais intérpretes têm intervenções incidentais dentro do rigor interpretativo que o Grupo Tapa procura manter em suas produções. Há ironias do original que não fazem sentido para o público local. Os personagens, por exemplo, têm nomes de bairros, metrôs que geralmente se referem às batalhas napoleônicas ou outras guerras francesas. O conspirador principal, Denfert, leva o nome da praça que homenageia o militar Denfert Rochereau. Como se o autor insinuasse que a guerra clássica era mais digna. Perde-se ainda em português o formalismo pronominal distanciador em um país onde até as crianças se tratam na segunda pessoa do plural. Independentemente disso, o espetáculo chega bem perto de fatos vividos no Brasil. Não há nada na peça que não aconteça aqui. Em todo caso, quando o Tapa tiver um bom texto e condições políticas (digamos políticas) para um espetáculo com cores locais, terá completado seu projeto de discutir o comportamento das elites.

A Graça da Vida

14 de setembro de 2007

Teatro, cinema e literatura estão povoados de relações entre pais e filhos. Exatamente por isso, o tema exige talento para não ser reiterativo. Trish Vrandenburg acha que tem. Norte-americana de nome germânico, ela veio do jornalismo, de onde herdou o faro para a quintessência de sua cultura dos Estados Unidos: otimismo e esperança (e violência, bom não esquecer).

Superação de dramas e solidariedade também estão no repertório americano médio. Sem esquecer um humor maníaco que obriga, do presidente da República ao ganhador do Oscar, a perpetrarem uma piadinha jeitosa.

E, no entanto, *miss* Vrandenburg quer falar de Alzheimer em *A Graça da Vida*, título que remete às comédias de Frank Capra, o cineasta do *new deal* rooseveltiano dos anos 1930/1940. A peça poderia se chamar *Do Mundo Nada Se Leva*, sucesso de Capra.

Logo, é necessária uma acrobacia para manter a coerência do enredo em que uma roteirista de televisão tem a mãe com essa doença. A relação das duas, que nunca foi fácil, se agrava com a senilidade da boa (mas autoritária) senhora que monitora a vida da filha e trata o marido como um traste. Vrandenburg anuncia que se trata de uma experiência pessoal. Sem querer ser pedante, não consta que Strindberg e Pirandello tenham avisado que suas obras-primas nasceram das péssimas vidas conjugais que levaram. Mas, de Sófocles às telenovelas, o mundo gosta de traumas familiares, seja Sófocles, seja telenovela. *A Graça da Vida* é a simpática colaboração da autora à curiosidade humana. O problema é não ser uma dramaturga convincente.

A doente é uma Jó acima das vicissitudes. E a filha histérica (desfilando absurdamente roupas finas) é rodeada de pessoas iguais. O pai é um fantasma. Os demais personagens, simples caricaturas.

Essas são as ciladas no caminho do diretor Aimar Labaki. Tem-se a impressão se mais não fez é por ser um trabalhador incansável em todas as frentes: autor teatral e de telenovela, tradutor e ensaísta. É preciso ter mais estrada no ofício para ser contracultural (sua veia mais evidente) e *mainstrean*. Amir Haddad, por exemplo, tem a habilidade de, vez ou outra, dar um pulo no teatro comercial e voltar aos espetáculos de rua. Mas para chegar lá, começou como um dos fundadores do Teatro Oficina.

Em tais circunstâncias é de se supor que Labaki, um artista talentoso, tenha sido vencido pelo cansaço ou apenas cometido um primeiro engano de cálculo: deixar o elenco solto com suas qualidades e problemas. Elenco com nomes respeitáveis (Nathália Timberg, Ênio Gonçalves, Eliana Rocha, Clara Carvalho) e uma Graziella Moretto que, pelo tipo e estilo, faz desejar que venha a ser uma Marília Pêra. Além disso, Labaki montou um espetáculo fiel ao clima da autora quando poderia ter contornado suas espertezas e defeitos, alguns meio incuráveis (Vrandenburg não sabe construir personagens masculinos verossímeis).

Assim, quase se esquece de Alzheimer que há exatamente 20 anos matou uma deusa do cinema (Rita Hayworth); meses atrás nos roubou Rogério Duprat, o músico que criou o som do Tropicalismo, e, no momento, atinge uma grande personalidade do teatro brasileiro. Na vida real e nos seus textos (*Vermute, A Boa* e outros) Aimar diz que *a vida é dura*. Dessa vez, quis mostrar seu lado brando e pragmático. Há plateias que não gostam de vida dura.

Hamlet:
Piruetas de um Príncipe Acrobático

4 de julho de 2008

No início do espetáculo, o público é surpreendido com a entrada de Wagner Moura, a pessoa, não Hamlet. Sorri, diz boa-noite e uma evidência se impõe: estamos diante de um dos mais talentosos e simpáticos atores da atualidade, e da mais fina estampa.

Ele faz rápida explicação sobre a divisão da peça em dois atos, etc., para deixar claro que não se trata de teatro ilusionista. É simulação, jogo. A já mítica obra de William Shakespeare (1564-1616) passará por um processo de *construção e desconstrução*, assim como o encenador inglês Peter Brook reduziu *Hamlet* quase exclusivamente à atuação do protagonista, um ator negro. Houve polêmica, mas dessacralizar os clássicos evita a museologia. Em seguida, Wagner Moura assume a armadura medieval e, numa fração de segundo, assume a personagem.

O enredo, que na superfície é a saga do príncipe que vinga a morte do pai, rei da Dinamarca, tem um labirinto de tramas sinistras, idas e vindas e aparições fantasmagóricas até o desfecho trágico. Das inúmeras revisões da peça, desde sua estreia, a mais benéfica foi a de tirar o ar ensimesmado que o romantismo colou em *Hamlet*. O nobre, por esse prisma, sofria longamente a dúvida *do ser ou não ser* antes de assumir a política na crua verdade da violência física e direta. O teatro brasileiro registra a revelação de Sérgio Cardoso, aos 22 anos, com uma chama pessoal superior ao estilo impostado da época (1948). A menção histórica eleva os méritos de Wagner Moura, que sucede intérpretes da grandeza de

Sérgio Cardoso, Walmor Chagas e outros. Ele cumpre o que o diretor Aderbal Freire-Filho disse ao *Estado*: *O fascinante de Hamlet é sua força de atração. Mesmo quem não conhece nada da peça fica tomado por ele.* Acrescentou ainda, com elegante ironia, *estar recuperando, presunçosamente, certos detalhes que parte da crítica não entende.* De fato, as pessoas frequentemente não entendem muitas coisas.

Gente de alto intelecto incorre, sim, às vezes, em besteiras oceânicas. O poeta T. S. Eliot, por exemplo, escreveu que *Hamlet é artisticamente um fracasso.* Imaginem só, um mestre da mesma língua de Shakespeare, um Prêmio Nobel, dizer uma coisa dessas. O mundo esteve fora dos eixos. Em amigável ironia podemos adiantar que Aderbal entrou em ação para consertá-lo. Está em boa companhia. O ensaísta Harold Bloom dissecou o dramaturgo peça por peça em 896 páginas de *Shakespeare – A Invenção do Humano* e foi ao ponto ao defender que *Hamlet não é, na verdade, a tragédia de vingança que finge ser. É o teatro do mundo, como a* Divina Comédia, Paraíso Perdido, Fausto, Ulisses *ou* Em Busca do Tempo Perdido (europeísta, Bloom deixou de lado *Grande Sertão: Veredas*, com a mesma amplidão).

Hamlet tem o seu lado aventuresco. Shakespeare dirigia-se a uma plateia popular ávida de emoções fortes. Alguns captaram tudo, outros não, mas os pensamentos de *Hamlet* são iluminações de inteligência crítica.

Enfim, chegamos ao espetáculo atual. A complexa visão shakespeariana da humanidade é mostrada em frases que, garante Aderbal, mesmo *quem não conhece nada da peça fica tomado por ela*. O problema é que a direção não valorizou essas passagens. Não levou nenhum intérprete a dar a elas a densidade que nos pegasse mais fundo (pausa, melhor dicção, olhar, algo assim). Palavras imortais são ditas de lado, de costas, ou meio que atiradas ao acaso.

Paulo Francis relembrou que Lawrence Olivier em *Ricardo III*, quando o rei se vê derrotado, emitia o grito tremendo da raposa com a pata dilacerada pela armadilha de ferro. Inglês entende de raposa, e Shakespeare não fez essa rubrica. Olivier inventou o efeito.

A montagem é vital, mas com esquisitices. O enredo é localizado em ambiente nobre, mas eis que surgem uns toques proletários com atores de gorro, camisetas apertadas na barriga, e umas falas moles ao jeito *mano* de periferia. Não é heresia, mas desafina a orquestração geral, assim como vestir *Hamlet à la grunge* (as calças amassadas, caídas e sanfonadas do "doce príncipe"). Ou se muda tudo como no filme ambientado em Nova Iorque das multinacionais (com Bill Murray e Sam Shepard) ou fiquemos nas brumas nórdicas.

Teria sido melhor investir na interpretação da bela e jovem Georgiana Góes (Ofélia) ou diminuir um pouco a linha dada ao bom Gillray Coutinho, que chega perto dos trejeitos do ator inglês Donald Pleasence (basta conferir em *Armadilha do Destino*, de Polanski). Questão de medida.

Ao mesmo tempo, talvez por haver *mais coisa entre o céu e a terra do que sonha nossa vã filosofia*, a representação deriva para uma linha semiacrobática agitadíssima. Wagner Moura quase faz sozinho o espetáculo.

Se o *Hamlet* original simula loucura, aqui ele a leva a extremos com piruetas e tiradas em falsete. Mas é um esplêndido ator. Quando ódio e/ou dor são necessários, seu rosto se transfigura numa máscara de total intensidade.

Quis um belo acaso que, dias atrás, a realidade mudasse a fantasia. Ao final do espetáculo, foi anunciado o aniversário de Wagner Moura. Entre aplausos e flores colocaram uma criança de um ano em seus braços. Pois é mesmo o filho dele. De repente, Hamlet (que não se casa com Ofélia e morre) está caminhando para o camarim, vivíssimo e um pai feliz. Shakespeare certamente aprovaria tão belo desfecho do *Hamlet-Moura*.

O Homem Inesperado:
Em *O Homem Inesperado*, a Surpresa Vem de uma Mulher

21 de março de 2008

Há dois instantes em que o casamento interessa ao teatro contemporâneo: ou na crise ou na aceitação do outro, durante o tempo que passa, com as mútuas diferenças entre os parceiros. No primeiro caso, *Quem Tem Medo de Virginia Woolf*, de Edward Albee, é uma obra que ficará. O segundo é um filão das comédias de costumes. Basta uma autora habilidosa como Yasmina Reza, de *O Homem Inesperado*, para a emoção surgir fácil, sobretudo se o casal de intérpretes é simpático. Quanto a esse detalhe, o espetáculo é uma festa. Nicette Bruno e Paulo Goulart já estão na história dos palcos nacionais não só pela extensa lista de boas interpretações, como também por formar um dos mais queridos e carismáticos casais em cena. É justo que um público chamado convencional, não novidadeiro, possa ver seus artistas da vida inteira.

O homem inesperado em questão é um escritor que em um trem entre Paris e Frankfurt se senta em frente a uma leitora de longa data. As composições europeias, no geral, são cabines fechadas, provocando convivência forçada entre desconhecidos, o que pode gerar amizades ou silêncios de pedra. Quer o acaso que nesta peça apenas os dois fiquem um diante do outro. Grande parte da peça é feita de monólogos interiores: o escritor pensando em seus problemas e a mulher, ansiosa, procurando a maneira de conversar com aquele homem que preencheu seus dias com tantos romances.

Yasmina Reza nasceu em Paris e, para se usar um galicismo, o seu charme está no nome exótico da filha de um russo-iraniano e uma húngara. Embora seus pais tenham um histórico pessoal difícil (deixaram ditaduras do Leste Europeu), Yasmina pôde estudar teatro e sociologia na Universidade de Nanterre e teve uma carreira de sucesso fulminante com seu humor crítico.

Ela sabe encadear os fatos com ritmo, despreocupada de questões ideológicas complexas. A admiradora do escritor, por exemplo, não tem biografia e origem definida. É uma senhora de *tailleur*, vistosa, e pronto. Ele é um prolífico homem das letras, mas sentindo que sua criatividade está em declínio. Vamos todos nos divertir com as fantasias de ambos, como no já longínquo ano de 1969 nos encantamos com os jovens Dustin Hoffman e Mia Farrow no filme *John and Mary*, uma dupla de namorados pensando em silêncio coisas que só o público ouve. Como se vê, a fórmula de Yasmina não nasceu ontem. Ela se permite até um sutil jogo literário com o nome dos personagens. A mulher se chama Marta (como em Virginia Woolf) e ele Paul Brodsky, nome que faz lembrar o poeta russo exilado Joseph Brodsky, talvez uma homenagem à mãe violinista que abandonou a então Hungria comunista.

O que é meio estranho em Yasmina é sua antipatia pelos homens. Chega a baixar o nível da linguagem para fazer do escritor um ser amargo, mal-humorado, que fala em intestinos e próstata. Um artista nem sempre é uma flor de pessoa, mas este literato é absolutamente *esperado* na sua banal visão do envelhecimento como algo desastroso. Um medo compreensível que transforma em xingamentos, alguns engraçados a primeira vez, depois mera repetição. Em nenhum instante está à altura do verdadeiro Brodsky, Nobel de 1987, expulso de sua terra aos 32 anos, morto aos 56, e que nos legou o verso *a morte é o infinito das planícies e a vida a fuga das colinas*. O rabugento do trem deve seu interesse ao talento e imensa simpatia de Paulo Goulart que, mesmo gripado e depois de uma semana estafante de gravações de telenovela, no Rio, toma o avião e vem mostrar o que é um ator de verdade.

Como Yasmina é mais interessada na mulher, e ela é representada por Nicette Bruno, a grande atriz constrói um jogo de pensamentos, dúvidas e malícias femininas culminadas com um emocionante discurso, agora diretamente ao escritor, pleno de sabedoria e coragem, o que arranca aplauso em cena aberta. Se Yasmina é previsível, Paulo surpreende sempre e Nicette sabe fazer *uma mulher inesperada*.

Homem sem Rumo

9 de novembro de 2007

Homem sem Rumo acontece em um quadrilátero recoberto de cascalho negro, tendo à direita um tronco de árvore. Paisagem vulcânica e uma referência à onipresente árvore seca de *Esperando Godot*, de Beckett, a peça da suprema desolação humana. Mas há a possibilidade de esse descampado ser – por que não? – o lado escuro da mente humana.

No enredo, dois homens travam uma luta sem sentido. Três mulheres e uma terceira figura masculina estarão nesse combate vazio, apesar de algumas indicações de caráter econômico. É exatamente na abstração que reside o interesse maior da obra. A insinuação de uma suposta denúncia contra a predominância do dinheiro, etc., só a mediocrizaria. O assunto já foi muito mais bem tratado pelo suíço Friedrich Dürrenmatt em *Frank V* (grande encenação de Fernando Peixoto, em 1973, que espera uma remontagem). Para não se falar em Brecht. Diante desses criadores, o norueguês Arne Lygre é peso-leve.

Em todo caso, o diretor Roberto Alvim soube introduzir mistério e encanto no seu espetáculo, elementos difíceis de serem somados. A cena intriga exatamente pelo tom entre o sinistro e o psicanalítico, típico de uma parte do teatro europeu, de August Strindberg a Dürrenmatt e Peter Weiss. Ou, por outras palavras, basta rever *A Hora do Lobo*, de Ingmar Bergman, para se entender este *realismo sobrenatural* das sociedades velhas e do cinismo frio de paraísos fiscais, como Liechtenstein, que nem se localiza direito no mapa.

Nessa história, um investidor quer construir uma cidade moderna com o apoio do irmão serviçal, com o qual mantém uma relação de ódio e atração. No topo do empreendimento imobiliário não se constrói um prédio grandioso, mas um hospital com ares de hospício. O dramaturgo Lygre prefere deixar subentendido o motivo de tal fato insólito. Enquanto isso, mulheres irrompem com cobranças, denúncias e até afeto (ex-esposa, filha, irmã. Fantasmas).

Como não há geografia precisa pode-se dizer que vieram de lugar nenhum. Talvez da memória do protagonista, de seus pesadelos de culpa. Nesse território morto estão as bases do grupo Club Noir que se apresenta como uma *companhia criada com o objetivo de encenar espetáculos*

*contundentes e provocativos que lidem direta-
mente com questões da atualidade.* A atualidade
é ampla demais para frase tão pequena. Mas Alvim sabe estabelecer climas tensos dentro de uma
teatralidade cerimonial. Domina os andamentos
do enredo, os silêncios banhados por uma luz
cênica que tanto pode ser de subterrâneos assustadores como filtrada por vitrais. Há em todo
caso a possibilidade de tudo não ser mais claro,
porque a língua norueguesa é difícil e reflete
uma cultura de mitos seculares que subsistem na
próspera Noruega atual, protestante e expoente
de um capitalismo de bem-estar.

Aliás, embora nenhuma literatura deva ser posta
de lado, é meio intrigante a onda escandinava
no teatro brasileiro: de repente estamos meio
vikings com *Roxo, Um Dia no Verão*, ambas de
Jon Fosse, e, agora, *Homem sem Rumo*. Todos
importados de Oslo (ou de algum sucesso mais
fácil em versão inglesa).

Fenômeno só valido para o palco. O romance
Fome, por exemplo, de Knut Hamsun (Nobel de
1920), uma das obras-primas do século 20, foi
editado no Brasil em 1977 (tradução de Carlos
Drummond de Andrade) e caiu no esquecimento. A escritora Sigrid Undset (Nobel de 1928) não
é editada aqui desde os anos 1950.

No último Oscar concorreu um filme baseado em
uma obra dela e a televisão a anunciou como *o
escritor.* Só a Editora Globo ousou lançar – final-

mente – a majestosa saga *Gente Independente*, do islandês Halldór Laxness (Nobel de 1955). Não chegou a ser um sucesso. Então, se não for só modismo, que se lembre de Eemil Sillanpaa, da Finlândia (Nobel de 1939).

O espetáculo atual é sobretudo um belo jogo de intérpretes. Marat Descartes, sutilmente diabólico no papel do capitalista, tem um parceiro à altura em Milhem Cortaz que, enfim, se liberta da imagem do musculoso agressivo e tatuado para compor uma figura cinzenta, tipo kafkiano. O trio masculino se fecha com a atuação quase obrigatoriamente discreta de Ge Viana – o autor não lhe concede muito mais como à filha, o que a inexperiência de Ligia Yamaguti acentua.

Juliana Galdino tem menos oportunidade por falta de interlocução. É quase um símbolo, um discurso com uma composição sem muita clareza, embora mantenha sua autoridade cênica. Lavínia Pannunzio causa impacto numa personagem de cor clara, algo camponês e místico ao mesmo tempo, e pode contracenar diretamente com Milhem. Seu olhar amoroso e assustado é toda uma comovida situação dramática.

Na soma, *Homem sem Rumo* é teatro de inquietação e perguntas. Nele há ofício, convicção e procura. Locais e seres estranhos de uma vaga Escandinávia. Não por acaso, o labiríntico Jorge Luis Borges dedicou um poema à vizinha Islândia representada no solo negro desta encenação.

A Hora em Que não Sabíamos nada uns dos Outros

2002

Uma multidão de anônimos invade o pátio interno do Instituto Goethe, em Pinheiros. Na realidade são 15 intérpretes que se desdobram em 300 pessoas que transitam por uma cidade grande. Espetáculo baseado na peça *A Hora em Que não Sabíamos nada uns dos Outros*, do austríaco Peter Handke, um desses escritores da desolação existencial europeia. Dito assim, pode parecer retórico ou exagerado. Não é. O continente europeu – sobretudo os países mais ricos do norte – paga seu preço pela grande prosperidade. São sociedades que funcionam bem debaixo de um controle social rígido, o das leis e o da cultura. Enfim, a ética protestante e o espírito do capitalismo, como analisou Max Weber.

O frio na natureza acaba por entrar na vida. É o que dizem os romances de Thomas Bernhard, outro austríaco e o holandês Cees Nooteboom em *Dia de Finados*, que se passa na nova Berlim reunificada. Mas, afinal, as metrópoles são mesmo territórios da impessoalidade e do anonimato, o que até tem seu lado interessante. Como se sabe, o olho controlador da província, onde todos se conhecem, pode ser opressor. O diretor Marcelo Lazzaratto fez uma interpretação original do texto. Suprimiu-o por completo num gesto radical que combina com o dramaturgo que costuma jogar pesado nos enredos e nas atitudes políticas.

A encenação ilustra, só com gestos, risos, gritos e interjeições, a vida real de qualquer centro populoso. Passam homens e mulheres, sós ou em grupos com atitudes neutras, engraçadas, tristes, patéticas ou enigmáticas. Gente com profissão definida pela roupa, religiosos, estudantes, excêntricos, namorados e solitários. O jovem elenco da Cia. Elevador de Teatro Panorâmico entrega-se ao jogo com espontaneidade a partir do rapaz, completamente nu, que atravessa a cena correndo, uma transgressão dos anos 1970 hoje adotada em protestos políticos. A direção quer saber até que se pode prescindir da palavra. Já se sabe que sim, e a resposta já foi dada pelo teatro-dança e os ritos em câmara lenta do americano Bob Wilson. A questão que fica no ar é se é bom pedir a artistas iniciantes mais acrobacia que interpretação.

A Hora em Que não Sabíamos nada uns dos Outros só perde o vigor com a insistência na aparição de colegiais infantilizados, no maluquinho risonho e quando quase se esquece de terminar e entra em repetições. Em todo caso, pode ser a impressão de uma noite fria porque o insólito da movimentação na veloz troca de figurinos é atraente. Handke & Lazzaratto conseguem fazer o espectador imaginar-se no espelho do cotidiano a refletir banalidade, alguma graça, absurdo e solidão.

Imperador e Galileu:
Um César entre a Fé e o Massacre

1º de agosto de 2008

Dias atrás, houve uma cena significativa em *Imperador e Galileu*, de Henrik Ibsen. O personagem central está exausto. Caco Ciocler também, e um fio de coriza corre do seu nariz. O ambiente geral é de fadiga, mas o espetáculo é intenso. Chegou-se ao topo do enredo que expõe Juliano, o césar que ousou destituir o cristianismo como religião oficial do Império Romano, instituída pelo antecessor, Constantino.

Caco é Juliano e durante meses se desdobrou nos ensaios da peça e em uma filmagem. Dormiu quatro horas por noite, o que se nota na voz e no resfriado ou alergia. É difícil um desempenho integral em meio a tanto esforço físico, mas Caco Ciocler convence. Talvez estivesse melhor, mas *a sorte está lançada*, como disse Júlio César em outro momento grave. O protagonista tem bom tipo físico e, sobretudo, a expressão melancólica adequada às circunstâncias. O paradoxo é que se Juliano está por terra, Carlos Alberto (Caco)

Ciocler está no poder artístico (teatro, cinema e televisão). Que o guarde bem para que dure. Antes de ser ator, foi aluno da Escola Politécnica da USP e deve entender de resistência dos materiais. Nem todo ator, aos 37 anos, pode encarnar esse personagem de uma peça que, praticamente, não se representa na íntegra, por ser um momento de clara autossuficiência literária do autor (o original é imenso). A encenação é um risco quase delirante do diretor Sérgio Ferrara, que nunca se contenta com pouco.

Constantino I efetivou o cristianismo incipiente como religião de Estado, quando Roma era o mundo do Atlântico à Ásia (Bizâncio – Constantinopla, hoje Istambul). Lançou Cristo (o Galileu) diante de um mosaico de crenças primevas com centenas de deuses e semideuses e seus ritos; mas há indícios de que ele mesmo não tenha se convertido totalmente. Juliano, sobrevivente de uma série de matanças palacianas após a morte de Constantino, tornou-se o césar proclamando *fica declarada a liberdade de religião*. Seguiu seu ímpeto de mandatário guerreiro até cair, aos 32 anos, morto por um agente dos cristãos (a fé raramente é pacífica). Governou apenas dois anos, mas seu legado motivou Ibsen a discuti-lo em tons apaixonados e metafísicos. Esse artista dinamarquês de aspecto severo, vaidoso, na opinião do ensaísta norte-americano Robert

Brustein, tinha *fantasias febris de um anarquista ou de um marxista-utópico.*

Juliano recupera o paganismo, acusa deslizes dos cristãos, mas não tem perspicácia para conciliar forças antagônicas. Perde-se entre as profecias de Máximo, seu vidente-conselheiro, e o magnetismo de Cristo, contrariando ao mesmo tempo cristãos e correntes pagãs. Nesse instante, o espetáculo não é claro.

Seria preciso maior precisão ao transpor cenicamente a escrita caudalosa do escritor. As contradições devem ser dos personagens, não da montagem. Afinal, Ibsen é o homem que disse: "Fui acusado de ser pessimista. E é isso que sou *na medida em que não acredito na natureza absoluta dos ideais humanos. Mas sou, ao mesmo tempo, otimista na capacidade de propagação e desenvolvimento de ideais. (...) Creio que os ideais do nosso tempo, ao morrerem, tendem para aquilo que no meu drama Imperador e Galileu chamei, a título de experiência, o Terceiro Milênio.*

Não é fácil mostrar o confronto entre um poder absoluto e Jesus da Galileia. O próprio Ibsen (1828-1906), depois de ir tão longe, se voltou para peças do seu tempo (*Um Inimigo do Povo, Hedda Gabler, O Pato Selvagem, O Construtor*). Nessa montagem de fatos e ideias graves, o elenco se qualifica pela sobriedade. Caco Ciocler não se deslumbra com o papel e contracena bem com os mestres veteranos Sylvio Zilber, sereno e introspectivo, e Abrahão Farc com uma imponente voz de *shofar* judaico ou trombeta bíblica. Do mesmo modo, há espaço para intervenções curtas e reveladoras de Júlio Machado, Joaz Campos e demais intérpretes. O *Imperador e Galileu* – com o apoio da Embaixada da Noruega – é um bonito combate de paixões e certezas em um cenário austero, quase neutro. O teatro também é feito de poetas exaltados e imperfeições sinceras.

A Importância de Ser Fiel

2002

Com a estreia, esta semana, de *A Importância de Ser Fiel*, de Oscar Wilde, o Grupo Tapa continua sua investigação sobre o comportamento das elites, sobretudo nas questões do lucro. O tema aqui é casamento por conveniência, ascensão social e oportunismo financeiro visto por Wilde, escritor que incomodou o *stablishment* inglês até escorregar no escândalo homossexual que o levaria à cadeia. O elenco reúne os admiráveis veteranos Nathália Timberg, Etty Fraser e Francisco Martins, o melhor do elenco fixo da casa, Brien Penido e Guilherme Sant'Anna, e novatos que surpreendem, caso de Bárbara Paz. Outro espetáculo da companhia, *Major Bárbara*, de Bernard Shaw (que deverá voltar ao cartaz), trata do calculismo tão cínico quanto inteligente do fabricante de armas que desdenha do samaritanismo da filha no Exército da Salvação. Não é um teatro esquerdista pregando barricadas. Admiradores do socialismo utópico, Wilde e Shaw foram, na realidade, indignados moralistas incomodados com à vontade da City de Londres. Como se vê, dinheiro pode dar bom teatro. É também o assunto de *Almoço na Casa do Sr. Ludwig*, de Thomas Bernhard. Não a moeda circulante que gera fatos novos, mas o da herança inercial e corrosiva que alimenta os *fins de raça* entediados e impotentes. O austríaco Bernhard envolve essa fortuna em um enredo digno do seu conterrâneo Freud. Se em *A Morte dos Banqueiros*, Ron Chernow (Makron Books Editora) descreve o declínio das grandes dinastias financeiras e o triunfo do pequeno investidor, o texto de Bernhard mostra como fortunas inativas costumam gerar malucos dilapidadores. O almoço em questão reúne um filósofo brilhante, mas sujeito a distúrbios mentais, e suas duas irmãs, atrizes com o talento baseado mais no fato de serem detentoras de 51% das ações de um teatro. Há louças raras e receitas antigas sobre a mesa, mas a conversa desanda no feroz desmascaramento dos ritos de classe que dá gosto ouvir, se é que cabe o termo. Livremente inspirado na vida do filósofo Ludwig Wittgenstein (1889-1951), o enredo lança sobre os espectadores os desatinos destas pessoas que cultivam uma relação de competitividade, ressentimentos e cobranças de tremer os lustres e a consciência da plateia. Os austríacos são ótimos nesses acertos de contas. Além de Freud, que horrorizou Viena com teorias sobre a pulsão sexual, mas que, afinal, era um cientista, os artistas locais se esmeram em agredir o minueto de convenções e interesses dos salões dourados dos aristocratas, financistas e agentes do aparelho de Estado. Antes de Thomas Bernhard houve Arthur Schnitzler (1862-1931) que chegou ao grande público recentemente por ter uma história filmada por Stanley Kubrick no ocaso e que resultou no gélido filme *De Olhos Bem Fechados*. Dele, melhor ler, em português, *Contos da Vida e da Morte* e *O Retorno de Casanova*.

Pois o Dr. Arthur – o escritor também era médico, e Freud via nele uma espécie de seu duplo – dedicou-se a escrever peças e romances que são uma espécie de autópsia do Império austro--húngaro o qual submergiu na 1ª Guerra. Já Thomas Bernhard (1931-1989) é filho da Áustria moderna, capitalista e diplomática. O espetáculo gaúcho, dirigido por Luciano Alabarse, fez uma primeira e rápida temporada em São Paulo, mas deve voltar em outra sala.

Todos merecem atenção. Como, aliás, se faz com o dinheiro.

A Javanesa:
Crepúsculo da Flor ou o Fim do Amor

22 de junho de 2007

O amor acaba. A constatação está salva do lugar-comum graças ao cronista Paulo Mendes Campos que assim batizou um de seus escritos e um livro. Mas o espetáculo *A Javanesa* só resvala neste discutível fatalismo e segue outro caminho entre o filme *O Último Tango em Paris* e os versos de Tom Jobim: *Como um brilhante que partindo a luz explode em sete cores/revelando então os sete mil amores.* Não é fácil escrever uma peça com antecedentes literários tão fortes, mas assim arriscou o autor Alcides Nogueira em nome das evocações dos anos 1970 – uma década de extremos e que corresponde à sua juventude. A obra portanto não está datada. Apenas volta ao círculo inevitável dos encontros e despedidas, fantasia e desencanto, amor e desamor. Por que não? Não fosse o apelo desse eterno retorno não existiria metade do teatro, literatura, cinema e a música popular de Cole Porter a Chico Buarque. O mérito de *A Javanesa* é jogar bem com o tempo e a duplicidade dos personagens. A ação ocorre em dois tempos com 30 anos de diferença entre eles. Quando os futuros amantes se encontram ao acaso, têm 25 anos, e quando repensam o acontecido estão com 55 anos. Ambos são representados por Leopoldo Pacheco. Como pano de fundo, um apartamento decorado com um biombo de papel-arroz dividido em retângulos de bambu, o que insinua um pouco Rita Hayworth multiplicada ao infinito na sala de espelhos do clássico *A Dama de Xangai*, filme de Orson Welles.

O título exótico vem da canção francesa de Serge Gainsburg que a mulher canta sempre a ponto de se tornar seu codinome. O enredo flerta com o cinema, sobretudo com o pacto amoroso e erótico de *Último Tango*, de 1972, de Bernardo Bertolucci, emblemático desta década (no Brasil do tempo da ditadura, que proibiu o filme). Os apaixonados não são bem definidos como tipos sociais, não dizem seus nomes – mas na peça, ao contrário de *Tango*, é ela quem não deixa pistas. Há algo de repetido e talvez irreal no enredo, mas a sensibilidade de Alcides Nogueira faz a diferença ao infiltrar nos atos e gestos dos protagonistas bonitas palavras, delicados gestos e uma difusa nostalgia a partir do detalhe de a mulher gostar da flor chamada saudade. Há sempre um guarda-chuva amarelo, uma chuva que cai numa furtiva sugestão parisiense. As frases são curtas, os argumentos ágeis, numa ansiedade que paira sobre esta dupla que não se sabe de onde veio e nem para onde vai. O que importa é o acaso, o imponderável dos sentimentos, a eterna necessidade de uma parte se sentir livre e a outra de querer mais envolvimento.

Não é revelar nenhum segredo excepcional dizer que tanto na vida quanto na ficção são desejos que raramente acabam bem. Nessa fímbria de claro-escuro, nessa pequena rachadura do cristal, o diretor Márcio Aurélio instala o espetáculo. Autor e diretor se completam nos subentendidos, contando com a memória de cada espectador que terá vivido algo semelhante. O restante é a maestria de Leopoldo Pacheco.

Representar duas pessoas ou duas épocas sempre foi desafio e uma tentação aos intérpretes de todos os tempos. Na obra-prima teatral *A Senhorita de Tacna*, de Vargas Llosa, Tereza Rachel com um jogo de mantilha passava da juventude para a meia-idade, da jovem apaixonada para a solteirona amarga.

Leopoldo Pacheco jamais cai no travestismo. Basta-lhe o figurino oriental sutilmente masculino/feminino de Leda Senise, e um contido e brilhante jogo de expressões para Leopoldo se transmudar do homem apaixonado para a mulher que se dilui na multidão sem deixar traços. Este confronto se acentua no final com velocidade e tensão até que a realidade final se imponha como uma explosão, algo como um tiro. Não é, porém, a bala que mata, mas a exaustão humana, o tempo que cobra sua parte. *A Javanesa* é uma linda canção fora de moda e as flores murcham. Por coincidência, ou ironia, a flor saudade, com seu bonito tom lilás desmaiado, é também conhecida popularmente por viúva.

Lenya:
Delicadeza em Tempos Sombrios

3 de outubro de 2008

Se você ouviu *Speak Low* com Marisa Monte e gostou, então ponha o espetáculo *Lenya* na agenda. *Idem* para todos os que conhecem Frank Sinatra em *September Song*. São obras de Kurt Weill, o compositor alemão de quase todas as músicas do teatro de Bertolt Brecht. Antes de ganharem o mundo, elas foram cantadas por Lotte Lenya, casada com Kurt, atriz de Brecht e uma das personalidades femininas europeias relevantes nas artes do século passado, da estirpe de Marlene Dietrich. A peça de Amir Labaki é a delicada rememoração dessa existência moldada em aventuras e vicissitudes. Lotte (1898-1981), no centro da vanguarda teatral e cinematográfica alemã do entreguerras, viu a ascensão do nazismo que a obrigou ao exílio, teve amores, venceu na América, onde se fixou, e deixou uma certa lenda em torno de si.

Apesar de todo esse passado quase exigir um enredo épico, Amir escolheu o caminho da delicadeza. Mostra um ser humano corajoso, mas afetivamente vulnerável. Superou a 2ª Guerra, esteve nos luminosos dos teatros europeus e americanos, mas, por ironia, veio mesmo a ter algum sucesso popular aos 65 anos, como a vilã de um filme de James Bond (*Moscou Contra 007*). Na vida real, admitia candidamente não ser *uma mulher de ficar sem um homem*. Conseguiu não se amargar. Sua última foto conhecida é a de uma senhora com certo ar insolente, cigarro na boca, que parece olhar o futuro sem medo.

A peça é um monólogo enriquecido por recursos cinematográficos e a presença de um pianista que situam Lenya na voragem do tempo, transitando entre homens talentosos e muito egoístas, tentando não se deixar sugar por eles, arriscando a carreira e a própria vida em tempos sombrios (Weill era judeu).

Expõe intimidades e canta memoráveis canções que deram maior intensidade à *Ascensão e Que-*

da de Mahagonny e *A Ópera dos Três Vinténs* e outras peças da dupla Brecht/Weill.

Como não é uma biografia psicologizante, o espectador tem acesso ao cotidiano da Alemanha entreguerras, onde, apesar da crise política, desemprego, hiperinflação, florescia uma arte brilhante. O caos se alastrava enquanto Max Reinhardt, Erwin Piscator e Brecht abriam novos rumos para a cena. O mesmo acontecia no cinema, com Georg Pabst e Fritz Lang; nas artes plásticas um Otto Dix, para se ficar só em um grande nome; na literatura, Alfred Döblin, de *Berlim Alexanderplatz*.

A capital alemã fervilhava de artistas, aventureiros e bandidos, enquanto a massa operária se debatia por comida. Dias exaltados, criativos e o instante em que a história enlouqueceu abrindo caminho para Hitler. Época que o hoje esquecido escritor Georg Fink resumiu no romance *Tenho Fome*.

A Lotte Lenya de Amir Labaki tem um temperamento entre o cético e o melancólico, é condescendente com deslizes alheios, até de gente menor a quem se entregou por nada. Eterna sobrevivente (Weill e Brecht morreram em 1950 e 1956, respectivamente), ela chegou à década de 1980.

O olhar compassivo do autor permeia o espetáculo de Regina Galdino, que aderiu a essa fluência contida do texto, abrindo mão de efeitos estridentes de cena. Os fatos se passam de modo coloquial, protegidos do tumulto das ruas –

embora sintamos seu eco. Um pianista discreto, mas que se faz notar (Demian Pinto), iluminação ora forte, ora de abajur, e a interpretação de Mônica Guimarães que consegue ser ela mesma, embora tenha de representar um quase mito. Curiosamente, Mônica tem um tipo de rosto e cabelo que lembram a enigmática Louise Brooks, americana que atingiu o estrelato filmando na Alemanha no mesmo período (a hoje familiar figura símbolo da Pandora Filmes).

Ela tem um jeito simples e sincero de se colocar na ação. Seu canto é seguro e convence sem a necessidade de comparação com a Lenya original. Respira bem, domina pausas e tem olhares ricos de subentendidos. Todo o espetáculo tem a calma introspectiva de um Lied (canto) alemão. Um texto político e existencial, que traz para o teatro Amir Labaki, intelectual de cinema que vem fazer companhia ao irmão Aimar, autor consolidado. Enfim, em dias de guerra, a ternura do falar manso. *Speak Low*.

Longa Jornada de um Dia Noite Adentro

2002

Longa Jornada de um Dia Noite Adentro, de Eugene O'Neill, termina sua temporada neste fim de semana de carnaval. Ver o espetáculo com Cleyde Yáconis, Sérgio Britto, Genézio de Barros, Marco Antonio Pâmio e Flávia Guedes é como se despedir de um monumento. A montagem anterior da peça é de 1958. Não se faz todo dia uma produção dessa envergadura. Depois, só as versões cinematográficas em vídeo, a mais antiga com Katherine Hepburn e Frederic March. A obra mostra o dia de uma família de um consagrado, mas decadente, ator de teatro, sua mulher viciada em morfina, um filho tuberculoso e outro alcoólatra. Só mesmo O'Neill (1888-1953) para segurar em plano elevado um enredo de canção tão *miserere nóbis*.

Ele é o pai teatral de Nelson Rodrigues. A diferença fundamental é que Nelson tem humor dentro das loucuras que mostra. Uma ironia que foi buscar em Eça de Queirós. Já O'Neill é a cinza do purgatório da culpa católica.

O'Neill, alcoólatra, genial e atormentado, Prêmio Nobel de Literatura de 1936, despediu-se do teatro com esta obra-prima de fundo claramente autobiográfico. Era também filho de ator famoso que desperdiçou o talento na lucrativa representação do melodrama *O Conde de Monte Cristo*. Como um dos seus personagens, ele esteve na marinha mercante, que o levou pelas Américas até Buenos Aires. Tudo nele é assim, atípico. Até no fato de ter sido sogro de Charles Chaplin, casado com sua filha Oona.

A peça é um lento desmoronar de aparências familiares. O casal alimenta velhas decepções. Os filhos afundam em ressentimentos e culpam o pai e a vida. Tudo numa aparência de normalidade – e até momentos de bom humor. O que impressiona é justamente esta simulação de rotina que encobre tragédias (um filho que morreu). No meio de uma amável conversa, algo sai do trilho. Entre o melodrama e a tragédia grega O'Neill chora pelas pessoas comuns e por todas as almas sensíveis. É a grandeza do artista superior. Concentrar na poesia o que a cultura grega clássica, Marx, Freud teorizam.

Embora a ação esteja situada em 1912, e pareça distante, guarda paralelos com o autor (que tinha 24 anos nesse ano) e detalhes relevantes (a tuberculose era fatal. A penicilina injetável só apareceria nos anos 1940). No mesmo período, curiosidade ou intenção de O'Neill, a família Barrymore oferecia ao mundo intérpretes de vida tumultuada – Lionel, Ethel e, sobretudo, John Barrymore, talentoso e bêbado, como o filho John Jr. (pai da jovem Drew Barrymore, que agora volta ao cinema depois de quase afundar a carreira no álcool). Ou seja, ecoa na peça algo dessas sagas malditas dos reis ingleses e que, na América, parece ser quase um padrão histórico e social (os Rockefeller, os Kennedy).

O diretor Naum Alves de Souza foi cerimonioso com o texto. Sem querer ele está no meio de um debate. Até quando segurar os alicerces de uma literatura de bases europeias para um público que foge do frio nos teatros? Ele poderia enxugar o original sem perda do essencial e evitar o realismo excessivo da cenografia. No palco apertado do CCBB, parece um antiquário popular.

A representação começa oscilante até Genézio Barros (o filho Jamie) dizer *isso que ele tem não é resfriado não*, ao se referir ao irmão. Quinze minutos se passam para apresentar a trama. De outra parte, Naum foi mestre com os atores. Como, de certa forma, não há quase nada a ensinar ou determinar a Cleyde e Sérgio, dois temperamentos, duas biografias com 50 anos de teatro cada um, o encenador conseguiu fazer a ligação com a outra geração representada por Genézio, Marco Antonio Pâmio e Flávia Guedes. Tirou o melhor dos mais novos e juntou com a crispação nervosa de Cleyde e a ironia melancólica de Sérgio. Há momentos brilhantes de todos, ou porque está no texto (o autodesnudamento moral de Jamie) ou o intérprete sabe fazer a sua hora (Flávia Guedes)

Pesado? O *Requiem* de Mozart, a *Missa de São Sebastião* de Villa-Lobos e o *Officium* do padre José Maurício também são.

Loucos por Amor:
Quando a Poesia Áspera de Sam Shepard se Esvai

20 de maio de 2008

Loucos por Amor, de Sam Shepard, guarda alguma similitude com *Onde os Fracos não Têm Vez*, recente sucesso no cinema. Shepard é da linhagem de Cormac McCarthy, do conto *No Country for Old Man* que inspirou o filme. Ambos são escritores fascinados pelo Oeste americano, não mais em sua fase mítica, mas no oposto, o da crise deflagrada pela contemporaneidade urbana que torna esses locais arcaicos e degradados. Quando, em 1988, a primeira montagem brasileira da peça estreou em São Paulo, com direção de Hector Babenco, a crítica do *Estado* referiu-se a ela como um eco de temas bíblicos – grandes pecados, grandes danações em locais descampados ou o ambiente claustrofóbico dos *trailers* e motéis de beira de estrada. *Sexo, rancor e violência fazem o resto*, dizia.

O cerne dos acontecimentos – dois meios-irmãos numa rede neurótica de amor e paternidade – tem um fundamento bíblico, como em Abel e Caim (tema de John Steinbeck em *A Leste de Éden*, de 1952, que no cinema resultou em *Vidas Amargas*, com James Dean). Outro pilar da história é o *western*, gênero pouco intelectual, mas nos grandes filmes é enraizado na tragédia grega com o herói que se perde por não mudar de atitude. Como os gregos, o *faroeste* é conciso no enredo e nos diálogos. O fundamental é insinuado nos subentendidos e nos silêncios. Gary Cooper, Henry Fonda e John Wayne falam pouco. Shepard gosta desse mundo, ciente que ele está em declínio (vive em uma fazenda com a atriz Jessica Lange). É um território e um tempo que se desfazem na fumaça dos gigantescos caminhões de carga pesada. O crime de antes – por terra, sobrevivência e honra – agora deu lugar a drogas e contrabandos – o tema de McCarthy usado pelos cineastas Joel e Ethan Cohen em *Onde os Fracos* (ou os homens velhos) *Não Têm Vez*.

Enfim, chegamos ao espetáculo atual e às indagações que deixa no ar. Reviver um texto forte? Dar a novos intérpretes a oportunidade de aprender com um ator experiente e talentoso (Umberto Magnani)?

Não há profissão, ofício ou arte que fiquem sem perigo quando se baixa a guarda da excelência. Neste vacilo da pressa, até os melhores podem derrapar. Aconteceu. O espetáculo em cartaz, em jargão universitário, seria *um estudo de caso*. Porque nele se misturam um tipo de cenografia desconexa, elenco jovem sem condições de levar o teor dramático do texto e direção sem rédeas firmes.

Os móveis cênicos só existem em cortiços. Nenhum motel (seja no sentido original de pousada, nos Estados Unidos, ou de encontros amorosos, no brasileiro) tem esse aspecto. Ao mesmo tempo, as paredes, numa busca do *moderno*, são traves presas por fixadores metálicos. O experimento resulta em um espaço frio, em termos dramáticos, pela clara desconsideração ao original (uma desculpa provável é que a peça não tem, nesta versão, uma localização precisa). Teatro, inevitável redundância, exige experiência, treino. Lançar nas costas de artistas jovens uma obra de tal complexidade é temerário. Falta a eles técnica e densidade emocional para cobrir os silêncios plenos de significados. Intérprete inseguro sempre grita demais (mas Paulo de Almeida consegue defender-se como o namorado perplexo). Pode ser excesso de zelo ou pura mania do observador, mas quando se nota que o palco não foi bem varrido, o espetáculo está em perigo. A encenação deixou, no caso, de transmitir a vibração que Sam Shepard expressou em um poema em prosa: "Do mesmo jeito que um tubarão não pode deixar de se movimentar senão morre / Assim é você pelo chão. *Dorme nadando de costas/ Cuspindo teus dentes / Deslizando como assombração / Não posso fazer nada por você, a não ser que se levante /O que você precisa é de um bolso cheio de grilos / Para te trazer de volta à terra.*

Nesse impasse despontam duas evidências. O diretor Francisco Medeiros, um profissional criativo e ágil, parece que se deixou levar pelo excesso de trabalhos – ou não esteve tão atento; com isso o ator Umberto Magnani foi convidado para a festa apressada dos seus belos 40 anos de teatro. Ele merece, mas esqueceram os grilos.

O Manifesto:
No Palco, Amor em Toque de Retirada

24 de maio de 2007

O general prussiano Carl von Clausewitz (1780-1831) descreveu a guerra como *uma continuação da política por outros meios.* É uma definição célebre, e sua obra é um clássico sobre o tema. O casal da peça *O Manifesto*, do inglês Brian Clark, no entanto, age ao contrário. Faz da política de mútua tolerância a continuação amenizada de uma guerra conjugal, aliás expressão consagrada, título de um livro de Dalton Trevisan filmado por Joaquim Pedro de Andrade. Mas, neste espetáculo, as coisas são mais graves e mais sutis. O dramaturgo, embora em território conhecido do teatro ocidental, dos gregos a Edward Albee (*Quem Tem Medo de Virginia Woolf*), passando por Strindberg, Ibsen e Chekhov, faz uma radiografia de classe da sociedade inglesa contemporânea, o que até poderá ser indiferente a nós, mas atinge a todos quando se refere ao amor e seus limites e à morte. O que temos então é outra vez a defesa da compaixão, mesmo que o tempo desgaste relações em qualquer nível.

A citação de Clausewitz vem a propósito do marido que em *O Manifesto* é militar e tem da carreira a certeza monolítica que se encontra quase apenas no exército e nas religiões. A começar pela disciplina vertical indiscutível, a noção do dever a qualquer custo – mesmo dos laços familiares – e a total dificuldade em aceitar a divergência. A mulher seria a clássica senhora elegante na rotina de aceitação do comando masculino; mas supera esta convenção ao assinar um documento contra a ocupação do Iraque. Seria um gesto pacifista comum não fosse ela uma Lady de um general do país que mais se atrelou à política externa dos Estados Unidos, e se esta tomada de posição não tivesse sido publicada no jornal *The Times*, instituição nacional britânica. O manifesto desencadeia a batalha interna entre os dois. Quase não muito diferente do que se vê no teatro e no cinema, mas reforçado por dois acontecimentos graves entre pessoas juntas há 50 anos. Um deles é pressentido pelo público logo que Lady sente uma pontada de dor, mas o segundo – para continuar no jargão bélico – é bomba de efeito retardado.

Este o trunfo de Brian Clark que, sem ser um dramaturgo inovador (o texto continua seu carro-chefe), executa bem o que se propôs: *A função de uma peça não é ensaiar argumentos políticos e, sim, atingir o âmago da psique humana, para encontrar as fontes de ação que animam nossas vidas como indivíduos e nações.* Um tanto retórico, mas a parte humana está bem-resolvida, sobretudo quanto à perspectiva do declínio da vida, da solidão.

Aqui, Clausewitz cede lugar a Freud.

O original contém sutilezas cifradas para nós. Ao contrário do Brasil, a carreira militar na Europa é mais destinada às elites. O marido é filho de marechal – o píncaro glorioso da carreira –, mas se aposentou apenas como general de brigada, o menor grau do generalato (que, em ascendência, inclui general de divisão e de exército). Ela é Lady e não é qualquer inglesa que pode ser tratada como tal. Há frustrações conjugais e também de classe em questão. Ser fiel ao trono, ter o título de *Sir*, ser criado na memória do Império Britânico, isso tudo é tão forte quanto as aparências em caso de adultério ou o acesso aos exclusivos e esnobes clubes masculinos, outra instituição inglesa imbatível.

É uma peça para intérpretes superiores e aí o elegante espetáculo do diretor Flávio Marinho está com a nobreza do teatro brasileiro: Eva Wilma e Othon Bastos. Ela comove desde o começo porque sua personagem, de certa forma, tem mais memória emotiva a ser explorada. É seguramente um dos seus melhores desempenhos. Othon Bastos – como os grandes jogadores, seja de xadrez, seja de algum esporte físico – tem um terço da peça para impor seu personagem, virar o jogo. De início, Othon parece usar sua reserva técnica de artista com gestos e entonações de voz. Contudo, quando, enfim, o general abandona a postura *blindada* e as noções de *estratégia militar* entre as quatro paredes do lar e atira sua granada, aí estamos face ao soberbo ator. O tremendo general Clausewitz aplaudiria (e como a vida é irônica, seu tratado Da Guerra Von Krieg foi publicado só depois da sua morte. Pela viúva). Belo paradoxo. No momento dramático da paz entre as figuras de ficção é que os intérpretes travam um duelo memorável. Ao fim, trocam continências com ironia e esperança. E o público troca salva de canhões por salva de palmas.

A Megera Domada:
... E o Circo Mágico do Ornitorrinco

21 de junho de 2008

Como Shakespeare localizou a ação de *A Megera Domada* na Itália, o ator e diretor Cacá Rosset

poderá comemorar os 30 anos do Grupo Ornitorrinco com um dos bons vinhos do País. Um
Zonin Amarore, por exemplo, que figura entre
seus prediletos. A perfeita adequação de circo
acrobático e comédia confere ao espetáculo uma
alegria colorida maior que o texto em português
propriamente. Porque a obra de Shakespeare
será eternamente um desafio aos tradutores.
Quando o tema é simples e linear, como *Romeu
e Julieta*, a louvação do amor *versus* intolerância,
é mais fácil deixar de lado outros subentendidos.
Toda língua é plástica e se altera ao longo dos
séculos, e quanto mais caminhamos no tempo,
maior ainda é o desafio. Homero pode até nem
ter existido e a *Ilíada* e *Odisseia* ser uma saga
oral repassada adiante milhares de vezes e, finalmente, compilada. Há pilhas de estudos sobre
o tema envolvendo historiadores e filósofos,
como o italiano Giambattista Vico. Prevalece, no
entanto, a lenda do rapsodo cego que uniu os
fragmentos da guerra entre gregos e troianos.
Com Shakespeare, então, existem bibliotecas
sobre vida e obra. Desde se teria mesmo existido até às análises sobre a sua maestria verbal,
a genialidade dos enredos paralelos, e insinuar
miríades de subentendidos.
Mesmo quem detenha total conhecimento da
língua inglesa ainda se surpreende com uma imagem nova aqui, um arcaísmo de duplo sentido

mais adiante. Os seus maravilhosos solilóquios ecoam em todas as culturas.

Já *A Megera Domada*, se vista literalmente, é uma comédia chata (que passe o sacrilégio de se dizer isso de Shakespeare). Feministas até descobriram traços de machismo em Petruccio, o pretendente que dobra a irascível Catarina. Sem as filigranas shakespearianas, o personagem é mesmo um cafajeste, pretensioso e endinheirado, e ela um caso psicótico (o que a direção, numa escolha infeliz, agrava com o cabelo e roupa *punk* dela). Mas Shakespeare só é banal quando mal realizado. Não é o caso.

Com a audácia que o caracteriza, Cacá Rosset entrou nessa aposta já assinando a tradução. Se a decisão é temerária, em compensação Cacá amadureceu e teve a gentileza de não abusar de clássicos, como alguns Molière relegados a efeitos menores de chanchada, com gente tirando sujeira do nariz, etc. Em *Megera*, a opção é pelo encanto da acrobacia e a festa de cores dos figurinos e cenários do sempre bom José de Anchieta, que inventou uma Itália de compensado e roupas benfeitas.

Quanto à linha ideológica da encenação, digamos assim, o diretor se esquivou de altas polêmicas e passou seu ponto de vista com um recurso simples e divertido da piscadela de olho. Tanto Petruccio arremata seus discursos de marido autoritário, com um piscar esperto para a plateia, quanto Catarina (Christiane Tricerri) faz juras de fidelidade e submissão com o mesmo truque. É a velha receita da mútua tolerância e concessões desde que o mundo é mundo. Amantes perfeitos estão protegidos pela morte, o que Shakespeare ensinou em *Romeu e Julieta*. Porque na vida real todos nós um dia dizemos *não estou me sentindo bem. Sei lá, mil coisas*. Sim, mil coisas, físicas e espirituais. *Megera Domada* é uma montagem, incluindo a música ao vivo (comandada por Pedro Paulo Bogossian), que pode ser comparada à vivacidade cômica do grupo parisiense Magic Circus, do franco-argentino Jerome Savary, que deixou boas lembranças em São Paulo. Outro trunfo é a nudez feminina espontânea e poética, uma das marcas registradas do Ornitorrinco.

Os fiéis do grupo sentirão falta de Ary França, José Rubens Chasseraux e Maria Alice Vergueiro, madrinha da companhia. Mas estão lá a ótima dupla Eduardo Silva e Ronaldinho Malachias, Rubens Caribe e o surpreendente Anderson Faganello, entre odaliscas, bailarinas lindas e bons músicos.

Finalmente – o casal, a corda e a caçamba, os enamorados blefadores. Cacá Rosset já é uma *persona* conduzindo o intérprete. Sabe quanto pode, e usa o talento para seduzir como na hora em que escapa do texto e menciona o Corinthians, o que divide ruidosamente a plateia. Christiane Tricerri está bela, espinhosa e dourada. Como um saboroso figo-da-índia, comparação que não lhe é estranha.

Memória do Mundo:
Nas Ruínas Circulares de Borges

29 de maio de 2008

Entrar na literatura de Jorge Luis Borges é como jogar xadrez (intuição e cálculo) ou dados (o acaso dos números). Nela, o sonho incorpora a matemática, e a realidade se dissolve no acaso. Como a figura de Borges é já uma efígie – o homem idoso de olhar enevoado, roupa formal, segurando a bengala –, é complicado para um ator jovem representá-lo. Em *Memória do Mundo*, João Paulo Lorenzon assumiu o desafio a partir da adesão sincera a esta ficção enigmática ao ler, adolescente, *As Ruínas Circulares*, e achar no final a anotação de sua avó em letra azul: *lindíssimo*. Portanto, Lorenzon começou a entender Borges pelo alto. O notável crítico literário Otto Maria Carpeaux mencionou *a obsessão dos labirintos* em Borges, acrescentando que *As Ruínas Circulares* parecem sonho fantástico ou pesadelo matemático. Existe, assim, fora nossa realidade observada, a geometria não euclidiana, na qual duas paralelas chegam a encontrar-se no infinito. (...) São sistemas de mundos absurdos; mas coerentes. Exigem, quase, que sejam encarnados em mundos poéticos. E Borges os criou.

Difícil para o leitor? Se houver curiosidade, descobrirá que há muitos Borges. O mais próximo narra sagas gaúchas repletas de punhais e milongas, que é para o campo o que o tango significa para as cidades. Um outro Borges conquistou renome internacional em contos fantásticos, em que predominam os labirintos, os paradoxos verbais, as paisagens que são o avesso do espelho. Por fim, este grão-senhor menciona a própria cegueira que o castigou, mas sem lamentos, numa aceitação filosófica e até poética, o que é o máximo da resignação. É justamente este Borges mergulhando nas sombras que aparece no espetáculo *Memória do Mundo*.

O que está em cartaz é uma realização de relativa simplicidade visual, mas inevitavelmente complexa para quem não tem intimidade com o escritor. Há nele divagações subjetivas ao lado de outras de beleza evidente, como a descrição do amarelo dos olhos do tigre. É a cor que mais tempo ficou visível, fiel, ao artista que caminhava cada vez para o território do cinza e do negro. Nas suas *Primeiras Poesias*, com o subtítulo *Fervor de Buenos Aires*, ele escreveu: *Esta cidade que*

pensei ser meu passado, meu futuro, meu presente; os anos que vivi na Europa são ilusórios / eu sempre estive (e estarei) em Buenos Aires.
É esta a aposta de risco que João Paulo Lorenzon bancou sob a direção discreta, mas firme, de Élcio Nogueira Seixas e o imprescindível apoio de Davi Arrigucci Júnior, um dos mais sólidos críticos literários do Brasil. O ator tem sua intensidade dramática reforçada pela forte introspecção fundamental ao papel; e domínio vocal visível na cena de um longo uivo, aboio ou clamor onomatopaico que exige fôlego. Fica sem solução a questão do figurino. A imagem de Borges será para sempre a do portenho de terno e gravata, impecavelmente barbeado. Quase se pode sentir a lavanda tipicamente hispânica exalando de suas fotografias. Lorenzon está no palco como um rapaz urbano em mangas de camisa. Aparenta aceitar a imensa diferença de tipo físico e idade entre ambos, optando então por ser apenas *a voz* de Borges. É uma possibilidade, mas há perda de clima. Não foi possível recriar um certo mistério que cercava um autor-personagem.
A cenografia, de Márcia Moon, ratifica o universo fechado desta escrita que se multiplica em saídas enganadoras, representado-a como uma caixa negra com o chão coberto de pedriscos de jardim japonês. Solução razoável porque qualquer opção figurativa pediria algo como a estranha pintura de Zdravko Ducmelic, iugoslavo

(croata) radicado na Argentina e que ilustrou uma das obras de Borges que o admirava.

Um privilégio de Jorge Luis Borges é o de ser quase inesgotável. Pode-se voltar a ele de muitíssimas maneiras. Como acontece com seu conterrâneo Júlio Cortázar. Parecia impossível levar ao palco *O Jogo da Amarelinha* (Rayuela), mas o diretor Jaime Kogan iluminou a temporada de Buenos Aires de 1994 com uma comovente adaptação do romance. Kogan era um veterano, enquanto Lorenzon e o diretor Elcio Nogueira Seixas são novos. Deram um primeiro passo, e acertaram.

Ménage:
Visão Irônica de Vidas Absurdas

5 de novembro de 2008

Intérpretes talentosos, textos inteligentes e direção precisa. Com essa alquimia apurada se faz um espetáculo divertido. Pausa: divertido é pouco.

Há uma epidemia chamada *stand up comedy* (o pessoal não deixa por menos, é direto em inglês. Expressão para definir solos ou esquetes que o veterano José Vasconcellos já fazia, e muito bem, há mais de 40 anos). *Ménage* é um espetáculo de três episódios de fundo cômico aproximado ao Teatro de Absurdo, sobretudo o de Eugene Ionesco, este romeno que olhou o mundo com ironia e ceticismo. A encenação mostra situações cotidianas e conjugais naquele momento em que um grão de areia se infiltra na paz e harmonia de viver. Microscópica poeira que faz até um relógio Patek Phillipe parar. O título é sutilmente ambíguo: *ménage*, literalmente, é a rotina da casa. Já *ménage à trois* muda tudo de figura, nem é preciso explicar.

Mas aqui estamos diante do homem e da mulher, já casados ou tentando uma aproximação. O achado dos textos – dos norte-americanos Joe Pintauro e David Ives e dos brasileiros Ivo Müller e Guilherme Solari – consiste em traduzir questões existenciais de um jeito leve e sem perda de conteúdo (enquanto a *stand up comedy* tem a validade de uma piada). Esses autores mostram que a supermodernidade em si, sem rumo, resulta em anomalias sociais e na cultura do Prozac. *Ménage* revela também como a diretora Marina Person, acostumada ao universo televisivo jovem/*pop* – no qual tudo é muito *gracinha* ou *doidão* –, tem visão crítica das coisas.

O começo, com *Rex*, de Joe Pintauro, é digno de *As Cadeiras*, de Ionesco. Um casal discute o que comer e como comer, pois são vegetarianos, mas surge um faisão nessa convivência robótica e aí se instala a paranoia bem norte-americana diante do politicamente correto e dos direitos individuais. Em seguida temos *Fogo*, de Solari e Müller, em que a fantasia sexual adquire uma dimensão ridícula, ou patética, como o casal maduro e corrompido de *Ligações Perigosas*, de Choderlos de Laclos. A diferença é que a clássica peça francesa espelha a imensa alienação de uma aristocracia na véspera da revolução que levaria seus desmandos à guilhotina. Já em *Fogo* o que desponta é a infantilização de jovens atuais, cansados de tudo antes mesmo de começarem qualquer coisa, até o sexo. É brincadeira e também não é. Nessa brecha mínima, o espectador pode pressentir um abismo em que estão todos os supermoderninhos de fachada.

Finalmente *Tudo Bem*, de David Ives, faz um miniestudo de não comunicação entre dois jovens que se encontram casualmente. É a obra mais próxima do realismo porque, afinal, abordagens amorosas acontecem todo dia. A comicidade surge da sequência de lugares-comuns que aflora quando se quer nervosamente aparentar profundidade; ou das pequenas manias de cada um. A mentira total pode ter bom efeito, enquanto a verdade desmonta a conversa, e vice-versa.

Para que esse castelo de cartas se mantenha em pé entre a tristeza e o riso, são necessários intérpretes em completa identificação e ritmo, como dançarinos. Um se atira, o outro segura e devolve em um jogo com silêncios calculados. Porque o riso pelo riso é o pastelão, enquanto *Ménage* quer ilustrar uma frase de *Cenas de um Casamento*, de Ingmar Bergman: *Às vezes, parece que um casal fala em linhas telefônicas cruzadas. Às vezes, parece que estamos ouvindo dois gravadores programados.*

Domingas Person e Ivo Müller chegam a essa química exata. Ela tem uma beleza imponente, economia sutil de gestos e um olhar em que se pode pressentir melancolia em meio a tanto riso. Müller segue a mesma contenção com um traço de sarcasmo agressivo, vagamente ameaçador. Nessa linha tensa, o espetáculo segue como um trapezista no salto triplo. Só o fundo musical com ópera não funciona, seja como contraste, seja como comentário.

Marina Person reafirma no palco a criatividade que demonstrou em curtas-metragens e no recente documentário *Person* sobre o cineasta Luiz Sérgio Person, seu pai, e de Domingas. Com essas qualidades, *Ménage* vai além do modismo da *stand up comedy*. Voltando a Ionesco, pode-se dizer que cada personagem saiu de um romance do dramaturgo do absurdo: *O Solitário*.

Meu Abajur de Injeção:
Um Canto à Força Inquebrantável de Cacilda Becker

3 de março de 2008

Arbustos simples e uma ânfora de argila enfeitam o túmulo, em granito rosa, de Cacilda Becker, no cemitério do Araçá, enquanto Luciana Carnielli a homenageia no palco em *Meu Abajur de Injeção* (título incompreensível e nada atraente). Espetáculo-solo em que a vida pública e pessoal da atriz lendária (1921-1969) passa pelo crivo de uma colega-personagem que pretende nos devolver Cacilda em um jogo de memória. Luciana, que escreveu a peça, não tentou imitar seu modelo inspirador que provavelmente não conheceu. O espetáculo dirigido por Georgette Fadel elimina a sacralização do mito. O espectador passa a conhecer a jovem talentosa que se jogou por inteiro para ser – e foi – a maior atriz do País enquanto esteve em cena (seria tolo julgar que não haverá outra Cacilda).

Impôs sua presença em um tempo em que Maria Della Costa, Tônia Carrero e Eliane Lage (no cinema), belíssimas, estavam no estrelato. Por justiça seria preciso lembrar – na mesma geração – Glauce Rocha e Wanda Lacerda, mas a glória nem sempre é justa.

Luciana é magra, loira, ágil e ostenta um ar insolente e quase irritado como parece supor ter sido o temperamento de Cacilda (a diferença é que Cacilda tinha cabelos pretos e não era arrogante). Seu trunfo é o domínio das pausas, as interiorizações, aquele não dizer antes de dizer. Luciana convence ao assumir a persona da mulher que teve noção do seu talento e do alto custo para vencer. Agiu em consequência mesmo que, se necessário, tenha exercido alguma dureza de atitude. Ser instintivo, absorvia o que estava acontecendo à sua volta, o que lhe deu capacidade de escolher bem o repertório e indignação para afrontar o regime militar (ocasião da sua grande frase *"todo teatro é meu teatro"*). Ao mesmo tempo foi o que Clarice Lispector definiu como *Eu sou mansa, mas minha função de viver é feroz*. Não escondeu dores de amor e até os contraditórios sentimentos sobre a maternidade.

O espetáculo assume o lado competitivo de Cacilda, insinua inimizades célebres, disputas cênicas, mas mostra quanto foi devotada aos amigos e à família. Podia, sim, ser difícil às vezes, mas nunca praticou *a maldade deliberada*, expressão de Tennessee Williams e autor que encenou (*A Noite do Iguana*). Apesar das lacunas, Luciana Carnielli tem o mérito de expor o lado agressivo e inseguro da atriz. Fala do primeiro casamento, assunto diluído no tempo, mas salta sobre brasas no segundo, com Walmor Chagas, ator maior e personalidade nacional. É compreensível.

É bom que se fale dos artistas superiores com um olhar crítico. Como é necessário recordar que não se fala o mesmo de suas contemporâneas: Glauce

Rocha (felizmente homenageada em documentário *Estudo de um Rosto*, do cineasta Joel Pizzini), Margarida Rey, Madalena Nicol, Wanda Lacerda, Lélia Abramo e Henriette Morineau (que viveu seus últimos dias no Retiro dos Artistas, no Rio). A morte involuntariamente *teatral* de Cacilda (um derrame durante a representação de *Esperando Godot*) e seu indiscutível carisma conferiram-lhe uma aura, mas não seria mal pensar nessas outras intérpretes, e nas que vieram depois, como Isabel Ribeiro, morta precocemente. meu *Abajur de Injeção* é um canto a capela para uma força de vontade inquebrantável. Escorrega no lugar-comum ao juntar poetas, santos como iguais aos devassos e prostitutas (Santo Agostinho e Henri Miller deixaram a chamada má conduta ao se encontrarem na transcendência). Se prostituta fosse algo interessante, as atrizes não teriam lutado tanto contra essa pecha que lhes foi imposta pela polícia e a moral de uma época.

Com seu título vago, a montagem se faz com um mínimo de recursos cênicos e na apaixonada atuação de Luciana Carnielli. Espetáculo intenso e direto de Georgette Fadel sobre Cacilda Becker, a artista e o ser humano no labirinto de espelhos do camarim e da existência.

Meu Destino é Pecar / Ninguém se Livra de seus Fantasmas

2002

Meu Destino é Pecar, um Nelson Rodrigues da recente safra teatral carioca, está à disposição dos paulistanos só de hoje a domingo. Ótima oportunidade para se desfrutar os absurdos folhetinescos que o dramaturgo criou sob o pseudônimo de Suzana Flag. A história é tão descabelada que, em dado momento, uma atriz brinca de sair do papel e comenta: *Gente, não estou entendendo nada*. Há de tudo, rivalidade entre irmãos, um tentando conquistar a mulher do outro, famílias inimigas que engendram mortes, mulheres que se odeiam e casamentos conflituados.

Com despautérios psicologizantes, mas imagens e diálogos irresistíveis, Nelson Rodrigues conseguiu, com tal dramalhão em capítulos, aumentar a circulação de *O Jornal*, do Rio de Janeiro, órgão dos Diários Associados que estava em má situação nos anos 1940. Repetiria o sucesso na *Última Hora*, nos anos 1960, com a série *A Vida como Ela É*. Politicamente, um reacionário medonho, além de conservador quanto aos costumes (é dele, afinal, uma peça chamada *Toda Nudez Será Castigada*), este suburbano integral aliou, no entanto, a ironia de Eça de Queiroz ao dramatismo de Dostoiesvski e o teatro de Eugene

O'Neil. Escritor formidável, enfim, na apreensão da alma obscura do homem comum em suas obsessões de sexo, culpa e morte.

Ou se disseca os arquétipos mitológicos e psicanalíticos desta obra, o que o diretor Antunes Filho fez com resultado extraordinário nos espetáculos *Nelson Rodrigues, O Eterno Retorno* e *Paraíso Zona Norte*, ou se assume a provocação humorística de escritos feitos só para a imprensa. A Companhia dos Atores, do Rio, que tem em seu histórico encenação de *Melodrama,* convidou o gaúcho-polonês Gilberto Gawronski para reviver os desatinos de *Meu Destino É Pecar.* Ator e diretor com gosto e olhar certeiro para a transgressão, Gilberto juntou a radionovela brasileira ao cancioneiro romântico na linha de Orlando Silva e divertiu-se com um elenco da melhor qualidade. Diverte-se agora o público à *luz difusa do abajur lilás*, como canta e sofre Dalva de Oliveira.

O espetáculo, com imagens quentes, bem iluminadas, ganhou o Rio e esteve nos festivais e mostras cênicas de Curitiba, São José do Rio Preto, Belo Horizonte, Porto Alegre, Caxias e Brasília. Completa domingo seis dias em São Paulo e segue para Goiânia. É uma criação sobre extremos existenciais com rigor profissional de quem sabe expor o riso e o patético da vida como ela é ou como Nelson Rodrigues, ardilosamente, quis que acreditemos que seja.

Mire e Veja

2005

A metrópole, ou, mais claramente, São Paulo como o Eldorado sofrido e falso no qual se teima em crer, é o cerne do espetáculo *Mire e Veja*, baseado em um livro forte de Luiz Ruffato, premiado pela Associação Paulista de Críticos de Arte (APCA) como o melhor romance de 2001. De novo, volta-se ao panorama paulistano que há mais de 30 anos Tom Zé sintetizou no verso *aglomerada solidão* da sua música *São Paulo, Meu Amor*, vencedora de um dos festivais de MPB dos anos 1970. De lá para cá tudo só fez piorar.

O consolo mínimo é que há boa literatura e bons teatro e cinema para registrar o caos que assola as ruas dessa nova Babel, como se pode observar nos livros de Fernando Bonassi, Marçal de Aquino, que resultaram, respectivamente, nos filmes *Um Céu de Estrelas* e *O Invasor*. Nesse grupo inclui-se a ficção de Ruffato que a Companhia do Feijão traduz em um espetáculo inventivo e intenso. Com um mínimo de recursos, um elenco jovem consegue transformar o pequeno espaço do Teatro de Arena-Eugênio Kusnet no deserto de asfalto da selva da cidade. Há instantes em que o espetáculo se distancia do original no uso do humor. Ruffato joga mais pesado, ou mais coerente, com os seus temas. A encenação induz, às vezes, ao riso pela caricatura daquilo que é essencialmente dramático. Mas é só um leve desequilíbrio, porque, no geral, *Mire e Veja* retrata São Paulo em todas as suas contradições e na crueza no trato com os pequenos, pobres e solitários. A Companhia do Feijão subiu de qualidade artística e mostra os efeitos dessa maturidade.

No Retrovisor:
No Palco das Vidas Perigosas

Os dramaturgos que sucederam Plínio Marcos na cena paulista completam dez anos de atividades. Quase todos surgiram no começo dos anos 1990. É uma produção que começa a ser reavaliada por eles mesmos e estudiosos do teatro. Os ciclos de dramaturgia promovidos pelo Sesi (espetáculos em cartaz agora no TBC) e Centro Cultural Banco do Brasil (leituras dramáticas e debates, encerrada na semana passada) são faces do mesmo cenário renovado.

O capitalismo brasileiro e suas consequências tortas e o homem urbano que nele vive estão espelhados em peças ásperas, imperfeitas às vezes, mas quase todas marcadas por veemência dramática decorrente do que o alemão Brecht chamou de *um tempo sombrio*, e o brasileiro Plínio de *um tempo mau*, ao se referir às vitimas de iniquidades socioculturais. Mas é, também, uma literatura de amores dentro de novos costumes, uma certa marginalidade pequeno-burguesa de superfície, e até rasgos de indagação mística.

O leitor do jornal *DCI* terá alguma surpresa ao constatar quanto os problemas brasileiros repercutem no teatro de artistas da classe média. Se Plínio Marcos aprofundou-se no lumpemproletariado, o que permite aos acomodados dizerem que, afinal, são dejetos da sociedade, a rapaziada de agora vai do crime suburbano aos conflitos obscuros dos casais. De passagem, sobram considerações bíblico-metafísicas (Samir Yazbek), o humor cético de Otavio Frias Filho (*Simples Romântico, Rancor, Imaginário*) e o gosto algo *beat-transgressivo* de Mário Bortolloto. Este teatro não está aí para elegâncias. É um pessoal mal-educado que joga duro com a realidade contemporânea. Se o PIB nativo quer saber o que pensa seus filhos, que vá ver este teatro esquisito. A Mostra do Banco do Brasil teve curadoria de Aimar Labaki, autor que aborda a crescente selvageria das cidades. Uma de suas peças, *Vermute*, por exemplo, trata da violência nas escolas da periferia onde adolescentes se matam todos os dias. Aimar voltaria, contundente para dizer o mínimo, em *A Boa*, um golpe no bom-mocismo assistencialista, e, ainda, no ataque à história nacional em *Cordialmente Teus*.

Há outros dramaturgos, como Bosco Brasil que já em *Budro*, na década de 1990, cantou o jogo do desespero de uma classe média recente. Na vertente sexo-existencial surgem propostas que só o tempo confirmará, ou não, caso de *Dentro*, de Nilton Bicudo, e *Errado*, de Alberto Guzik. Os jornalistas estão representados por Fernando Bonassi, que já faz carreira no teatro e cinema (*Um Céu de Estrelas*) com o estranho *Três Cigarros e uma Última Lasanha* e Otavio Frias Filho que também desperta curiosidade por ser diretor de um jornal (O que é um engano. O dramaturgo não decorre do profissional da imprensa, profissão que deixou de ser romântica. O seu futuro como dramaturgo está em aberto).

Esta é uma relação imperfeita porque são muitos os autores. De repente, ocorre que falta Marcelo Rubens Paiva. É preciso estar atento ao que eles fazem na linha tropicalista do *tudo é perigoso, tudo é divino maravilhoso*. Versos que Gil e Caetano escreveram em 1969 para Gal Costa. Hoje, tudo é mais perigoso e menos maravilhoso. É desta diferença que falam os dramaturgos da última década.

A Noite dos Palhaços Mudos:
O Misterioso Silêncio dos Palhaços

24 de julho de 2008

A Noite dos Palhaços Mudos, fenômeno de público, tem sua última apresentação hoje. O espetáculo da Cia. La Mínima, tema do cartunista Laerte e direção de Álvaro Assad, esteve sempre lotado com uma divulgação praticamente só boca a boca. O mais engraçado é a redundância de ser apenas espetáculo *engraçado* sobre palhaços. Como dezenas de outros que o espectador deve ter visto na vida. Ou, pensando bem, talvez seja um dos poucos que ele viu ao vivo, fora da televisão. E o curioso é que se trata de uma encenação simples. O circo nas últimas décadas sofreu uma evolução – ou deformação – que o levou aos megaespetáculos com canhões de luz, números manipulados por computador, animais (o que, felizmente, começa a ser proibido) e apresentação de artistas alheios ao universo da lona. A pequena montagem em cartaz no Espaço dos Parlapatões coincide com o lançamento (só em DVD) de *Palhaços (I Clowns)*, de Federico Fellini, de 1971, e ignorado até agora no Brasil. O filme poderia ser chamado *Il Pagliaci*, em italiano, mas o cineasta evitou confusão com a ópera do mesmo nome composta por Giacomo Puccini. O acaso – filme, peça – traz uma aula dessa arte que tem subdivisões. O palhaço nosso conhecido é aquele do pastelão, tropelias, tapas na cara. Já os *clowns* são bem europeus, usam mímica e se dividem em *brancos*, lentos ou melancólicos (pierrôs), especialistas em pantomimas de gestos suaves, contrastando com os *augustos* de nariz vermelho, sapatos enormes e sempre em trapalhadas. É uma divisão sutil, porém histórica (a dupla O Gordo e O Magro tem essa separação.) Os palhaços brasileiros são de latinidade aparatosa. Não há quase espaço para os *brancos*, que no mundo da ficção podem até ser vagamente ameaçadores (serão tristes ou dissimulados?), como o Carnaval de Veneza e suas máscaras sinistras. Nos anos 1950, Hollywood lançou *O Maior Espetáculo da Terra*, superprodução ambientada no famoso circo Ringling Bross – Barnum and Bailey Circus, onde a polícia procurava um foragido da Justiça. No elenco estelar, encabeçado por Charlton Heston e as belas Dorothy Lamour, Betty Hutton, havia um astro que não se consegue identificar até o fim, quando o FBI encontra o culpado. É simplesmente James Stewart disfarçado como o simpático palhaço Button. Foi um impacto, porque o *clown* é o último dos suspeitos, assim como Stewart era ator de papéis românticos.

O acaso faz escritores satíricos ou ligados ao teatro de absurdo parecerem, eles mesmos, palhaços de rosto lavado, caso de Eugène Ionesco, com seu nariz de batatinha (e realmente um homem afável, ao contrário do misterioso Samuel Beckett com seu perfil aquilino).

O paradoxo visível em *A Noite dos Palhaços Mudos* é que essa arte, tida como hilariante, algumas vezes pode assustar. Fellini aparece diretamente em *I Clowns* dizendo que a primeira vez que foi levado ao circo chorou ao ver homens pintados trocando sopapos. O crítico viveu essa experiência, embora em seguida tenha se encantado com o palhaço *Linguiça*, do Circo América, e o ter procurado por mais de 20 anos (está sepultado em Araraquara).

O texto de Laerte na realidade é um enredo, tema, ponto de partida. Uma figura malvado--divertida (tipo Coringa de Batman) corta o nariz postiço de um palhaço. A lógica manda que ele arrume outro, mas aqui é um caso gravíssimo. Aquele pedacinho de plástico vermelho é o ponto de equilíbrio do comediante (e se o vilão cortou o nariz de verdade?) Todo o resto é o que sabemos, e mesmo assim tem graça (numa sessão, uma jovem ria tanto que parte da plateia ria por ela). O elenco tem noção de ritmo cômico. Domingos Montagner, Fábio Espósito e Fernando Sampaio sabem lidar com essa relojoaria imponderável do riso, que a direção de Álvaro Assad conduz.

Então, é isso: último dia para um reencontro com o velho circo que, no momento, merece uma bela exposição na Galeria Olido, da Secretaria Municipal da Cultura. O circo tem o seu mistério. O escritor Henry Miller, tão transgressivo, fez um texto poema para ele: *Um Sorriso ao Pé da Escada*, que talvez um dos "parlapatões" venha a encenar. Atrás do carmim, do alvaiade está o homem que mereceu versos de Paschoal Carlos Magno – um dos patronos do teatro brasileiro – *Arranca a máscara da face, Pierrô/ para sorrir do amor/ que passou*. Joubert de Carvalho musicou e Silvio Caldas gravou. Antigo? Não. Está na Praça Roosevelt apenas hoje.

Ovelhas que Voam Se Perdem no Céu:
Ovelhas na Noite dos Automóveis

2003

Nas vésperas do Natal de 1960, o poeta pernambucano Carlos Pena Filho sentado com amigos no centro do Recife escreveu os seguintes versos:
Por isso no Bar Savoy/ o refrão tem sido assim:
São trinta copos de chope;
São trinta homens sentados,
Trezentos desejos presos
Trinta mil sonhos frustrados.

É disso que trata o espetáculo *Ovelhas que Voam se Perdem no Céu*, de Daniel Pellizari, direção de Mario Bortolotto.

Não há notícias se os conselheiros Ramalho e Carrão, homens do Império (Carrão foi prefeito de São Paulo), tinham senso de humor, mas não custa imaginar que apoiariam um teatro no bairro da Bela Vista, onde são nomes de rua. É provável que ficassem um tanto ruborizados. *Coisas do futuro*, diriam ao se dar conta que o grupo chama Cemitério de Automóveis.

O pessoal do teatro agradece aos conselheiros e explica do que se trata a montagem: adaptação de contos do livro homônimo de Daniel Pellizari que fala de solidão, busca de afeto e desespero. Pode parecer pesado, mas há um componente cômico dentro do patético e do ridículo dos personagens que faz rir. São todos absolutamente reais, urbanos e paulistanos. Esbarra-se neles nos bares baratos do Bixiga e imediações dos cines Unibanco e Belas Artes. Estava na hora de colocar em cena o que a sociologia ainda não fez, ou seja, uma juventude de classe média baixa que é a caricatura do que foi o movimento *hippie* e a brava militância na esquerda etílica.

Subletrados ansiosos e confusos na busca de informações têm características marcantes, duas indestrutíveis: vestem-se pavorosamente e dominam pessimamente o idioma. Meio estudantes, meio cinéfilos, podem jogar conversa fora na noite porque não precisam, exatamente, trabalhar como a rapaziada mais abaixo na linha social. São sujos e feios, mas não são malvados. Lutam com meia dúzia de vocábulos e a gíria da vez em teorias tatibitates sobre política, filosofia, religião, *amor & problemas* existenciais em geral. Depois desaparecem, deixando lugar para outra leva/geração mais ou menos igual. Não se sabe direito o que a vida e o mercado de trabalho fazem com eles, mas pressente-se. É aqui que entram a literatura e o teatro para falar desses filhos piorados do poema de Carlos Pena e, mais atrás, do nostálgico romance *O Amanuense Belmiro*, do mineiro Ciro dos Anjos, que começa assim: *Ali pelo oitavo chope, chegamos à conclusão de que todos os problemas eram insolúveis*. Só que a ficção atual retrata um panorama mais estranho, mais pesado. O Cemitério de Automóveis e seu dramaturgo-fundador, Mario Bortolotto, gostam muito do assunto e estão abrindo espaço para autores afins como Pellizari, Reinaldo Moraes, Marcelo Mirizola e Daniel Galera.

As ovelhas desgarradas do espetáculo são os ex-jovens de barzinhos, agora um tanto drogados e bastante alcoolizados, encarando pequenas histórias de solidão e desvios de rota. O arco vai do hilariante bêbado de boteco ao viciado em coisas injetáveis. Mas o espetáculo tem quase que delicadeza com essa gente ao falar, até com graça, do desconforto da vida, aquela coisa de *O Sinal Fechado* de Paulinho da Viola (*preciso beber alguma coisa rapidamente/ o sinal vai abrir*). A hora da diferença entre a realidade e o projeto existencial (*mas eu sumi na poeira das ruas*). Tudo um tanto grave e um tanto banal por um elenco jovem, simpático e comovido. Pellizari e Bortolotto acertam no uso de uma ironia cética entre o Bar Savoy e o que sobrou do lendário Riviera, na esquina da Consolação com Paulista.

É por aí que seguem as *Ovelhas que Voam no Cemitério dos Automóveis*.

A Paixão Segundo G. H.

2003

A Paixão Segundo G.H é o espetáculo de Enrique Diaz para a paixão de Mariana Lima, baseado em Clarice Lispector. A realidade física da montagem e a presença de Mariana, levitando sobre o real, criam outra obra. Clarice – talvez seja bom deixar claro – nunca teve aceitação geral. O crítico literário Álvaro Lins teria dito que não entendera nada de um texto dela. Não era um insensível, ao contrário.

Os devaneios – lunares? – de Clarice podem mesmo impedir a adesão geral, o que não lhe tira um dedal de grandeza literária. Essa mulher sedutora e solitária inventou a sua literatura. Em português, no momento, só tem uma companhia da portuguesa Gabriela Llansol, que o Brasil se dá ao luxo de desconhecer. Clarice reelabora os reflexos da realidade no seu temperamento introspectivo. Como *viver não é relatável*, ela se pôs a *criar o que me aconteceu*.

É muito lembrado também seu pendor para metáforas poéticas, mas o fundamental foi desvendado pelo dramaturgo e diretor Fauzi Arap para quem o texto de Clarice reflete uma experiência com LSD. Desde Audous Huxley, que usou mescalina, é notório que artistas indiscutíveis buscaram os *estados alterados de consciência*. A banalização escapista das drogas cria constrangimentos para que se fale do tema, mas Clarice paira tão acima do banal, como Fauzi Arap, que escreveu um livro esclarecedor, *Mare Nostrum – Sonhos, Viagens e Outros Caminhos* (Editora Senac).

G.H. é uma viagem lisérgica, e o espetáculo a viagem dentro dessa viagem. Se na escrita cintila Clarice Lispector, em cena cintila Mariana Lima como Clarice. Ou, quem sabe, Mariana transformada na Mariana que incorpora Clarice. O espetáculo começa em um quarto de vestir onde a escritora conversa com o público. Instaura-se uma atraente dubiedade (é Mariana ou a personagem que nos olha, sorri, faz sinais?). Em seguida, a ação é deslocada para um quarto de empregada onde *A Mulher* encontrou a barata desencadeadora de um abismo de revelações existenciais. Se Franz Kafka usa o realismo para descrever a *Metamorfose* de Gregor Samsa em inseto, Clarice narra em fluxos de consciência os clarões da personagem. Não há neologismos, ou montagem de frases, só o relato do insondável da mente. Mariana Lima faz esse percurso de modo extraordinário em cerca de uma hora e quinze minutos. Consegue ou mesmo reproduzir fala especial de Clarice (nascida na Ucrânia, crescida no Recife até os 12 anos, depois Rio de Janeiro). Consegue ou torna-se até menos bela do que é à medida que viaja no vazio cósmico da mulher com o ar ausente e olhar *asiático* de Clarice. O espetáculo reflete o entendimento da intérprete com gosto pelo teatro experimental com um diretor empenhado em novos caminhos cênicos (o casal resolveu a Guerra Brasil/Paraguai. Notem a grafia do nome do diretor). Coroando esse entendimento, os vídeos de Carolina Jabor ampliam as visões da *Mulher*.

Há um ponto da representação que pode ser apenas impressão em que o público não acompanha o xadrez metafísico de Clarice, mas continua com a atriz e com o espetáculo. Como se absorvesse a curiosidade do diretor Diaz. *Como se fala do nada? Como é que se fala da vida? Como é que se fala?*

O espetáculo é isso. É Clarice Lispector dizendo: *Eu sou mansa, mas a minha função de viver é feroz.*

A Pane:
Dürrenmatt é mais que a Bufonaria Brasiliense

9 de fevereiro de 2008

A Pane transcorre durante o jantar semanal de juristas aposentados de uma cidadezinha, provavelmente da Suíça, considerando-se ser o autor Friedrich Dürrenmatt (1921-1999) da região de Berna, e o canto alpino típico, mescla de aboio e vocalizações contínuas. As refeições são torneios gastronômicos e ostentações advocatícias na casa do ex-juiz, e delas participam promotor, advogado, serventuários da Justiça e – a novidade – convidados. Enquanto comem e bebem com refinamento, simulam julgamentos, no mais das vezes de figuras históricas (do tipo Maria Antonieta). Desta vez, porém, um forasteiro com o carro avariado nas imediações é o julgado entre acepipes e vinho de boas safras. Executivo ambicioso de uma multinacional, dono de carro de luxo (em pane), ele acha graça na brincadeira daqueles velhos senhores, e se dispõe a brincar de réu. Não imagina que armadilha. Nada aparentemente de novo nessa estrutura dramática que faz lembrar *A Ceia dos Cardeais*, do português Júlio Dantas, carro-chefe do velho teatro. Mas desta vez estamos diante de Dürrenmatt, um suíço de fala alemã, com um pendor literário entre o expressionismo e o absurdo e com a notável capacidade de usar o grotesco em termos de sátira social feroz. A peça está enraizada entre a máscara de Peter Lorre em *O Vampiro de Dusseldorf*, de Fritz Lang, e a obra gráfica e pictórica de Georg Grosz (e algo do inglês Edward Burra). Faz sentido: o escritor Dürrenmatt foi igualmente pintor e caricaturista. É a partir daí que se pode levantar uma questão que permeia o palco brasileiro. Se o diretor José Henrique conhece esse universo opressivo, por que trocou a ironia pontiaguda do autor por largos momentos de humor plano com o que acontece em Brasília? O responsável pela versão brasileira é o jurista e homem público Nilo Batista (foi secretário da Justiça do Rio de Janeiro), que adaptou um conto próximo à filosofia política, mas cedeu à tentação de ironias imediatas. A encenação adere a esse viés que retira parte da profundidade e do mistério do original. Dürrenmatt sempre preferiu as parábolas, as grandes metáforas sobre corrupção, poder e crueldade social. A denúncia direta ficou por conta do sociólogo e político Jean Ziegler, autor de um relato devastador: *A Suíça acima de Qualquer Suspeita* (Ziegler morou e fez pesquisas no Brasil. Quando opinou sobre a criminalidade local, foi chamado de *maluco* pelo governo). Dürrenmatt é bem mais que essas bufonarias brasilienses. Estudou filosofia e vivenciou a 2ª Guerra Mundial, mesmo sendo de um país neutro.

José Henrique é da estirpe de diretores que merecem atenção por terem projeto. Criou o Teatro na Justiça *que se propõe a refletir o que são as leis, mas através das artes cênicas*. É um artista com um respeitável histórico de ator e diretor. Por falar em julgamentos, a crítica só encara com a melhor intenção seu papel de *advogado do Diabo*. Ou seja, sugere a ele o cuidado que se pede aos teatrólogos e homens das leis. Não vamos atropelar nem os códigos, nem a literatura – nem a representação.

O espetáculo é bom porque, no fundo, a intenção de José Henrique é sensível, independentemente dos equívocos. E porque teve ao seu lado a mordacidade do autor e do elenco. Há momentos em que todos superam a tal comédia à brasileira, com um grupo que reúne desde o impecável veterano Henrique César – bela carreira – a Gustavo Ottoni, um promotor próximo aos tipos do original, como Rogério de Freitas, *idem* como advogado. Henrique Pagnocelli no papel do executivo triunfante numa escorregada alcoólica evita a caricatura. O problema está na sua demora em fazer esse homem cair em si e desabar psicologicamente em frangalhos (cena prejudicada pela iluminação atrapalhada da estreia).

Mas, talvez, seja uma questão de regular o desfecho porque, afinal, trata-se de um personagem trágico-patético que Dürrenmatt, enquanto pintor, expressou na tela *A Última Assembleia Geral da Confederação dos Bancos*, reproduzida no programa. Ao final do *julgamento*, o espetáculo tem lampejos, sequências inteiras dignas da profundeza cética desse dramaturgo magistral. É o que o leva a se impor.

A Peça sobre o Bebê:
Quem Tem Medo de um Bebê?

9 de maio de 2003

É fundamental a leitura do programa (benfeito e gratuito) de *A Peça sobre o Bebê*, de Edward Albee. O que se vai assistir difere muito do realismo habitual nas artes cênicas. O texto explica que Albee apresenta a lógica da poesia e dos sonhos.

Para isso deve o espectador estar alerta, desde o início, de forma a não se espantar com sua dificuldade em compreender algumas passagens, pois mesmo assim elas estarão perpassando sua consciência e sendo absorvida em outro local de sua mente. O dramaturgo quer falar do medo do vazio, os limites da realidade, o significado da existência em cada um de nós e *da angústia do ser humano para expressar sua identidade.*

Vale lembrar que se trata do autor de *Quem Tem Medo de Virginia Woolf*, que tem uma versão cinematográfica com Elisabeth Taylor e Richard Burton (possível em vídeo). Lá está a súmula desse teatro sobre o absurdo e a crueldade escondidos no cotidiano.

O núcleo final da peça é o filho de um casal em crise. Filho como metáfora de qualquer ilusão. Albee volta a ela agora, e com toda impiedade, em um espetáculo provocativo de Aderbal Freire Filho, diretor em ótima fase. Os personagens são dois belos recém-casados e seu bebezinho e dois estranhos, um homem e uma mulher mais velhos. Os inoportunos visitantes desaparecem com o bebê e fazem uma espécie de convencimento hipnótico (ou lavagem cerebral) no casalzinho, dizendo que o bebê não lhes pertence ou talvez nem mesmo tenha existido. Ou seja, *se você tem um bebê (uma esperança, um sonho, uma ligação com a beleza e com a juventude) coisas espantosas vão acontecer com você.* O espetáculo quer ensinar isso à plateia mais deslumbrada com celebridades. É o *jeito estúpido* de o teatro amar certas pessoas.

Mas, já que tudo é ambiguidade, não custa lembrar certas coisas. Edward Franklin Albee, nascido em 1928, é o mais importante dramaturgo americano do século 20, ao lado de Arthur Miller, o autor de, entre outras, *Um Panorama Visto da Ponte*, *A Morte do Caixeiro Viajante* Os dois e Tennessee Williams (falecido) de *À Margem da Vida, Gata em Teto de Zinco Quente* e *Um Bonde Chamado Desejo* (todas encontráveis em vídeo) são artistas magníficos dentro de suas ideias e obsessões. A obsessão de Albee, no entanto, começa a pesar. Ele é homossexual, foi adotado aos dois meses de idade, e não foi feliz com seus ricos pais adotivos. Faz um teatro de acerto de contas com as famílias supostamente bem-estruturadas e nesse processo usa a paternidade/maternidade como um dado violento. Não é politicamente correto fazer reparos aos homossexuais, nem é bem o caso, mas parece que Albee tem algo irresolvido nessa equação filho adotivo, adulto homossexual sem descendentes. Dessa vez ele, embora demonstre brilhante arquitetura literária, parece ter dado um passo da amargura para o cinismo. Aos 75 anos, Albee tem uma expressão dura (o sorriso que o programa mostra é uma raridade). Ao querer ensinar a crueza da realidade, agora escorrega no pessimismo reiterativo. O que tinha a dizer já foi dito em *Virginia Woolf*, sua obra-prima. Mas de qualquer forma sua voz perturbada vale ainda a pena ser ouvida.

E vamos à curiosidade geral. Sim, Marília Gabriela tem personalidade dramática e presença imponente. Reynaldo Gianecchini é um ator em processo, convincente, necessitado de coloratura verbal e acertar a expressão corporal. Simone Spoladore retoma a vitalidade de *bailarina-atriz-emotiva*. E temos o Fúlvio Stefanini, senhor de seu papel. Intérprete experiente retoma Albee com segurança (fez *Virginia Woolf* com Cacilda Becker, Walmor Chagas e Lílian Lemmertz). Dentro da grande dúvida que o dramaturgo quer estabelecer, é Fúlvio – até pelo calor humano – quem indica ao público que ele, de fato, está sendo desafiado, mas não menosprezado. *A Peça sobre o Bebê* é uma charada, pode-se dizer. Quebra-cabeças e xadrez abrem as cabeças.

Os Possessos:
Uma Esperança no Meio das Trevas

julho de 2008

Os Possessos, o espetáculo, a partir de Dostoievski, é uma sucessão de revoluções perdidas em desordem moral, assassinatos, perversões aristocráticas e ações erráticas de multidões. É também uma revolução pessoal do encenador Antonio Abujamra. Se nada deu certo na Rússia, a vitória acontece no Teatro da Funarte que Abujamra transformou no seu Instituto Smolny (QG da Revolução de Outubro comandada por Lenin em 1917).

Convidado pela Fundação Nacional das Artes, deu início ao Centro de Aperfeiçoamento Teatral reunindo praticantes de artes cênicas de todo o País escolhidos por seleção. Mais de 50 aprovados entre centenas de inscritos receberam bolsas da instituição. O grupo atual acolhe intérpretes de Santa Maria, no Rio Grande do Sul, a Pernambuco, Alagoas e Ceará. Em outras circunstâncias, seria difícil a esses profissionais vencerem as distâncias e as dificuldades financeiras que os separam dos seus Estados de origem e o que se faz entre São Paulo e o Rio de Janeiro. Projeto – que inclui também paulistas e cariocas – visa a aperfeiçoar intérpretes, cenógrafos, figurinistas, iluminadores, autores de trilhas sonoras e sonoplastas e produtores teatrais. Espera-se que sejam multiplicadores desses conhecimentos nas cidades de onde vieram. As apresentações são gratuitas.

Dentro do seu sistema de quebrar fantasias inócuas para transmitir 50 anos de conhecimento de vida teatral, Abujamra usou o anticlímax artístico e existencial para desmontar ilusões românticas, devaneios de glória e vaidades sem nexo que podem estragar um artista. Ele parece gostar do lema de Alfred Jarry: *Não haveremos demolido tudo se não demolirmos inclusive as ruínas.* Em entrevista recente, disse: *Fizemos um trabalho com esta garotada fundamentalmente no sentido de ter uma crítica do País e da vida. A maior dificuldade foi fazê-los ter disciplina interior.* A primeira prova desse esforço nota-se na fala dos participantes com a eliminação dos sotaques regionais. Essa visão do mundo está na sua adaptação de *Os Possessos*, de Dostoievski, obra que intercambia indignação social com metafísica. Abujamra não teve dúvidas em interferir no original com citações de Bertolt Brecht, Nietzsche e dele mesmo. A representação é acelerada como se o comandante, ao exigir tanto dos comandados, tenha concedido algo à pressa da juventude. O elenco é sólido e coeso. São bons profissionais. Personagem de si mesmo, Fiodor Dostoievski viveu tragicamente tal qual seu país. Tem uma biografia paralela à da Rússia do século 19, pré-industrial e com estruturas econômicas e mentalidade medievais. A vastidão do território correspondia à da miséria da maioria da população e à prepotência da aristocracia suicida que abriria caminho para os bolcheviques implantarem um regime ditatorial de 70 anos, falsamente comunista no sentido igualitário. É fácil notar semelhanças entre aqueles acontecimentos e as veias abertas da América Latina. A Rússia de Dostoievski e em seguida a União Soviética sempre estiveram debaixo do chicote. A nobreza abusava do seu privilégio total de classe e, no comunismo, a verdade e o mando emanavam, a ferro e fogo, do *núcleo dirigente* encastelado no Kremlin. Com habilidade para não ser panfletário, Abujamra faz sutil alusão à atualidade brasileira.

Os Possessos têm uma aparente contradição. Os personagens são sórdidos, derrotados, conspiradores que traem, mas na montagem são jovens e a direção deu-lhes um toque de simpatia. Nada é realmente sombrio e demoníaco. Algo brilha neles, nos figurinos e nos deslocamentos cênicos precisos. O espectador atento notará, contudo, que do fundo dessa loucura humana e histórica cintila o olhar de um Dostoievski dividido entre ideais do socialismo utópico aprendido com os franceses que admirava, como Victor Hugo, e sua religiosidade difusa. O escritor sacrificou parte de sua vida em militância política acreditando que o povo, por si só, é bom, o que lhe custou nove anos de prisões, uma delas nas desumanas condições de vida na Sibéria descritas em *Recordação da Casa dos Mortos*. O espetáculo, numa outra encantadora contradição, flagra Abujamra entre o subjetivo e o combatente. O painel dominante no cenário é um quadro de Marc Chagall, que participou da administração soviética como *comissário do povo para belas-artes*, mas, em 1922, ao pressentir algo errado no regime, mudou-se para Paris. Estava certo (foi o mesmo ano em que Lenin teve o derrame que o levaria à morte e Stalin, ao poder). Quem ficou, como Meyerhold, um gigante do teatro moderno, foi morto. O espetáculo termina com a *A Internacional*, o belíssimo hino de todas as revoluções. Ironia ou esperança, o que está no palco mostra que o cético Abujamra ganhou a sua.

A Prova

18 de abril de 2003

Mesmo em um espetáculo difícil como *A Prova*, Andréa Beltrão é um gosto de mel, prima das moças melancólicas e persistentes do cinema. Vamos um pouco lá atrás quando Rita Tushingan fez no cinema a peça *Um Gosto de Mel,* da inglesa Shelagh Delaney. Era uma graça de atriz, mas não o tipo para estrela, o mesmo caso das ótimas Julie Walters de *O Despertar de Rita* e Emily Watson de *Ondas do Destino*. Se tudo isso não está claro, vale a pena assistir ao vídeo do filme eslovaco *Ilusão de Órbita,* de Martin Sulik. História surreal de uma garota solta na vida, bem ao gosto da ex-Tchecoslováquia de Kafka, Smetana e Dvorak. A atriz é a suave Dototka Nvotová, uma irmã eslava de Andréa Beltrão. Todas *gauches* e *outsiders*.

Mas a diferença é que Andréa tem beleza. É um charme de mulher. Amarrotada, meio maluquinha, mas sempre com a energia feminina flutuando no ar. Bom, mas do que se está falando?

Esquizofrenia, senhores. A mais cruel das doenças mentais, a que rasga ao meio a psique, a alma, a sensibilidade do doente, que passa a ver e sentir coisas, sentir-se perseguido, atirar-se pela janela para fugir de pesadelos incontornáveis. Acontece entre pobres, como o artista plástico Arhur Bispo do Rosário, e as flores das elites. O assunto foi tema de dois filmes recentes, *Shine* e *Uma Mente Brilhante*. Mas, no teatro, a dor da personagem – leia-se Andréa Beltrão – é mais próxima, filha de um matemático esquizofrênico e com medo da má herança genética do pai falecido. O inquietante é que ela já tem uma pista exatamente por também ser talentosa em matemática. Está sozinha, tem uma relação conflituada com a irmã que transpira normalidade banal, e uma vida amorosa pobre.

A memória do pai (ou a alucinação dela com ele) e um namoro repentino fecham o enredo da arqueologia afetiva, busca do tempo perdido. Enfim, a dor humana no fundo da mente, sem literatura, sem nada. Com um texto na linha mediana do teatro americano (a publicidade faz um escarcéu com os prêmios recebidos lá. E daí?), o diretor Aderbal Freire Filho criou um espetáculo sério de emoções contidas, ainda que um tanto extenso. No cenário que reproduz uma tela hiper-realista de Edward Hooper um elenco exato monta esse jogo de armar da neurose, carências e dúvidas. A situação é difícil para os intérpretes além da filha, e nisso o mérito de José de Abreu (o pai), Emílio Melo (no ingrato papel de bom rapaz) e Gisele Froes (a irmã, o que faz muito bem no segundo momento da peça, quando os conflitos se acirram). A direção podia ter evitado que Abreu, um ator musculoso, ficasse numa composição física de Geoffrey Rush em *Shine*.

E tudo conflui mais para essa filha com medo da própria tristeza porque pode ser algo além da orfandade. Andréa Beltrão tira grandeza dessa comovente fragilidade. É uma peça com raízes na tradição do cinema agridoce, mas com ecos do realismo duro de O´Neill. Seu mérito está na contemporaneidade ampla da esquizofrenia. A fisiológica, a social e a política. É uma peça sobre doença, mas também sobre o amor. O amor de Andréa Beltrão.

O Público:
García Lorca Perdido do seu Público

18 de julho de 2008

O Público, de Federico García Lorca, é admissão pública do seu homossexualismo em forma de manifesto existencial e crítica ao teatro sem invenção. Essa peça é daqueles escritos que atraem o clichê de *maldito* por não constar da relação das obras-primas do dramaturgo andaluz. Habitualmente, é vista como uma criação surrealista, talvez por estar Lorca na época próximo a Salvador Dalí. Mas não é uma definição completa. A montagem paulista de Osvaldo Gabrieli, argentino que adotou o Brasil, concretiza o sonho do seu compatriota Victor García – que realizou em São Paulo inesquecíveis encenações de *O Cemitério de Automóveis*, de Arrabal (1968) e *O Balcão*, de Jean Genet (1970/1971). Curta vida para tão grande talento, Victor não teve tempo (nascido em 1934, morreu em 1982).

García Lorca foi um homem bonito, de boa origem social e muitas qualidades artísticas, até mesmo as que exercia por passatempo (pintura, piano). Cresceu e se impôs numa Espanha arquiconservadora, clerical e em crise política que acabou na Guerra Civil de 1936-1939. O inglês Ian Gibson, na detalhada biografia *Federico García*

Lorca, Una Vida, escreveu: *Não é difícil ver em O Público, como em muitos dos seus poemas em Nova Iorque, uma reflexão da angústia que se apoderou do poeta quando sua relação com o escultor Emilio Aladrén desmoronou e, no geral, não encontrar na obra a intenção de enfrentar a própria homossexualidade e o problema de ter de viver em público uma vida dupla.*

Lorca esteve nos seus últimos anos envolvido com Rafael Rodríguez Rapún, secretário do seu grupo de teatro A Barraca (quando soube do assassinato do poeta pelos fascistas antirrepública do general Franco, o jovem Rapún alistou-se no Exército Republicano. Morreu em combate aos 25 anos). *O Público* é uma peça iniciada em 1930 e, dos sete quadros originais, um se perdeu e não ficou clara a ordem dos demais. O que se conhece é uma sequência de imagens provocadoras, a partir da representação de *Romeu e Julieta* como dois rapazes sob as ordens de um diretor que finge desejar uma mulher, enquanto extravasa seu lado feminino. A partir daí, quase todos são homens atraídos por homens. Impulsos eróticos e amorosos submersos em máscaras sociais que escondem o medo de não serem aceitos como são. Lorca (1899-1936) quer mostrar como é difícil ao homossexual ser visto com amor ou compreensão pelo mundo heterossexual (sobretudo no começo do século 20). Parece mesmo insinuar que há ou existência plena ou morte. Toda ação pretende deixar em aberto se teatro é algo libertador, se está no palco, ou o que prevalece são vidas cotidianas nem sempre sinceras. Como não é uma proposta fácil, os personagens entram em conflitos com cenas grotescas de ciúmes, ressentimento e sadomasoquismo. Por fim, o *público* da ficção, escandalizado, ataca o casal *Romeu e Julieta* masculino e destrói o espetáculo (Os intérpretes oferecem bolotas de papel aos presentes para que simulem um apedrejamento).

O Público acabou rotulada de surrealista, termo ambíguo. Os surrealistas literários pregavam fluxo de consciência, a escrita automática, mas não é bem o caso desse texto que Lorca não teve tempo de revisar. Falta-lhe o acabamento das suas peças conhecidas ou dos poemas plenos de subentendidos e, aí, sim, imagens surrealistas na medida em que a lógica e a linearidade estão abolidas (versos como *Se a névoa se esfuma,/que outra paixão me espera?/Será tranquila e pura?/ Se meus dedos pudessem desfolhar a lua!*).

O diretor Gabrieli assume que a sua montagem acontece depois da sua *passagem pelo furacão chamado Teatro Oficina*, na encenação de *Os Sertões*. É justamente a influência excessiva dessa experiência que compromete, e muito, o rendimento do espetáculo. O caminho orgíaco e anárquico do Oficina tem uma motivação interna orgânica, aceitemos ou não. Já *O Público* soa como um eco distante de Lorca, sem atingir a poesia ou imagens surrealistas (tendência que na pintura sugere silêncios lunares, como se vê em René Magritte, Paul Delvaux, Dalí e Juan Miró). Há muito barulho, muito grito, objetos que caem, portas que se abrem, um certo travestismo de rua, mas nada acontece de relevante. Nada é muito claro. O elenco não sustenta nem o original nem o que Gabrieli quis fazer dele.

Lorca é sutil mesmo em imagens superlativas. Sua obra (verso e prosa) é valente e mansa ao mesmo tempo, tem punhais, mas fala da lua. Gabrieli e o XPTO – grupo que tem uma bonita história de duas décadas – não acharam a linha que divide o experimental da desorganização. *Mala suerte, o mala onda*, diriam os espanhóis. Mas, isso passa, espera-se.

Rainha(s) – Duas Atrizes em Busca de um Coração: Elo do Imediato com o Infinito

29 de novembro de 2008

Rainha(s), na realidade, são três princesas do teatro paulista. Juntas, elas criaram o espetáculo com trechos da peça *Mary Stuart,* de Schiller, e invenções da diretora Cibele Forjaz e das atrizes Isabel Teixeira e Georgette Fadel. Há uma margem de risco na proposta. Algo áspero, imperfeito, diamante bruto, mas com a cintilação do brilhante já aparecendo.

Teatro vital pode ter desses desequilíbrios, deve tê-los, dizia Victor García, o inesquecível diretor de *Cemitério de Automóveis,* de Arrabal, e *O Balcão,* de Jean Genet, espetáculos que arrebataram São Paulo naquele tempo, nos anos 1970. A linha histórica da montagem refere-se às primas Mary Stuart, rainha da Escócia (1542-1587), e Elizabeth I, da Inglaterra (1533-1603), quando, no século 16, essas regiões do atual Reino Unido eram ainda separadas, embora formando a mesma ilha. Por razões políticas, estratégias de Estado e disputas religiosas, essas mulheres se enfrentaram por 20 cruentos anos. A História, majoritariamente, é feita por homens, muitas vezes violentos. É uma visão de mundo tão enraizada que nos espantamos quando se constata que o feminino pode ser igualmente implacável. Catarina da Rússia não é um exemplo isolado. Séculos mais tarde, a partir de 1944, a Cortina de Ferro baixou sobre o Leste Europeu e a Romênia conheceu a mão pesada de Ana Pauker (1893-1960), vice-primeira-ministra e fiel servidora de Stalin. Sem falar muito de Margaret Thatcher e dessa enigmática Condoleezza Rice, que negociou com o mundo em nome do império americano.

O poeta e dramaturgo alemão Friedrich Schiller fez da rivalidade humana e política uma obra de enorme carga dramática, reproduzida periodicamente desde sua aparição, em 1800. Uma de suas versões, na Inglaterra, colocou frente a frente as excepcionais Vanessa Redgrave (Mary) e Glenda Jackson (Elizabeth). No Brasil, em 1955, foi um dos momentos altos do Teatro Brasileiro de Comédia (TBC) com as irmãs Cacilda Becker e Cleyde Yáconis, dirigidas por Ziembinski. Façanha repetida, em 1997, por Renata Sorrah e Xuxa Lopes, dirigidas por Gabriel Villela, e agora por Isabel e Georgette. Esse espetáculo é uma inovação e – vale repetir – um risco. É teatro dentro do teatro para nele incluir temas femininos e artísticos gerais, e as próprias vidas das intérpretes. Com fita crepe, criaram no meio do palco um círculo, labirinto ou – quem sabe – uma roda de candomblé, e nele elas circulam com suas fantasias e insolências de artistas e mulheres.

O fio do original (Schiller) e da História (as rainhas) frequentemente é rompido com momentos de divagações banais e opções estéticas discutíveis (trajes grunges, super-representação, citações não claras). Mas tudo com energia contagiante, a peça correndo dentro da noite veloz. Subitamente, porém, Schiller impõe um tom de cerimonial imponente. Em minutos, o espectador transita de um espaço da Avenida Paulista para o Castelo de Fotheringhay, onde Mary Stuart foi decapitada. Não é um jogo fácil, mas Cibele Forjaz juntou o infinito com o imediato dentro da cenografia de Simone Mina, em que um lustre pode ser coroa de luzes ou cárcere iluminado.

Georgette Fadel, uma vez mais, confirma seu temperamento impulsivo, sobretudo quando assume por inteiro Elizabeth I, a soberana da dinastia Tudor que transforma a Inglaterra em potência marítima. Rainha com seu mando tão sutil quanto implacável. Como atriz, tem algo de loba em um laranjal paulista. Doce e feroz.

Para Isabel Teixeira, chegou sua hora e sua vez. Já dera sinais de talento e, agora, voa mais alto, mostrando ser a sobrinha-neta de Margarida Rey (1922-1983), dama do teatro brasileiro. Circulando entre ambas, delicada presença no arrumar as cenas, Elisete Jeremias faz o público lembrar-se que tudo é verdade, mas é tudo teatro. Não um teatro da tradição cultural do Ocidente, a arte benfeita segundo os cânones, mas outro, inquieto, imperfeito aqui e ali, e denso. Parece que dentro de *Rainha(s)* há uma mãe de santo definindo a narrativa com versos de Paulo Celan, outro poeta de língua alemã: *Um dique de palavras, vulcânico, afogado pelo rugir do mar.*

No Retrovisor: Dois Amigos em Busca do Tempo Perdido

4 de agosto de 2007

Se o tempo é uma abstração humana, a memória nem tanto. Einstein pode parecer longínquo, mas Proust está *No Retrovisor* até dos que não o leram.

Este é o título da peça de Marcelo Rubens Paiva, que uma interpretação apaixonada transformou em algo que, inquieta, arrasta o espectador para dentro do seu espelho íntimo. Dois amigos se reencontram e se redescobrem quase antípodas. A linguagem comum que lhes resta é da ironia pesada e das cobranças dentro do sentimento de culpa. Mas nem por isso deixam de extravasar um humor devastadoramente engraçado e – estranho – muito dolorido. Tudo vale, menos autopiedade, e aí está a grandeza da obra e sua realização teatral.

Se o encanto de Paris transformou em charme a *geração perdida* (Scott Fitzgerald e outros bêbados talentosos), a realidade aqui embaixo é menos venturosa. *No Retrovisor* sintetiza uma geração, uma época (anos 1980) e uma faixa social que o autor conhece bem: a classe média com veleidades de transformação sem saber exatamente do quê. Antes dela – ou se confundindo com ela – estiveram os *hippies* e os malucosbelezas que cruzaram com os esquerdistas dos anos 1970 – um *povo* que morreu de *susto, bala ou vício* (Caetano em *Soy Loco por Ti América*). Juventude de extração universitária pagando caro por suas fantasias. Parte se equivocou nas opções existenciais, muitos desapareceram entre as areias de Arembepe, as dunas da Gal (pontos dos *alternativos, desbundados e bichos-grilos* em geral – seja lá o que isso queira dizer) e os porões da repressão ditatorial. Por outras palavras, *No Retrovisor* deixa de lado ilusões românticas e encara – sempre temos de encarar – o que resta entre a realidade e o projeto existencial. É aí que mora o perigo: neurose, desespero e a raiva. Ou, ao contrário: paz.

No reencontro dos velhos camaradas, um abismo se desvela. Um ficou cego no acidente em que ambos se meteram quando eram belos, farristas e esperançosos. O resumo pode soar simplista – mas aqui entra a maestria literária e coragem pessoal de Marcelo Rubens Paiva (há um substrato autobiográfico na ação). A peça não prova nada – a favor ou contra – mas assume o preço da juventude sem o choro lindo mas antigo de *esses moços, pobres moços* (Lupicínio Rodrigues). Há uma parte de vontade pessoal e uma parte do imponderável. Há aceitação e desesperança, e é nas medidas bem calculadas de um e outro destes componentes que a vida/ficção acontece. O cego ostenta um fatalismo desarmante. O sobrevivente do desastre gira nos círculos dos LPs de *rock* pauleira. Tem olhos, um apartamento sujo, um filho de colo e uma mulher distante. Boa questão indagar qual vida é a melhor.

Tudo isso pode já ter sido contado, mas não é toda hora que se tem uma parceria artística como a de Otávio Müller e Marcelo Serrado. O dueto resulta em um acontecimento emocional todo feito de contrastes. Müller está solto para uma verdadeira *performance* – um Joe Cooker bêbado (como o próprio se apresentou em São Paulo há 30 anos), um Tom Waits calculadamente amalucado – diante de Marcelo Serrado de óculos escuros e bengala branca.

Uma figura de Beckett. Só dois parceiros leais e talentosos estabelecem um diálogo dramático tão pungente e inacreditavelmente cômico. Ao diretor, Mauro Mendonça Filho, o mérito de assegurar o equilíbrio e a seriedade interna do caos bastante sério em sua aparente loucura. Espetáculo vital que aquece um teatro lotado no frio da cidade.

Rosa de Vidro:
Sonhos Possíveis, Frágeis como Cristal

25 de junho de 2008

Já consagrado como autor teatral, Tennessee Williams usou discretamente seu dinheiro em um fundo para que a irmã Rose, deficiente mental, tivesse o melhor tratamento enquanto viva. Assumia abertamente a companheira fiel no difícil meio doméstico em que foram criados. Williams (1911-83) afirmou: *Quase não preciso dizer que fui vítima de uma adolescência particularmente perturbada*. Período que inclui uma doença grave, difteria com sequelas e a excessiva atenção da mãe: *Ela plantava em mim as qualidades típicas de um efeminado, para grande descontentamento do meu pai, um caráter rude e bruto*. Nessas poucas linhas estão os alicerces do seu teatro. Provavelmente, é o mais amado dos grandes dramaturgos norte-americanos da linhagem que inclui Thornton Wilder, Elmer Rice, Eugene O'Neill, Arthur Miller e Edward Albee (com quem guarda semelhanças temáticas). O espetáculo *Rosa de Vidro* é a carinhosa revisão da peça *À Margem da Vida*.

Possivelmente, a mais simples desse autor de tantas obras-primas, mas tão pungente, sobretudo quando se é jovem, que não por acaso Paulo Autran, nos seus 20, 21 anos, ao ser convidado para o teatro, em outro espetáculo, aceitou mas exigiu também fazer essa peça.

Nela estão concentradas as premissas de toda temática de Williams: a solidão de quem se sente inadequado no ambiente que lhe é imposto, pessoas que não se adaptam a uma sociedade estruturalmente competitiva. O escritor, que cresceu no sul agrário dos Estados Unidos, compreende os nostálgicos de um mundo rural em declínio. Finalmente, e sobretudo, é o artista dos desejos eróticos reprimidos. Essa compaixão pelos desajustados está em *Um Bonde Chamado Desejo, Gata em Teto de Zinco Quente, De Repente no Último Verão, Rosa Tatuada, Doce Pássaro de Juventude, A Noite do Iguana* e curtas peças sonhadoras de um ato.

No centro de *Rosa de Vidro/ À Margem* (o título original *The Glass Menagerie* esfria na tradução) estão duas personagens fundamentais para o autor: a mãe, Amanda, e a irmã, Laura. O próprio dramaturgo é visível no comerciário poeta Tom, que tem um amigo, Jim, de temperamento diferente, mas seu cúmplice no trabalho rotineiro da loja de calçados. Tom quer abandonar a casa, a cidade e sobretudo a vida cinzenta de empregado. Jim, ao contrário, é o americano médio, a maioria silenciosa, prático e com a vida definida.

O extremo dramático da peça está na aflição descontrolada da mãe em fazer casar a filha sem atrativos e doente. No original, a moça tem um pequeno defeito físico, mas o diretor Ruy Cortez, com sutileza, transforma Laura em Rose, a irmã real e psicologicamente lesada de Tennessee

Williams. A Rose suave que faz enfeites de vidro e tem absoluta devoção ao irmão. Um desastrado jantar inventado pela mãe reúne todos numa sucessão de penosos equívocos.

Cortez, que está construindo uma carreira sólida em várias áreas do teatro, reuniu um elenco cristalino. Vitória Camargo impõe a mãe no limite da tragédia. É uma atriz de forte presença, que valoriza as pausas, o silêncio, em meio a explosões de desespero. Tales Penteado (Tom) é tranquilo e sincero (será bom trabalhar o leve sotaque ítalo-paulistano, que não é lá bonito). Encarna um Tom que se asfixia no marasmo. Ricardo Gelli tem habilidade na simpatia meio rústica, meio desarmada do visitante que não se imagina o agente de involuntária crueldade. Júlia Bobrow é uma atriz nova, entregue ao seu segundo papel. Tem acertos encantadores e momentos inseguros, naturais numa iniciante diante de um papel complexo.

Rosa de Vidro convence porque o diretor teve a maturidade de escapar dos grandes efeitos. O seu trabalho lembra a intencional versão enxuta, em preto e branco, que Paul Newman dirigiu, em 1987, com Joanne Woodward, um excelente John Malkovich em início da consagração, Karen Allen e James Naughton. É o caso típico de recomendar o filme (vídeo), mas só depois de se assistir à *Rosa de Vidro*.

Salmo 91:
Réquiem para a Clausura do Mundo

13 de julho de 2007

Salmo 91 é um espetáculo de dureza total que consegue ser compassivo. Quando a luz do palco se acende em azul tênue e a voz dolorida de Elza Soares inicia *O Meu Guri*, de Chico Buarque, algo começa a prender a atenção do público; e assim será até o fim.

O tema é uma volta ao cotidiano do Carandiru e ao massacre de 111 detentos. O livro do médico e escritor Drauzio Varella e o filme de Hector Babenco pareciam ter quase esgotado o assunto. O dramaturgo Dib Carneiro Neto intuiu que não, e estava certo. Se o presídio foi implodido, sua metáfora trágica continua intacta. Porque hoje, aparentemente, não cabe mais o conceito de que o homem é produto do meio. Os recentes atos de banditismo e barbárie no mundo mostram que a violência por mera perversidade está-se alastrando. O Carandiru está à solta e não mais em decorrência exclusiva da miséria. É o que faz a peça *Salmo 91* ir além de teorias econômico-sociológicas, sair do específico (o presídio paulistano) e pensar mais amplo.

Diante do grande impacto das obras anteriores (de Varella e Babenco), só uma escrita sensível, com idêntica reprodução cênica, poderia trazer algo de novo ao que varre o universo.

Além do que se passa na maior cidade da América Latina, ódio e violência geram um inferno real em toda parte. Dois livros contundentes falam disso: *Muito Longe de Casa – Memórias de um Menino Soldado*, relato sobre crianças aprendendo a matar na guerra civil de Serra Leoa (Ediouro), de Ishmael Beah, que foi um desses garotos (quem chora pela África?), e o romance *Abril Vermelho*, de Santiago Roncagliolo (Alfaguara), sobre o Sendero Luminoso, a guerrilha alucinada do Peru, que já se começa a esquecer. Um dos pontos em comum entre esses testemunhos e a obra de Dib é a religião, ou fragmentos de crença mesmo em circunstâncias abjetas. A peça se chama *Salmo 91*, alusão ao Velho Testamento (salmos seriam orações do rei Davi ao povo hebreu). Em face de evidências místicas e reais tão poderosas (já levadas ao livro e ao cinema), Dib Carneiro escolheu o que o budismo define como *o caminho do meio*, o rumo alternativo aos extremos. O resultado traz uma espiral para que se possa meditar sobre o homem dentro do seu mistério.

São dez monólogos, dez situações, dez *des-humanidades*. O espetáculo não começa: explode pelo talento de Pascoal da Conceição que, amarrado e imóvel, descreve o que foi o massacre e, furioso com o salmo pregado pela mãe, abre as portas do desespero de outros personagens. Assassinos de vários graus que absorveram os códigos da lei não escrita dentro das muralhas com milhares de homens encurralados. Há crimes a granel, crimes monstruosos, gestos inexplicáveis e um desfilar de temperamentos que vai do assassino orgulhoso ao que chora escondido temendo ver o filho na mesma situação. Há os que manipulam a realidade externa (mulheres, drogas, quadrilhas). Nessa arena exalando virilidade brutal (ser homem é *ter um pé atrás* e matar para se impor), os homossexuais são representados por dois casos distintos: o frágil e assustado e o tão audacioso e violento quanto os machos ostensivos. Neste ponto, a peça, sem alardes, mostra como a libido reprimida oferece surpresas.

Por uma feliz contradição, foi no enredo de prisão que o diretor, cenógrafo e figurinista Gabriel Vilella se libertou da tendência à encenação barroca que caminhava para a superabundância ornamental. Na transição, fez um cenário até precário (celas frágeis, muito recuadas e painéis com as conhecidas ilustrações de *A Divina Comédia*, de Dante). Sua montagem ecoa a versatilidade madura de Dib (o autor recente do afetivo *Adivinhe Quem Vem para Rezar*), escritor que incorpora jornalismo factual ao imaginário, para só editar o essencial. O equilíbrio com tensão contagia um elenco exemplar.

Alternando os monólogos com Pascoal da Conceição, os atores Pedro Henrique Moutinho, Rodolfo Vaz (Grupo Galpão), Rodrigo Fregnan e Ando Camargo são, no momento, parte do melhor da nova geração dos palcos. Criam um clima de fornalha com uma brecha para a autocrítica da plateia. Serão apenas aqueles indivíduos os únicos cruéis?

Detalhe sutil: numa terra de intensa negritude, Pascoal (amarrado no início da encenação) surge ao final ostentando os colares preto e vermelho, salvo engano de Exu, orixá erroneamente associado ao diabo. Trata-se de uma entidade mais complexa do candomblé. Gosta do ar livre. Rimando: Exu é o Anticarandiru. *Salmo 91*, teatro de fundo meditativo, parece indagar para onde está indo a criatura que aprendemos ser a imagem e semelhança de Deus. Coerentemente, a ação termina com *Réquiem*, a missa fúnebre de Mozart.

Sedução Mefistofélica

A expressão *como o Diabo gosta* merece uma variação em *Mephistópheles*. O espetáculo está como Antonio Abujamra gosta e o público se deixa perder nessa livre adaptação de *Fausto*, de Goethe. Já que até na Alemanha ele é mais citado do que lido, como atestou o crítico Otto

Maria Carpeaux; Abujamra fez do texto o que lhe interessa. Provocações para as massas.

Em síntese, o poema dramático de Goethe mostra a aposta entre Deus e o diabo, ou Mefistófeles, sobre a alma de Fausto, o homem-símbolo de toda a Humanidade em busca de prazer e poder. Para tê-los, Fausto vende a alma. É dessa dualidade que surge o progresso e os horrores do mundo. Abujamra, que tem físico e, sobretudo, temperamento adequados para o anjo das trevas, dá uma lição de ceticismo, dúvida, verdades (freudianas?) às veleidades românticas da cultura de massa que gerencia as desinformadas jovens e comerciárias.O Abujamra vive essa dualidade. Sua persona pública é de alguém com um humor agressivo que funciona como defesa de um tímido sentimental. Mas trata-se do mesmo Abujamra que projeta um trecho do seu programa *Provocações*, da TV-Cultura, onde estimula poética e esperançosamente mudanças para uma vida espiritual melhor. Se o diabo é dialético, o homem, frágil e mesquinho, Antonio Abujamra avisa que *quem gosta de abismos tem que ter asas.*

Espetáculo plasticamente majestoso – uma lição de requinte visual e uso imaginoso do palco – *Mephistópheles* tem um achado extraordinário em Selma Egrei como Fausto. Atriz e mulher com certo mistério e um olhar de luminosidade rara (lembra Terence Stamp), ela acrescenta ao papel suas técnicas corporais, sobretudo *tai chi chuan*. O contraponto entre essa presença entre o *zen* e o expressionismo alemão e a opulência verbal de Abujamra é dado por Mariana Muniz, atriz que, como a límpida Margarida do enredo, também usa a energia da dança na construção psicológica. E assim a voz poderosa de Johann Wolfgang von Goethe ecoa sobre o caos, a ganância e a alienação da babilônia paulista: *Luz, mais Luz.*

Senhora dos Afogados

17 de abril de 2008

O espetáculo de Antunes Filho tem momentos divertidos. Em sendo Nelson Rodrigues, pode parecer equívoco. Não é. No prefácio à *Beijo no Asfalto*, o poeta Valmir Ayala escreveu que *Nelson Rodrigues continua sendo motivo do meu mais vivo espanto*. Antunes enfrenta há décadas a tarefa de transformar esse espanto em racionalidade poética. De início, tirou o dramaturgo do gueto da crônica suburbana onde, durante anos, esteve confinado, e lhe deu dimensão arquetípica entre a tragédia grega e a história e filosofia das religiões do romeno Mircea Eliade. O projeto de grande envergadura

resultou numa série de montagens históricas.
Agora – depois de andar por outros caminhos (Shakespeare, Eurípides, Ariano Suassuna) –, voltou-se para o ângulo caricato e irônico do escritor. Enfim, um dia seria necessário enfrentar os subtítulos desconcertantes de suas peças que vão desde *tragédia carioca* (*Beijo no Asfalto*, *A Falecida*) à sucinta *tragédia* (*Álbum de Família*). Fiel à sua vocação de provocador, fez subtítulos jocosos, como *farsa irresponsável* (*Doroteia*) e estranha brincadeira de mau gosto de *Bonitinha mas Ordinária* ou Otto Lara Rezende, escritor mineiro de temáticas densas.

Se existem vários Nelson Rodrigues, Antunes Filho fez em *Senhora dos Afogados* (*tragédia* no original) o humor entre o sinistro e referências à peça *Macbeth* (o horror das mãos manchadas de sangue). Está no texto, mas é exemplar ver quando o encenador usa seu arsenal de conhecimentos e sensibilidades. Há mesmo um toque de Brecht em *A Ópera dos 3 Vinténs* na cena cantada – uma rapsódia bufa brilhante de Pedro Abduhull (diretor musical e ator) que inclui, como rima, um palavrão, o que inexiste em toda produção rodriguiana.

A vingança e o incesto da tragédia grega estão na essência de *Senhora* e são realçadas por Antunes numa encruzilhada de estilos, em que a invasão de vizinhos malévolos revela que o transcendente e o grotesco unem mortais e semideuses. Esses seres de horizonte pequeno têm sua imagem refletida tanto em Nelson Rodrigues como em poetas de extração popular (lembremos o verso de Ataulfo Alves: *A maldade dessa gente é uma arte*). São pontadas *da vida como ela é* desferidas por Geraldo Mário, veterano do Grupo Macunaíma (à espera do seu grande papel). Nelson quase faz psicobiologia, se o termo faz sentido. Essa subumanidade enclausurada no círculo de mesquinhez lembra a jararaca-ilhoa das Ilhas Queimadas, no litoral paulista. Isoladas do continente por algum fator geológico antiquíssimo, as serpentes, ao se entrecruzarem, transformaram-se nas mais mortíferas da espécie.

O equilíbrio entre o trágico e o absurdo, o farsesco com base no real e um humor cruel e distanciado para ser crítico faz do espetáculo um passo adiante na caminhada de Antunes Filho em busca da função humanista do teatro. Essa trajetória inclui a formação de um ator diferente. Nos ensaios de meses afloram talentos que cintilam além do mero virtuosismo. Eles vão além em seus desempenhos e chegam ao mistério da simplicidade. O efeito naturalmente é mais visível nos responsáveis diretos pelo enredo: Lee Thalor – confirmando a boa impressão causada em *A Pedra do Reino*; Angélica di Paula, fazendo do mínimo o máximo na contenção espectral da filha incestuosa; Marcos de Andrade em papéis pontuais, mas determinantes, e Valentina Lattuada, que com sua beleza de traços *art déco* infunde dúvida e medo com uma presença forte e ao mesmo tempo ausente. Promessa de grande atriz (ela é italiana, razão do seu leve sotaque). E assim penetramos no mar abstrato do subconsciente ou no espelho do homem comum, em que parece estar escrita a profecia do poeta T. S. Eliot: *Entre meia-noite e a aurora, quando o passado é apenas fraude.*

Os Sertões – A Terra:
De Serra, de Terra e de Mar

2002

A encenação de *Os Sertões – A Terra*, de Euclides da Cunha, dirigida por José Celso Martinez Corrêa, se não faz o sertão virar mar, leva a ele algumas ilusões tropicais. A realidade da Canudos pedregosa do beato Antônio Conselheiro encontra assim sua redenção na celebração do Teatro Oficina aos sertanejos místicos da Bahia que não reconheciam a República. O espetáculo parte da escrita nervosa de Euclides para chegar a imagens transbordantes que, às vezes, se aproximam de Glauber Rocha. O realismo de *Os Sertões* que, no original, contém *A Terra*, *O Homem* e *A Luta* (a morte de Antônio Conselheiro e seguidores, em 1897) é nuançado pela ideia de um passado que falaria ao presente. Algo como o canto final de *Deus e o Diabo na Terra do Sol*, de Glauber: *Está contada minha história/ verdade ou imaginação*, em clima de fantasia afro-brasileira que sincretiza candomblé e mitos gregos.

Os Sertões de Euclides da Cunha é quase o avesso disto. Ou, como ele escreve, *o martírio do homem (...) nasce do martírio secular da terra*. Mas José Celso quis mesmo um sertão monumental como o da *Disparada*, do paraibano Geraldo Vandré, onde se ouve *vim aqui só para dizer/ que se alguém tem de morrer/ que seja pra melhorar*. O diretor tomou todas as liberdades artísticas, embora não pretenda ignorar Euclides. Pode até ser uma opção discutível, mas tem a marca de invenção. O desafio é dar coerência a imagens exacerbadas. O mesmo Glauber conseguiu o feito em *Deus e o Diabo* e *Terra em Transe*, mas não encontrou inteligibilidade para a beleza de *Idade da Terra*. Em teatro é árduo se obter uma síntese como o da poesia/música do Tropicalismo, tão caro ao Oficina. Basta ouvir Gilberto Gil em *Miserere nobis*, do baiano Capinam: *Miserere nobis/ o sol já é claro nas águas quietas do mangue/derramemos vinho no linho da mesa manchada de sangue*.

Do ponto de vista socioantropológico, o Oficina põe nos confins da Bahia a negritude da Zona da Mata, da cana-de-açúcar, enquanto Euclides fala em *sociedade rude de vaqueiros*. Mas se o áspero sertão índio-caboclo pode ser grandioso no *Romance da Pedra do Reino*, de Ariano Suassuna, José Celso julga que pode dar a *Canudos* um tom altivo.

O espetáculo *Terra* sofre da insubmissão obsessiva ao espetáculo convencional com as tais duas horas. Houve uma onda de hostilidade a este *teatro burguês* que já chegou aos limites da agressão e de um certo absurdo. Vai-se, agora e para sempre, castigar um público que é solidário? Não importa que algum artista alemão faça nove horas de representação. Até o carnaval enjaulado do Sambódromo é uma duvidosa repetição. A representação de *A Terra* em mais de 3 horas dilui sua carga emotiva. Ao mesmo tempo, texto entrecortado não permite interpretações consistentes. Luciana Domschke, atriz marcante, e Marcelo Drummond, que se impôs em *Boca de Ouro*, não podem expandir os personagens.

É irônico, ou incômodo, constatar que a força do candomblé, um rito plástico, ágil e solene, continua a resistir ao enquadramento do Oficina. Os Orixás se recusam aos clichês de arrancos de possessão, giros apressados e outros gestos de anedota.

Mas o espetáculo tem vibração e voos que fogem da rotina cênica. Há lances de entrega. Uma aventura cênica em homenagem aos 100 anos da primeira edição de *Os Sertões* (1902) que continuará, em 2003, com as montagens de *O Homem* e *A Luta*.

Sete Minutos / À Putanesca:
No Labirinto dos Camarins

2002

Antônio Fagundes e Francarlos Reis estão em cena para falar deles mesmos enquanto bons atores. Em *Sete Minutos*, de sua autoria, Fagundes fala da relação com o público; em *À Putanesca*, através dos textos de quatro autores, Francarlos conta fantasias do intérprete/personagem. Observa-se o componente preciosista quase obsessivo de ambos, o que, aliás, é tratado com autoironia. Fagundes encarna o ator numa peça de Shakespeare que não consegue se concentrar porque a plateia, mal-educada e vulgar, atende o celular, abre ruidosamente pacotes de balas e, cúmulo da alienação, apoia o pé no território mágico do palco.

Ou seja, uma plateia hoje comum em qualquer lugar ou circunstância. Com o prestígio que desfruta, Fagundes ataca a perda da sensibilidade trazida pela diversão de massa e o desprezo pelos ritos que determinam certos momentos da vida. Numa época em que se esqueceu o significado maior da expressão *roupa de missa* (hoje se vai de bermuda e tênis até a velório) e se vê cinema comendo pipoca, falando, tomando cerveja, o teatro está acuado pela diminuição da cultura artística.

Fagundes descreve o comportamento desta gente que devora novidades em descrições engraçadas e pateticamente verdadeiras. Só não faz justiça ao seu talento e inteligência ao demonstrar irritação quando questionado em suas preferências estéticas. Ou na certeza de dizer que jornal com crítica teatral só serve para forrar gaiola de passarinho. O ator sabe, sim, do papel de Décio de Almeida Prado, Athos Abramo, Alberto D'Aversa, João Apolinário, Anatol Rosenfeld e Yan Michalski, só para citar críticos que não estão mais aqui. Mas, fazer o quê? Falar da *maldita crítica* é um cacoete do ofício. O que conta é o alerta de *Sete Minutos* contra a banalidade e a burrice satisfeitas. Numa outra peça quem sabe se discutirão os anúncios que precedem os espetáculos. Nada menos artístico do que a lista de patrocinadores e apoios, da empresa estatal ou estrangeira à cantina do bairro. Há ainda os alertas para os celulares, *bips, pagers* e relógios com alarme e as proibições de fotos e filmagens. Falta artifício cênico, uma leitura mais criativa da propaganda e, depois, um silêncio. Sumiram as três solenes batidas de Molière, trocadas por campainhas agressivas e que emendam com um toque de serviço no palco.

O espetáculo *Dança das Marés*, de Ivaldo Bertazzo, minimizou o problema com uma gravação bem-humorada da atriz Sandra Pêra.

Já *À Putanesca* – sem nenhum patrocínio forte – assume, sentimentalmente, e com autoindulgência, o folclore dos bastidores descritos na composição que Chico Buarque fez para Cauby Peixoto *cantar, cantar, cantar*! Francarlos Reis, que domina bem a comédia e o drama, é capaz de levar às últimas consequências tanto uma composição caricata como a do judeu perseguido numa peça de Arthur Miller. Advogado que pensou em ingressar na carreira diplomática, ele chega aos 32 anos de uma sólida carreira. Para este 52º trabalho – dirigido por Marco Antônio Rodrigues – encomendou quatro pequenas peças aos novos dramaturgos Mário Bortolotto, Aimar Labaki, Bosco Brasil e o tarimbado Alcides Nogueira Pinto. Há um pouco de tudo nos enredos de autores que podem mais, das crises do ator vaidoso aos planos de um transexual. O resultado é híbrido, meio ficção, meio depoimento, e o espetáculo teria a ganhar com uma iluminação menos crua e mais sonhadora. Seria mais de acordo com o mutante Francarlos Reis, que um dia, quem sabe, ainda venha a fazer *O Sorriso aos Pés da Escada*, um monólogo surpreendente e poético de Henry Miller.

Tarsila

2002

Tarsila do Amaral e Esther Góes, atriz de teatro, cinema e televisão, estão em São Paulo. As duas são a mesma pessoa e os admiradores de Nicole Kidman precisam saber disso. Há vários anos, quando passou em São Paulo o filme *A Sra. Dalloway*, com Vanessa Redgrave e o filme seja pelo título ou por Vanessa não estar em evidência fez carreira média. Agora, é preciso entrar na fila das locadoras para ver a mesmíssima obra em vídeo. Tudo porque a arquiestrela Nicole Kidman está nas telas em *As Horas* ao lado de Meryl Streep e Julianne Moore. O filme faz referência ao romance *Mrs Dalloway* de Virginia Woolf. A romancista de *Orlando* e outras obras-primas ficou importante até para os ruminantes (os que comem pipocas e abrem latas de refrigerantes no silêncio do cinema). Menos mal.

A curiosidade é saber se haverá duas mãos nessa história. Estreia hoje em São Paulo o espetáculo *Tarsila*, de Maria Adelaide Amaral, com Esther Góes no papel da pintora que foi casada com o escritor Oswald de Andrade. Pelo enredo passam ainda o poeta Mário de Andrade e a pintora Anita Malfatti. É o melhor da vanguarda paulistana, que nasceu para a história depois da ruidosa Semana de Arte Moderna de 1922. Não se sabe se haverá aumento de leitura das obras dos Andrades ou qualquer outro modernista relegado ao limbo das estantes (os poetas Cassiano Ricardo, Raul Bopp, Menotti Del Picchia). Em todo caso, há a esperança despertada pelo sucesso da recente exposição, na Faap, do melhor das artes plásticas modernista.

Nada que se compare ao agito desencadeado por Nicole Kidman que – distante do lixo das fofocas hollywoodianas – mostra qualidades em um forte desempenho como Virginia Woolf. Mas a luz do filme está com Julianne Moore como uma dona de casa mal realizada. Meryl Streep não tem muito o que fazer. Mas, sonhemos com Tarsila. O espetáculo, dirigido por Sérgio Ferrara, mostra como um grupo de rapazes e moças cultivados, de boas famílias endinheiradas que ia e voltava de Paris para espantar o tédio provinciano. A exceção era Mário de Andrade, mulato, sem recursos e, de longe, o mais culto de todos. Ficou por aqui, viajando pelo País e animando novos talentos com suas famosas cartas. Oswald era herdeiro, perdulário, desaforado e carismático. Nas revoadas europeias, Oswald, Tarsila e Anita conheceram Picasso, Fernand Léger, o compositor Satie, o poeta franco-suíço Blaise Cendrars (que veio ao Brasil), absorveram as novas estéticas e decidiram usá-las *antropofagicamente* como pregava Oswald. Explodiram o academismo, o verso com rima, o realismo dos romances e a arte figurativa, mas com temas e cores brasileiras (os esplêndidos rosas e azuis *caipiras* de Tarsila).

O espetáculo conta tudo isso a partir do romance Tarsila-Oswald, dos bons momentos à ruptura com a aparição de Patrícia Galvão, a irresistível Pagu, moderna, audaciosa e comunista. Em outro eixo, gira a amizade com travos de competição entre Mário e Oswald. Acabaram rompidos por discussões teóricas e, principalmente, pelas maledicências de Oswald, famoso pelo odioso defeito de perder um amigo, mas não a piada. Atacou Mário em suas intimidades, o que o autor de *Macunaíma* e *Pauliceia Desvairada* jamais perdoou. Morreu aos 51 anos, para desespero culpado do criador de *O Rei da Vela* (peça que ao ser redescoberta em 1967, pelo Teatro Oficina, tirou Oswald do ostracismo). A encenação tem um pouco de tudo isso nas interpretações de Esther (que tem a beleza e os traços de Tarsila). Luciano Chirolli, ator alto, descendente de italianos, que representa a elegância de Mário, que se sentia feio (*sou um canhão*, disse a uma jovem e linda Lygia Fagundes Telles).

José Rubens Chachá, que tem semelhança de rosto com Oswald, e Agnes Zuliani, que defende o ingrato papel de Anita Malfatti. A pintora tinha um defeito na mão e – consta – não se recuperou de uma crítica de Monteiro Lobato à sua arte (Lobato foi devastador na sua pergunta *paranoia ou mistificação?*). Mas Anita ficou um tanto reduzida na história, o que não é toda a realidade. Ambas – personagem e atriz - seriam mais interessantes se vistas de outros ângulos.

É um bonito espetáculo que restaura os tempos dos salões literários da dama paulistana Olívia Guedes Penteado, quando Oswald de Andrade torrava dinheiro vendendo seus terrenos (hoje a Vila Buarque) e andava de Cadillac verde. Morreu quebrado e nas mãos dos agiotas. Vale a pena reler seus melhores livros, de *Memórias Sentimentais de João Miramar* e *Serafim Ponte Grande* ao menos valorizado, mas bom, romance *Os Condenados*. Seria bom, aliás, que uma brisa Nicole Kidman tocasse as obras de todos os modernistas. A prefeitura (Secretaria de Cultura) poderia fazer a sua parte ao resolver o caso de Antonieta Rudge, uma das maiores pianistas do Brasil, casada com Menotti Del Picchia. A residência do poeta na Avenida Brasil – com gaiolas na varanda – foi transformada em imobiliária ou loja. Nada a fazer, mas o busto em bronze de Anita, que estava logo ao lado, na Praça Portugal, desapareceu. Resta só o pedestal de granito rosa.

Variações Enigmáticas:
A 80ª Sinfonia de Paulo Autran

2002

Ao completar 80 anos sob as luzes do palco, Paulo Autran foi longa e emocionadamente aplaudido na estreia de *Variações Enigmáticas*, de Eric-Emmanuel Schmitt, que interpreta na companhia de Cecil Thiré. A plateia do dia 7 de setembro, que incluía de jovens artistas ao empresário Antonio Ermírio de Morais, foi não só desfrutar o desempenho irrepreensível de Paulo e Cecil Thiré, como também homenagear a grandeza de uma carreira de mais de 50 anos que conferiu ao teatro brasileiro momentos iguais ao que se acostuma atribuir, até por submissão cultural, aos grandes da cena europeia.

Uma conjunção de qualidades que inclui talento, físico, inteligência e o inexplicável do carisma fizeram de Paulo, esse aristocrata carioca-paulistano, descendente de franceses, o ator que desperta o carinho de gerações de espectadores e gestos reverentes de colegas do talento e prestígio de, entre muitos, Walmor Chagas, Irene Ravache,

Antônio Fagundes e uma legião de novos colegas que despontam na ribalta e veem nele o exemplo maior. Fidalgo como sempre, Paulo fez servir *champanhe* a todos e, quase sem que se notasse, foi-se na companhia da atriz Karin Rodrigues. O príncipe sempre sai no clímax da festa.

O fundamental ele já havia feito ao longo da representação. Duelo de vontades e sentimentos tão sutil quanto implacável em que dois homens fazem um jogo de negaceios e rompantes para, enfim, se enredarem numa espiral de revelações amorosas jamais suspeitadas. O embate os leva à cumplicidade dos que aprendem a aceitar os limites da vida. Navegando entre as questões existenciais que estão na essência do cinema *bergmaniano*, mas com a gota agridoce de folhetim, o francês Eric-Emmanuel coloca a ação numa ilha da Noruega.

Entre brumas e acordes das variações enigmáticas de Beethoven, um Prêmio Nobel de Literatura cultiva o isolamento que se imagina elegante e excêntrico quando se pensa em José Saramago, nas Ilhas Lazarote, nas Canárias, ou o próprio Bergman, em Faröe, no Báltico. Mas esse personagem é um predador amoroso, escondido dos outros e de si mesmo. Um visitante, aparentemente desinteressado, e até tímido, vai romper tanto gelo afetivo. Todo enredo se constrói nesse crescendo de descobertas que oferece a Paulo Autran momentos de alto virtuosismo e sincera

entrega na companhia igualmente intensa de Cécil. José Possi Neto construiu sua direção como quem sabe de fato com quem está lidando.
Sabia que com esse elenco, se impusesse uma nota pessoal mais forte, ela seria fatalmente dissonante. Abriu espaço para uma história sentimental fluir a música ora inquieta, ora terna do compositor que a peça menciona. Desta vez, aos 80 gloriosos anos, *il* maestro absoluto é Paulo Autran.

Vestir o Pai:
De como Vestir os Nus de Coração

2003

Quando Karin Rodrigues lança seu olhar azul escandinavo para algum lugar do mundo interior de Alzira, a personagem de *Vestir o Pai*, de Mário Viana, teve-se a impressão de ouvir um sorriso discreto que só poderia ser de Paulo Autran, o diretor do espetáculo, que estava na plateia. Ele sabia que, dali em diante, aquela mulher iria *subir a serra*, como se dizia tempos atrás. Ou seja, soltaria todos os cachorros existenciais, toda uma longa frustração feminina e conjugal. É o que ela faz, e Karin Rodrigues está sensacional. São dois momentos superpostos: o da personagem que muda de vida e o da atriz que sente o seu momento e se deixa levar (mas também o conduz).

Essa mulher com o marido agonizante e filhos oportunistas, brasileira como uma tela de Aldo Bonadei, é a irmã que faltava para *Cordélia Brasil*, de Antonio Bivar, e Amélia, de *Roda Cor de Roda*, de Leilah Assumpção, com Irene Ravache. Em 1968, quando a prostituta Cordélia é acometida por uma explosão de ódio feminino contra o gigolô que havia fumado o seu único cigarro, o Teatro de Arena tremia com os aplausos à cena memorável de Norma Bengell. Sete anos mais tarde, em 1975, no Teatro Itália, uma quadra abaixo, Irene faria o mesmo, mas como uma dona de casa. Agora, a quase viúva, mulher traída e mãe decepcionada imaginada por Mário Viana chega ao mesmo ponto de encontro emocional na dramaturgia brasileira contemporânea. O curioso é que o dramaturgo passa próximo da inverossimilhança, esbarra no melodrama e na farsa, mas sai incólume porque a matriarca tem uma verdade final que está além da implausibilidade do seu giro existencial transformador. Da mesma forma, os filhos, extraídos do manual de maldades da classe média baixa, têm um traço de real banalidade que os fazem dignos de atenção. Resta ainda a voz espectral do *homem-que-morre*, o vilão (os mais atentos notarão que é a voz de Paulo Autran em um lance de *grand guignol*.) Nesse eterno retorno à la Nelson Rodrigues só faltou Os Mutantes tropicalistas cantando o refrão de *Panis et Circense* (Caetano/Gil) (*mas as pessoas/ na sala de jantar/ estão ocupadas em viver... e morrer*).

O autor tem uma irritação intuitiva, uma vontade de matar a família e ir ao cinema que coincide com o temperamento sardônico do diretor. O elenco percebeu, assimilou e tomou conta do enredo. É admirável como Leona Cavalli, atriz formada na contracultura, assume uma jovem tolamente oportunista no seu *tailleur de aeromoça/bancária*. É preciso disciplina e talento para crer em um ser humano tão raso psicologicamente. O Junior do Otávio Martins é concreto, quase inspirando pena como a versão masculina da indiferença filial. E Karin Rodrigues sabe que tem um grande papel. Assim, na conjunção do já sabido, o que se quer saber e o que nunca se saberá totalmente sobre a família, *Vestir o Pai* atinge o seu objetivo de desnudar a crueldade com ironia. Pode parecer estranho, mas a coesão *autor-diretor- elenco* confere inesperada humanidade a essas pessoas que se perderam na sala de jantar.

Índice

No Passado Está a História do Futuro – Alberto Goldman	5
Coleção Aplauso – Hubert Alquéres	7
Introdução	11
Críticas – Anos 1980 Patética	17
Pato com Laranja	20
Pegue e não Pague	23
O Percevejo	27
O Preço	29
Quadrante	33
Quase 84	35
525 Linhas	37
Rasga Coração	39
Uma Relação tão Delicada	43
A Senhorita de Tacna	46
A Serpente	49
Serpente Rara	53
Solness, o Construtor	55
Tambores na Noite	57
Theatro Musical Brazileiro	61
Toalhas Quentes	*63*

39	*65*
O Último Encontro	68
Anos 1990	
Ato de Natal	71
Auto da Paixão	73
Brutal	74
As Bruxas	78
Calígula	79
O Céu Tem Que Esperar	82
Cloaca	84
Comunicação a uma Academia / Epifanias	88
A Confissão de Leontina	90
Confissões Tem Originalidade e Talento	91
Corações Desesperados	93
Dois Perdidos numa Noite Suja	95
Duvidae	97
Escola de Bufões	99
Essas Mulheres	101
O Fantástico Reparador de Feridas	104
The Flash and Crash Days	107
Gilda	109
Gloriosa	112
Greta Garbo, Quem Diria, Acabou no Irajá	115

Grupo Sobrevento	116
A Guerra Santa	118
Ham-Let	120
Happy Hour	124
Hilda Hilst	125
Ifigônia	128
I Love	130
Kelbilim, o Cão da Divindade	132
La Música e a Música Segunda	134
Les Demoiselles e Mansões Celestes	137
Liz	140
A Lua que Me Instrua	143
Maria Stuart	145
Medeamaterial	148
Mediano	150
A Mosca Azul	153
A Noite mais Fria do Ano	155
Pantaleão e as Visitadoras	159
A Partilha	161
Pedreira das Almas	163
Pigmaleoa	166
Procura-se um Tenor	168
Rancor	170

Rimbaud	172
Romeu e Julieta	173
Sardanapalo	177
Senhorita Júlia	178
Ser tão, Sertão	180
Shirley Valentine	183
Sob as Ordens de Mamãe	185
Solo Mio	187
Trono de Sangue (Macbeth)	190
A Última Gravação	192
Variações em Branco / Subtração de Ofélia	196
Vem Buscar-me que ainda Sou Teu	197
Vereda da Salvação	200
Vestido de Noiva	202
A Vida como Ela É	205
A Vida é Sonho	208
Zoo	210
Anos 2000 Almoço na Casa do Sr. Ludwig	213
O Amante de Lady Chatterley	215
Ânsia	219
Bis / O Bilhete	222
Blade Runner nos Becos da Cidade	224

A Cabra ou Quem É Sylvia?	226
Cadela de Vison	230
Café com Queijo / Interior	233
Calígula	236
O Céu Cinco Minutos antes da Tempestade	240
Cidadania	243
Cordélia Brasil	246
Um Dia, no Verão	249
Divinas Palavras	252
O Eclipse	255
Executivos	259
A Graça da Vida	262
Hamlet	264
O Homem Inesperado	269
Homem sem Rumo	272
A Hora em que não Sabíamos nada uns dos Outros	276
Imperador e Galileu	278
A Importância de Ser Fiel	281
A Javanesa	284
Lenya	287
Longa Jornada de um Dia Noite Adentro	290

Loucos por Amor	294
O Manifesto	297
A Megera Domada	300
Memória do Mundo	304
Ménage	307
Meu Abajur de Injeção	310
Meu Destino é Pecar / Ninguém se Livra de Seus Fantasmas	314
Mire e Veja	316
No Retrovisor	317
A Noite dos Palhaços Mudos	320
Ovelhas que Voam Se Perdem no Céu	323
A Paixão Segundo G. H.	326
A Pane	329
A Peça sobre o Bebê	332
Os Possessos	335
A Prova	339
O Público	342
Rainha(s) – Duas Atrizes *em Busca de um Coração*	345
No Retrovisor: Dois Amigos em Busca do Tempo Perdido	349
Rosa de Vidro	351
Salmo 91	355

Sedução Mefistofélica	358
Senhora dos Afogados	360
Os Sertões - A Terra	363
Sete Minutos / À Putanesca	366
Tarsila	369
Variações Enigmáticas	373
Vestir o Pai	375

Coleção Aplauso

Série Cinema Brasil

Alain Fresnot – Um Cineasta sem Alma
Alain Fresnot

Agostinho Martins Pereira – Um Idealista
Máximo Barro

Alfredo Sternheim – Um Insólito Destino
Alfredo Sternheim

O Ano em Que Meus Pais Saíram de Férias
Roteiro de Cláudio Galperin, Bráulio Mantovani, Anna Muylaert
e Cao Hamburger

Anselmo Duarte – O Homem da Palma de Ouro
Luiz Carlos Merten

Antonio Carlos da Fontoura – Espelho da Alma
Rodrigo Murat

Ary Fernandes – Sua Fascinante História
Antônio Leão da Silva Neto

O Bandido da Luz Vermelha
Roteiro de Rogério Sganzerla

Batismo de Sangue
Roteiro de Dani Patarra e Helvécio Ratton

Bens Confiscados
Roteiro comentado pelos seus autores Daniel Chaia e Carlos
Reichenbach

Braz Chediak – Fragmentos de uma Vida
Sérgio Rodrigo Reis

Cabra-Cega
Roteiro de Di Moretti, comentado por Toni Venturi e Ricardo
Kauffman

O Caçador de Diamantes
Roteiro de Vittorio Capellaro, comentado por Máximo Barro

Carlos Coimbra – Um Homem Raro
Luiz Carlos Merten

Carlos Reichenbach – O Cinema Como Razão de Viver
Marcelo Lyra

A Cartomante
Roteiro comentado por seu autor Wagner de Assis

Casa de Meninas
Romance original e roteiro de Inácio Araújo

O Caso dos Irmãos Naves
Roteiro de Jean-Claude Bernardet e Luis Sérgio Person

O Céu de Suely
Roteiro de Karim Aïnouz, Felipe Bragança e Maurício Zacharias

Chega de Saudade
Roteiro de Luiz Bolognesi

Cidade dos Homens
Roteiro de Elena Soárez

Como Fazer um Filme de Amor
Roteiro escrito e comentado por Luiz Moura e José
Roberto Torero

O Contador de Histórias
Roteiro de Luiz Villaça, Mariana Veríssimo, Maurício Arruda e
José Roberto Torero

*Críticas de B.J. Duarte – Paixão, Polêmica e
Generosidade*
Luiz Antonio Souza Lima de Macedo

Críticas de Edmar Pereira – Razão e Sensibilidade
Org. Luiz Carlos Merten

Críticas de Jairo Ferreira – Críticas de invenção:
Os Anos do São Paulo Shimbun
Org. Alessandro Gamo

Críticas de Luiz Geraldo de Miranda Leão –
Analisando Cinema: Críticas de LG
Org. Aurora Miranda Leão

Críticas de Ruben Biáfora – A Coragem de Ser
Org. Carlos M. Motta e José Júlio Spiewak

De Passagem
Roteiro de Cláudio Yosida e Direção de Ricardo Elias

Desmundo
Roteiro de Alain Fresnot, Anna Muylaert e Sabina Anzuategui

Djalma Limongi Batista – Livre Pensador
Marcel Nadale

Dogma Feijoada: O Cinema Negro Brasileiro
Jeferson De

Dois Córregos
Roteiro de Carlos Reichenbach

A Dona da História
Roteiro de João Falcão, João Emanuel Carneiro e Daniel Filho

Os 12 Trabalhos
Roteiro de Cláudio Yosida e Ricardo Elias

Estômago
Roteiro de Lusa Silvestre, Marcos Jorge e Cláudia da Natividade

Feliz Natal
Roteiro de Selton Mello e Marcelo Vindicatto

Fernando Meirelles – Biografia Prematura
Maria do Rosário Caetano

Fim da Linha
Roteiro de Gustavo Steinberg e Guilherme Werneck; Storyboards de Fábio Moon e Gabriel Bá

Fome de Bola – Cinema e Futebol no Brasil
Luiz Zanin Oricchio

Francisco Ramalho Jr. – Éramos Apenas Paulistas
Celso Sabadin

Geraldo Moraes – O Cineasta do Interior
Klecius Henrique

Guilherme de Almeida Prado – Um Cineasta Cinéfilo
Luiz Zanin Oricchio

Helvécio Ratton – O Cinema Além das Montanhas
Pablo Villaça

O Homem que Virou Suco
Roteiro de João Batista de Andrade, organização de Ariane Abdallah e Newton Cannito

Ivan Cardoso – O Mestre do Terrir
Remier

João Batista de Andrade – Alguma Solidão e Muitas Histórias
Maria do Rosário Caetano

Jorge Bodanzky – O Homem com a Câmera
Carlos Alberto Mattos

José Antonio Garcia – Em Busca da Alma Feminina
Marcel Nadale

José Carlos Burle – Drama na Chanchada
Máximo Barro

Liberdade de Imprensa – O Cinema de Intervenção
Renata Fortes e João Batista de Andrade

Luiz Carlos Lacerda – Prazer & Cinema
Alfredo Sternheim

Maurice Capovilla – A Imagem Crítica
Carlos Alberto Mattos

Mauro Alice – Um Operário do Filme
Sheila Schvarzman

Máximo Barro – Talento e Altruísmo
Alfredo Sternheim

Miguel Borges – Um Lobisomem Sai da Sombra
Antônio Leão da Silva Neto

Não por Acaso
Roteiro de Philippe Barcinski, Fabiana Werneck Barcinski
e Eugênio Puppo

Narradores de Javé
Roteiro de Eliane Caffé e Luís Alberto de Abreu

Olhos Azuis
Argumento de José Joffily e Jorge Duran
Roteiro de Jorge Duran e Melanie Dimantas

Onde Andará Dulce Veiga
Roteiro de Guilherme de Almeida Prado

Orlando Senna – O Homem da Montanha
Hermes Leal

Pedro Jorge de Castro – O Calor da Tela
Rogério Menezes

Quanto Vale ou É por Quilo
Roteiro de Eduardo Benaim, Newton Cannito e Sergio Bianchi

Ricardo Pinto e Silva – Rir ou Chorar
Rodrigo Capella

Rodolfo Nanni – Um Realizador Persistente
Neusa Barbosa

Salve Geral
Roteiro de Sergio Rezende e Patrícia Andrade

O Signo da Cidade
Roteiro de Bruna Lombardi

Ugo Giorgetti – O Sonho Intacto
Rosane Pavam

Viva-Voz
Roteiro de Márcio Alemão

Vladimir Carvalho – Pedras na Lua e Pelejas no Planalto
Carlos Alberto Mattos

Vlado – 30 Anos Depois
Roteiro de João Batista de Andrade

Zuzu Angel
Roteiro de Marcos Bernstein e Sergio Rezende

Série Cinema

Bastidores – Um Outro Lado do Cinema
Elaine Guerini

Série Ciência & Tecnologia

Cinema Digital – Um Novo Começo?
Luiz Gonzaga Assis de Luca

A Hora do Cinema Digital – Democratização e Globalização do Audiovisual
Luiz Gonzaga Assis De Luca

Série Crônicas

Crônicas de Maria Lúcia Dahl – O Quebra-cabeças
Maria Lúcia Dahl

Série Dança

Rodrigo Pederneiras e o Grupo Corpo – Dança Universal
Sérgio Rodrigo Reis

Série Música

Maestro Diogo Pacheco – Um Maestro para Todos
Alfredo Sternheim

Rogério Duprat – Ecletismo Musical
Máximo Barro

Sérgio Ricardo – Canto Vadio
Eliana Pace

Wagner Tiso – Som, Imagem, Ação
Beatriz Coelho Silva

Série Teatro Brasil

Alcides Nogueira – Alma de Cetim
Tuna Dwek

Antenor Pimenta – Circo e Poesia
Danielle Pimenta

Cia de Teatro Os Satyros – Um Palco Visceral
Alberto Guzik

Críticas de Clóvis Garcia – A Crítica Como Oficio
Org. Carmelinda Guimarães

*Críticas de Maria Lucia Candeias – Duas Tábuas e
Uma Paixão*
Org. José Simões de Almeida Júnior

Federico Garcia Lorca – Pequeno Poema Infinito
Antonio Gilberto e José Mauro Brant

Ilo Krugli – Poesia Rasgada
Ieda de Abreu

João Bethencourt – O Locatário da Comédia
Rodrigo Murat

José Renato – Energia Eterna
Hersch Basbaum

Leilah Assumpção – A Consciência da Mulher
Eliana Pace

Luís Alberto de Abreu – Até a Última Sílaba
Adélia Nicolete

Maurice Vaneau – Artista Múltiplo
Leila Corrêa

Renata Palottini – Cumprimenta e Pede Passagem
Rita Ribeiro Guimarães

Teatro Brasileiro de Comédia – Eu Vivi o TBC
Nydia Licia

O Teatro de Abílio Pereira de Almeida
Abílio Pereira de Almeida

O Teatro de Aimar Labaki
Aimar Labaki

O Teatro de Alberto Guzik
Alberto Guzik

O Teatro de Antonio Rocco
Antonio Rocco

O Teatro de Cordel de Chico de Assis
Chico de Assis

O Teatro de Emílio Boechat
Emílio Boechat

O Teatro de Germano Pereira – Reescrevendo Clássicos
Germano Pereira

O Teatro de José Saffioti Filho
José Saffioti Filho

O Teatro de Alcides Nogueira – Trilogia: Ópera Joyce – Gertrude Stein, Alice Toklas & Pablo Picasso – Pólvora e Poesia
Alcides Nogueira

O Teatro de Ivam Cabral – Quatro textos para um teatro veloz: Faz de Conta que tem Sol lá Fora – Os Cantos de Maldoror – De Profundis – A Herança do Teatro
Ivam Cabral

O Teatro de Noemi Marinho: Fulaninha e Dona Coisa, Homeless, Cor de Chá, Plantonista Vilma
Noemi Marinho

Teatro de Revista em São Paulo – De Pernas para o Ar
Neyde Veneziano

O Teatro de Samir Yazbek: A Entrevista – O Fingidor – A Terra Prometida
Samir Yazbek

O Teatro de Sérgio Roveri
Sérgio Roveri

Teresa Aguiar e o Grupo Rotunda – Quatro Décadas em Cena
Ariane Porto

Série Perfil

Analy Alvarez – De Corpo e Alma
Nicolau Radamés Creti

Aracy Balabanian – Nunca Fui Anjo
Tania Carvalho

Arllete Montenegro – Fé, Amor e Emoção
Alfredo Sternheim

Ary Fontoura – Entre Rios e Janeiros
Rogério Menezes

Berta Zemel – A Alma das Pedras
Rodrigo Antunes Corrêa

Bete Mendes – O Cão e a Rosa
Rogério Menezes

Betty Faria – Rebelde por Natureza
Tania Carvalho

Carla Camurati – Luz Natural
Carlos Alberto Mattos

Cecil Thiré – Mestre do seu Ofício
Tania Carvalho

Celso Nunes – Sem Amarras
Eliana Rocha

Cleyde Yaconis – Dama Discreta
Vilmar Ledesma

David Cardoso – Persistência e Paixão
Alfredo Sternheim

Débora Duarte – Filha da Televisão
Laura Malin

Denise Del Vecchio – Memórias da Lua
Tuna Dwek

Elisabeth Hartmann – A Sarah dos Pampas
Reinaldo Braga

Emiliano Queiroz – Na Sobremesa da Vida
Maria Leticia

Emilio Di Biasi – O Tempo e a Vida de um Aprendiz
Erika Riedel

Etty Fraser – Virada Pra Lua
Vilmar Ledesma

Ewerton de Castro – Minha Vida na Arte: Memória e Poética
Reni Cardoso

Fernanda Montenegro – A Defesa do Mistério
Neusa Barbosa

Fernando Peixoto – Em Cena Aberta
Marília Balbi

Geórgia Gomide – Uma Atriz Brasileira
Eliana Pace

Gianfrancesco Guarnieri – Um Grito Solto no Ar
Sérgio Roveri

Glauco Mirko Laurelli – Um Artesão do Cinema
Maria Angela de Jesus

Ilka Soares – A Bela da Tela
Wagner de Assis

Irene Ravache – Caçadora de Emoções
Tania Carvalho

Irene Stefania – Arte e Psicoterapia
Germano Pereira

Isabel Ribeiro – Iluminada
Luis Sergio Lima e Silva

Isolda Cresta – Zozô Vulcão
Luis Sérgio Lima e Silva

Joana Fomm – Momento de Decisão
Vilmar Ledesma

John Herbert – Um Gentleman no Palco e na Vida
Neusa Barbosa

Jonas Bloch – O Ofício de uma Paixão
Nilu Lebert

Jorge Loredo – O Perigote do Brasil
Cláudio Fragata

José Dumont – Do Cordel às Telas
Klecius Henrique

Leonardo Villar – Garra e Paixão
Nydia Licia

Lília Cabral – Descobrindo Lília Cabral
Analu Ribeiro

Lolita Rodrigues – De Carne e Osso
Eliana Castro

Louise Cardoso – A Mulher do Barbosa
Vilmar Ledesma

Marcos Caruso – Um Obstinado
Eliana Rocha

Maria Adelaide Amaral – A Emoção Libertária
Tuna Dwek

Marisa Prado – A Estrela, O Mistério
Luiz Carlos Lisboa

Mauro Mendonça – Em Busca da Perfeição
Renato Sérgio

Miriam Mehler – Sensibilidade e Paixão
Vilmar Ledesma

Naum Alves de Souza: Imagem, Cena, Palavra
Alberto Guzik

Nicette Bruno e Paulo Goulart – Tudo em Família
Elaine Guerrini

Nívea Maria – Uma Atriz Real
Mauro Alencar e Eliana Pace

Niza de Castro Tank – Niza, Apesar das Outras
Sara Lopes

Paulo Betti – Na Carreira de um Sonhador
Teté Ribeiro

Paulo José – Memórias Substantivas
Tania Carvalho

Paulo Hesse – A Vida Fez de Mim um Livro e Eu Não Sei Ler
Eliana Pace

Pedro Paulo Rangel – O Samba e o Fado
Tania Carvalho

Regina Braga – Talento é um Aprendizado
Marta Góes

Reginaldo Faria – O Solo de Um Inquieto
Wagner de Assis

Renata Fronzi – Chorar de Rir
Wagner de Assis

Renato Borghi – Borghi em Revista
Élcio Nogueira Seixas

Renato Consorte – Contestador por Índole
Eliana Pace

Rolando Boldrin – Palco Brasil
Ieda de Abreu

Rosamaria Murtinho – Simples Magia
Tania Carvalho

Rubens de Falco – Um Internacional Ator Brasileiro
Nydia Licia

Ruth de Souza – Estrela Negra
Maria Ângela de Jesus

Sérgio Hingst – Um Ator de Cinema
Máximo Barro

Sérgio Viotti – O Cavalheiro das Artes
Nilu Lebert

Silnei Siqueira – A Palavra em Cena
Ieda de Abreu

Silvio de Abreu – Um Homem de Sorte
Vilmar Ledesma

Sônia Guedes – Chá das Cinco
Adélia Nicolete

Sonia Maria Dorce – A Queridinha do meu Bairro
Sonia Maria Dorce Armonia

Sonia Oiticica – Uma Atriz Rodriguiana?
Maria Thereza Vargas

Stênio Garcia – Força da Natureza
Wagner Assis

Suely Franco – A Alegria de Representar
Alfredo Sternheim

Tatiana Belinky – ... E Quem Quiser Que Conte Outra
Sérgio Roveri

Theresa Amayo – Ficção e Realidade
Theresa Amayo

Tony Ramos – No Tempo da Delicadeza
Tania Carvalho

Umberto Magnani – Um Rio de Memórias
Adélia Nicolete

Vera Holtz – O Gosto da Vera
Analu Ribeiro

Vera Nunes – Raro Talento
Eliana Pace

Walderez de Barros – Voz e Silêncios
Rogério Menezes

Walter George Durst – Doce Guerreiro
Nilu Lebert

Zezé Motta – Muito Prazer
Rodrigo Murat

Especial

Agildo Ribeiro – O Capitão do Riso
Wagner de Assis

Av. Paulista, 900 – a História da TV Gazeta
Elmo Francfort

Beatriz Segall – Além das Aparências
Nilu Lebert

Carlos Zara – Paixão em Quatro Atos
Tania Carvalho

Célia Helena – Uma Atriz Visceral
Nydia Licia

Charles Möeller e Claudio Botelho – Os Reis dos Musicais
Tania Carvalho

Cinema da Boca – Dicionário de Diretores
Alfredo Sternheim

Dina Sfat – Retratos de uma Guerreira
Antonio Gilberto

Eva Todor – O Teatro de Minha Vida
Maria Angela de Jesus

Eva Wilma – Arte e Vida
Edla van Steen

Gloria in Excelsior – Ascensão, Apogeu e Queda do Maior Sucesso da Televisão Brasileira
Álvaro Moya

Lembranças de Hollywood
Dulce Damasceno de Britto, organizado por Alfredo Sternheim

Maria Della Costa – Seu Teatro, Sua Vida
Warde Marx

Mazzaropi – Uma Antologia de Risos
Paulo Duarte

Ney Latorraca – Uma Celebração
Tania Carvalho

*Odorico Paraguaçu: O Bem-amado de Dias
Gomes – História de um Personagem Larapista e
Maquiavelento*
José Dias

Raul Cortez – Sem Medo de se Expor
Nydia Licia

Rede Manchete – Aconteceu, Virou História
Elmo Francfort

Sérgio Cardoso – Imagens de Sua Arte
Nydia Licia

Tônia Carrero – Movida pela Paixão
Tania Carvalho

TV Tupi – Uma Linda História de Amor
Vida Alves

Victor Berbara – O Homem das Mil Faces
Tania Carvalho

*Walmor Chagas – Ensaio Aberto para Um Homem
Indignado*
Djalma Limongi Batista

© **imprensaoficial** 2010

Dados Internacionais de Catalogação na Publicação
Biblioteca da Imprensa Oficial do Estado de São Paulo

Del Rios, Jefferson
    Crítica teatral,vol. 2 / Jefferson Del Rios – São Paulo :
Imprensa Oficial do Estado de São Paulo, 2010.
    408p : il. – (Coleção aplauso. Série Teatro Brasil /
Coordenador geral Rubens Ewald Filho)
    Seleção de críticas publicadas nos jornais Folha de São
Paulo, O Estado de São Paulo, Valor Econômico, DCI, Isto
é, Revista Bravo e outras.
    Conteúdo: V.1 – Críticas 1969, 1970, 1980. – v.2. 1980 a 2009.

    ISBN 978.85.7060-833-8

    1. Teatro – Brasil - História e crítica 3. Del Rios, Jefferson,
1946 I. Ewald Filho, Rubens. II. Título. III. Série.

CDD 792.9

Índice para catálogo sistemático:
1. Brasil : Teatro : Historia e crítica 792.9

Proibida reprodução total ou parcial sem autorização
prévia do autor ou dos editores
Lei n° 9.610 de 19/02/1998

Foi feito o depósito legal
Lei n° 10.994, de 14/12/2004

Impresso no Brasil / 2010

Todos os direitos reservados.

Imprensa Oficial do Estado de São Paulo
Rua da Mooca, 1921 Mooca
03103-902 São Paulo SP
www.imprensaoficial.com.br/livraria
livros@imprensaoficial.com.br
SAC 0800 01234 01
sac@imprensaoficial.com.br

Coleção Aplauso Série Perfil

Coordenador Geral	Rubens Ewald Filho
Coordenador Operacional e Pesquisa Iconográfica	Marcelo Pestana
Projeto Gráfico	Carlos Cirne
Editor Assistente	Claudio Erlichman
Assistente	Karina Vernizzi
Editoração	Ana Lúcia Charnyai
Tratamento de Imagens	José Carlos da Silva
Revisão	Dante Pascoal Corradini
	Heleusa Angélica Teixeira

Formato: 12 x 18 cm

Tipologia: Frutiger

Papel miolo: Offset LD 90 g/m²

Papel capa: Triplex 250 g/m²

Número de páginas: 408

Editoração, CTP, impressão e acabamento:
Imprensa Oficial do Estado de São Paulo

*Nesta edição, respeitou-se o novo
Acordo Ortográfico da Língua Portuguesa*

Coleção *Aplauso* I em todas as livrarias e no site
www.imprensaoficial.com.br/livraria

imprensaoficial